마이클 미칼코의
생각을 바꾸는 생각

Creative Thinkering

Copyright ⓒ 2011 by Michael Michalko

No part of this book may be used or reproduced in any manner.
Whatever without written permission expert in the case of brief quotations embodied
in critical articles or reviews.

Korean Translation Copyright ⓒ 2013 by Ecobook
Korean edition is published by arrangement with New World Library through BC Agency, Seoul

이 책의 한국어판 저작권은 BC에이전시를 통해 저작권자와 독점 계약한
끌리는책에 있습니다. 신 저작권법에 의하여 한국 내에서 보호를 받는 저작물이므로
무단 전재와 무단 복제를 금합니다.

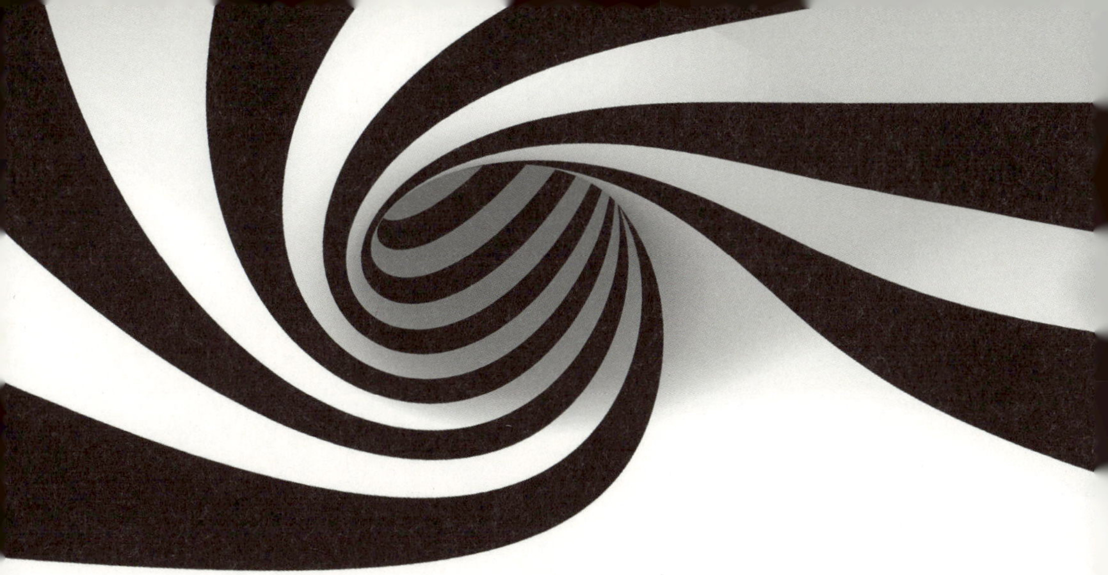

# Creative Thinkering

creative thinker + creative thinking

## 생각을 바꾸는

# 생각

마이클 미칼코 지음 | 박종하 옮김

끌리는책

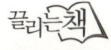

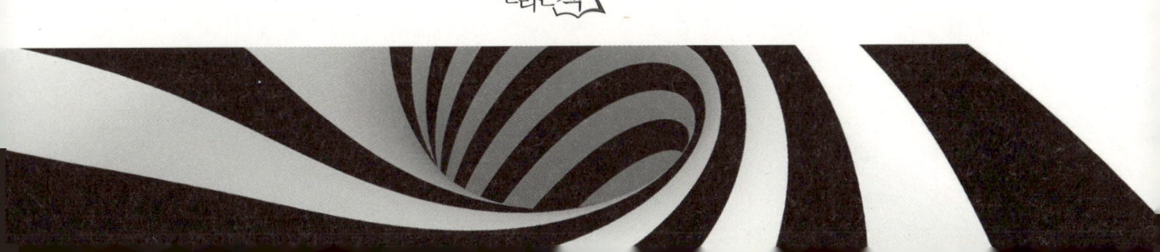

마이클 미칼코의
## 생각을 바꾸는 생각

초판 1쇄 발행 2013년 9월 4일
초판 5쇄 발행 2014년 5월 20일

지은이 마이클 미칼코
옮긴이 박종하
펴낸이 김찬희
펴낸곳 끌리는책

출판등록 신고번호 제25100-2011-000073호
주소 서울시 구로구 오류동 109-1 재도빌딩 206호
전화 영업부 (02)335-6936 편집부 (02)2060-5821
팩스 (02)335-0550
이메일 happybookpub@gmail.com

ISBN 978-89-90856-55-5 13320
값 16,000원

* 잘못된 책은 구입하신 서점에서 교환해드립니다.
* 이 책 내용의 일부 또는 전부를 재사용하려면 반드시 사전에 저작권자와 출판권자의 동의를 얻어야 합니다.

## 감사의 말

독일 하나우에서 내 책《창의적 자유인Thinkertoys》을 읽었다는 독자를 만났다. 그의 이름은 프란츠로, 수년간 대기업에서 중간관리자로 일했다. 돈도 잘 벌었고 그럴듯한 직위를 가졌지만, 실상 자신의 역할은 직원들을 회사의 충직한 선수들로 만드는 일일 뿐임을 알게 되었다고 한다. 프란츠는 점점 자신의 업무가 의미 없이 느껴졌지만 다른 일자리를 찾기도 어렵고 별 뾰족한 수도 없어 그냥 그런 생활을 하고 있었다.

《창의적 자유인》을 읽은 그는 내면에 있는 창의력을 얼마든지 끌어낼 수 있다는 것을 배우게 되었다. 이를 계기로 코펜하겐 대학교에서 '창의적 사고법'과 관련한 교육 과정을 밟게 되었다. 온갖 생각들이 자유롭게 떠오르는 가운데 그는 가구 디자인에 적용할 혁신적인 방법들을 찾아냈고, 의자와 테이블을 디자인하는 새로운 아이디어까지 고안해내기 시작했다. 그는 열정을 다해 가구를 만들었다. 자신에게도 창의적으로 생각하는 능력이 있다는 것을 알게 되자, 처음으로 삶을 완전히 바꿀 수 있다는 자신감을 가지고 행동하게 된 것이다. 그의 지도교수는 혁신적이고 친환경적인 가구 디자인에 대한 프란츠의 아이디어에 감탄했다. 교수는 프란츠가 직장을 그만두고 가구 디자인 사업을 시작하도록 독려해주었고, 사업은 성공적으로 운영되었다. 프란츠는 시 한 편을 내게 건네주며 이 시를 읽을 때마다 자신에게 꿈을 좇아 살도록 격려해준 교수님이 떠오른다고 했다.

그가 말했다.
"이 절벽의 끝으로 오너라."
그들은 대답했다.
"우리는 두렵습니다."
그가 말했다.
"절벽 끝으로 좀 더 가까이 오너라."
그들은 그곳으로 갔다.
그는 그들의 등을 떠밀었다.
절벽에서 떨어지던 그들은
숨겨두었던 날개를 파닥거리며 날아올랐다.

프란츠가 자신의 길을 가도록 일깨우고 격려해준 지도교수와 각 개인의 업무와 삶에서 더 창의적이 되도록 가르치는 모든 분들에게 감사의 말을 전하고 싶다. 켈빈 펑(홍콩), 찰스 프래더, 테리 스티클스, 피터 로이드, 로저 본 외흐, 안드레 드 잔거, 브라이언 매티모어, 에드워드 드 보노, 조이스 와이코프, 제임스 애덤스, 레이 앤서니, 윈스턴 J. 브릴 박사, 로버트 앨런 블랙 박사, 마이클 겔브, 윈 웽거, 토니 부잔. 이들은 세계 최고의 창의력 전문가, 교육자, 트레이너, 그리고 상담사다. 나에게는 영웅 같은 존재들이다. 두려움과 자신의 능력에 대한 의심을 극복하는 방법, 그리고 창의적으로 생각하는 사람이 되는 법을 가르쳐주는 데 전문가들이다. 사람들을 절벽으로 밀어 그들이 날 수 있다는 사실을 일깨워주는 놀라운 일을 하는 사람들이다.

## 차례

감사의 말 5

**머리말** 애벌레가 나비가 되는 순간처럼 11
바꾸려고 하면 바뀐다 12 · 생각을 뒤섞다 14 · 이 책을 쓴 이유 21

# Part 1 생각을 바꾼 사람들

### 1. 소망은 창의적인 생각의 씨앗이다 ......................... 27
의도를 가지면 보인다 30 · 무엇을 이루고 싶은가 34 · 소망은 심리에까지 영향을 미친다 39 · 거위들은 왜 날지 못했을까? 40

### 2. 말하는 방식을 바꾸면 생각하는 방식도 바뀐다 ......... 43
'예스'라고 생각하라 44 · 말하는 방식을 바꾸면 느끼는 방식이 바뀐다 47 · 언어는 당신의 생각을 준비시킨다 51 · 즐거운 마음이 더 높은 성과를 만든다 53 · 언어를 제한하면 생각의 자유도 제한된다 58

### 3. 당신은 당신이 연기하는 대로 된다 ......................... 62
행동은 태도를 변화시킨다 68 · 기분이 좋아지는 방법 71 · 나만의 경험을 창조하라 76 · 자신의 삶을 살아라 78

## Part 2 생각을 바꾸는 생각

### 1. 나도 한때는 창의적이었는데 · 84
우리는 같은 방법으로 정보를 처리하라고 배웠다 88 • 많이 알수록 더 적게 보인다 92

### 2. 시도하지 않으면 바꿀 수 없다 · 96
어떻게 해야 생각을 바꿀까? 100

### 3. 천재처럼 생각하기 · 105
포도주 압착기에서 인쇄기가? 112 • 관련이 전혀 없는 것도 연결된다 114

### 4. 논리적으로 생각하면 안 보인다 · 121
아인슈타인과 프로이트는 어떻게 생각했을까? 124 • 맥락을 파악하며 생각하기 127 • 피아노 치기와 글쓰기는 무슨 관련이 있을까? 131

### 5. 왜 그걸 생각하지 못했지? · 135
돼지와 자동차의 공통점은? 138 • 물리학자와 무용수는 어떤 공통점이 있을까? 140 • 왜 그 생각을 못했지? 142 • 스스로 문제가 돼라 149 • 자연을 통해 배우다 153

### 6. 레오나르도 다 빈치의 비밀 · 156
모든 것 사이에는 연관성이 있다 159 • 두 가지 이상을 뒤섞어 새로운 의미를 만들다 180 • 흥미로운 물건을 수집하라 181 • 사진과 삽화를 활용하라 182 • 상상력을 이용하라 184 • 걸어다니는 생각 188 • 진퇴양난에서의 돌파구 189 • 생각하고 또 생각하고 192 • 자극이 생각을 만든다 194

## 7. 다른 방법으로 보라, 그러면 다른 것이 보인다 ········ 201
우리는 보고 싶은 것만 본다 204 • 사물을 바라보는 방법 206 • 생각 회로를 차단하는 첫인상 208 • 인식을 바꾸는 방법 211 • 관점을 바꾸면 보인다 214 • 비유해서 생각해보라 220

## 8. 존재하면서 동시에 존재하지 않는 ················ 224
무한한 원은 직선이다 226 • 정반대의 것들 결합하기 229 • 살아 있는 것을 보존하려면 방부 처리를 해야 할까? 230 • 더 느린 것이 더 빠르다 235 • 플라시보 효과 237 • 미켈란젤로의 역설 239

## 9. 생각할 수 없는 것 생각하기 ···················· 242
당신의 아이디어는 충분히 미쳤는가? 244 • 예상 밖의 것 생각하기 248 • 말도 안 되는데 아이디어가 된다 250 • 상상을 현실로 만든 월트 디즈니 254 • 불가능한 것도 가능하게 하는 뻔뻔한 상상력 259

## 10. 모든 것은 순리에 따라 이루어진다 ················ 263
누군가 당신을 보고 있다 265 • 생각을 멈춰라 267 • 생각은 충돌하고 뒤섞이고 합쳐진다 269 • 우리의 잠재의식은 훌륭하다 275

**맺음말** 빗속에서 춤을 추자 277
  자신의 잠재력을 믿어라 284

**옮긴이의 말** 긍정적인 사람이 창의적인 사람이다 292

참고문헌 및 각주 설명 296

## 머리말

## 애벌레가
## 나비가 되는 순간처럼

"왜 어떤 사람들은 창의적인데, 어떤 사람들은 그렇지 못할까?"는 올바른 질문이 아니다. 제대로 된 질문은 "도대체 왜 모든 사람들이 창의적이지 못할까?"이다. 우리는 언제, 어떻게 우리의 잠재력을 잃어버리게 된 걸까? 왜 교육이 창의성을 억누르는 걸까? 왜 교육자들은 창의성을 좀 더 촉진시킬 수 없을까? 왜 사람들은 자기 분야에서 전문가가 되어갈수록 창의성을 잃어버리고 혁신에서 멀어지는 걸까? 왜 아는 게 많은 사람보다 적은 사람이 더 창의적일까? 왜 사람들은 누군가 새로운 것을 창조하면 기적이라도 되는 양 놀라는 것일까?

우리는 과거에 일어난 일, 과거의 사람들이 생각한 것, 그리고 현재 존재하는 것을 바탕으로 정보를 처리하도록 배웠다. 일단 답을 찾아냈다고 생각하는 순간, 우리는 생각하기를 중단한다. 'answer(답)'에 해당하는 스페인어 'respuesta'는 죽은 사람들을 위해 부르는 노래인 'responso'와 같은 어원에서 나왔다. 답이라는 것은 더 이상 생명이 없는 것에 관한 노래인 것이다. 다른 말로 하면, 과거에 일어난 일을 토대로 답을 안다고 생각할 때 우리의 생각은 죽어버리고 만다.

대부분의 사람들이 상상력을 동원해서 새로운 아이디어를 떠올리려고 해도 기존의 범주와 개념에서 벗어나지 못한 생각들을 뻔한 방식으로 늘어놓게 되는 것도 바로 이런 이유다. 창의적으로 생각하려면 두 개 혹은 그 이상의 다른 대상들 사이에서 많은 연관성과 연결고리를 찾아내어 새로운 범주와 개념을 만들어내는 능력이 필요하다. 하지만 우리는 정보를 이런 식으로 처리하는 법을 배운 적이 없다.

## 바꾸려고 하면 바뀐다

우리는 자신의 삶을 어떻게 꾸려나갈 것인지 선택할 수 있다.

열 살 때 할아버지와 산딸기를 따러 산을 오르고 있었다. 그런데 할아버지가 발걸음을 멈추더니 애벌레 한 마리를 집어들었다.

"얘야, 이걸 좀 봐라. 뭐가 보이니?"

나는 대답했다. "애벌레요." "언젠가는 이게 아름다운 나비가 될 거란다. 자세히 들여다보렴. 이 애벌레가 나비가 될 것이라는 표시가 어디 있는지 말해주겠니?"

나는 그 표시를 찾으려고 애벌레를 유심히 살펴보았다. "할아버지, 이게 나비가 될 거라는 표시는 아무데도 없어요."

그러자 할아버지가 말씀하셨다. "바로 그거다! 너의 모습에서 네가 앞으로 무엇이 될지 사람들에게 알려주는 표시는 아무것도 없단다. 이것을 기억해라. 남들이 너에게 무언가를 할 수 없다고 말하거나 혹은 무언가 될 수 없다고 말한다면, 이 애벌레를 기억하렴. **네가 애벌레 속에서 무슨 일이 일어나는지 알 수 없는 것처럼, 사람들은 네 마음속에 무엇이 있는지를 볼 수 없단다. 네가 무엇이 될 수 있는지를 아는 사람은 오직 너 자신뿐이란다. 애벌레처럼 말이지.**"

나는 사람들이 어떻게 변화하는지에 대해 생각할 때 애벌레와 나비를 떠올린다. 변태 과정에서 성충 세포가 애벌레의 몸통에 생겨나기 시작한다. 성충 세포는 처음에는 생존이 힘들지만 서로 결합하고 상호작용을 하면서 더 강해지고 면역체계가 생겨 어떤 공격에도 저항할 수 있는 존재가 된다. 그러면 애벌레 세포들 대신 성충 세포들이 자리를 잡고 드디어 애벌레는 나비가 되는 것이다.

나는 이 이야기가 창의적인 사람이 되는 과정에 관한 매우 적절한 비유라고 생각한다. 우리의 행동 특징들은 유전자를 통해 물려받은 것이 아니다. 우리는 우리의 환경과 상호작용하는 다양한 과정을 통해 특징들을 발달시킨다.

우리에게 일어나는 모든 변화는 초기의 나비 세포들이 그랬듯이 매우 어렵게만 느껴질 것이다. 하지만 우리가 스스로의 인식과 생각 패턴, 태도, 그리고 행동 방식을 변화시키기 위해 끊임없이 노력한다면, 시간이 흐르면서 나의 노력이 주변 환경까지도 바꾸는 것을 발견할 수 있게 된다. 애벌레가 자신이 나비가 된 것에 놀라는 것처럼 우리 역시 따분하고 수동적인 구경꾼에서 세상을 바꿀 정도로 능동적이고 창의적인 사람으로 변모하는 것을 발견하고는 놀라게 될 것이다.

## 생각을 뒤섞다

다른 대상들을 창의적인 방식으로 연결 지어 생각하고 연관성을 만들어내는 데 가장 중요한 것은 개념을 뒤섞는 것이다. '개념 뒤섞기'는 창의적 사고 과정의 하나로, 새로운 아이디어를 만들어내기 위해 두 개 또는 그 이상의 개념을 동시에 생각하면서 섞는 것이다.

생각을 물에 비유해보자. 갓난아기일 때, 우리의 생각은 컵에 담긴 물과 같다. 물은 거의 모든 형태를 표현할 수 있다. 이처럼 어린아이일 때는 특정한 것만 고집하지 않고 많은 것을 두루 생각한다. 또한 물처럼 유연하게 생각한다. 컵의 모양에 따라 이리저리 형태를 바꾸는 물처럼 우리의 생각 역시 자유롭게 흘러가면서 모양을 바꾼다. 모든 생각들이 뒤섞이고 서로 결합되고 온갖 방법으로 연결되어 연관성이 만들어진다. 그래서 아이들은 창의적일 수밖에 없다.

학교에서 우리는 배운 것을 정의하고, 이름 붙이고, 각각 다른 부문으로 분류하도록 배운다. 각각의 영역은 따로따로 분리되어 있으며, 자기 영역을 넘어 다른 영역을 침범하지 못하게 한다. 마치 얼음 틀 안에 있는 얼음처럼 말이다. 일단 무언가를 배우고 분류하고 구분한 다음에는 우리의 생각은 얼음 틀 속의 물이 네모난 얼음 조각으로 단단하게 얼어붙듯이 고정되고 만다. 예를 들어 우리는 깡통 따개가 무엇인지를 배웠고, 누군가 깡통 따개에 대해 이야기하면 그것이 무엇인지 정확히 안다.

우리에게 어떤 문제가 생겼을 때, 우리는 이미 알고 있는 정보를 검색하여 그중에서 문제 해결에 적합한 정보를 골라야 한다고 배웠다. 마치 얼음 틀을 본 다음 적당한 얼음 조각을 고르듯이 말이다. 그런 다음 선택된 정보를 변형시켜 해결책을 찾으라는 가르침에 따라 얼음 조각을 컵에 담고 얼음 틀에 맞는 얼음을 만들기 위해 열을 가해 단단한 얼음을 녹인다.

예를 들어 당신이 풀어야 하는 문제가 '더 좋은 깡통 따개를 만드는 것'이라고 해보자. 그러면 컵은 지금까지 당신이 깡통 따개에 관해 알고 있는 것만 담는다. 다른 것들은 더 담을 수 없을 것이다. 우리는 여기서 오로지 깡통 따개에 관해 배운 것 한 가지만 생각한다.

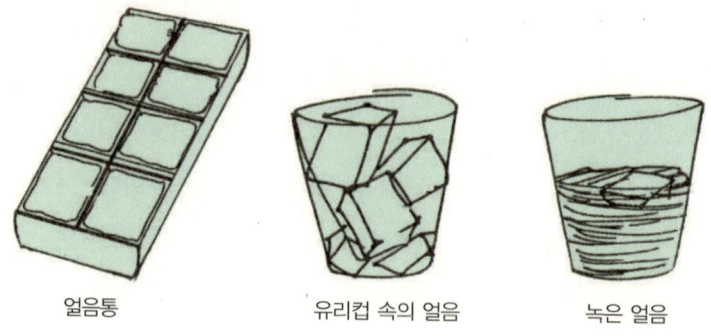

얼음통    유리컵 속의 얼음    녹은 얼음

　가령 식물 열매에 대한 생각을 깡통 따개에 관한 아이디어로 가득 찬 컵에 넣어보자. 이 두 가지를 섞고 녹여 연결시키며 창의적인 아이디어를 생각해보는 것이다. 어떻게 해야 열매를 둘러싼 껍데기에서 열매를 꺼낼 것인지를 생각해보면 깡통 따개에 관한 새로운 아이디어를 찾게 될 것이다. 가령 완두콩이 익으면 꼬투리 한쪽 끝이 약해지면서 콩 알갱이가 나오는 것을 보고 기발한 아이디어를 떠올릴 수도 있다. 예를 들면 약해진 완두콩 꼬투리와 같이 통조림의 끝을 약하게 만들어 잡아당기면 편하게 열 수 있도록 만드는 것이다.
　머릿속에 샤워 꼭지와 지구의 궤도를 좇는 망원경을 동시에 떠올리면 어떤 일이 일어날까? 허블우주망원경이 우주에 처음으로 띄워졌을 때, 과학자들은 그 망원경의 초점을 맞출 수가 없었다. 망원경은 작은 동전 모양의 거울들을 사용해 초점을 다시 맞춰야만 제 기능을 할 수 있었다. 문제는 어떻게 하면 거울들을 옮겨 알맞은 위치에 정확하게 끼워넣을 것인가였다. 우주공학을 공부한 나사(NASA) 전문가들인데도 이 문제를 해결하지 못했다. 엄청난 비용이 투입된 허블우주망원경은 그대로 사장되는 듯 보였다.

같은 문제로 고민하던 전기공학자 제임스 크로커는 어느 날 독일에서 열린 세미나에 참석했다. 하루 종일 그 문제를 고민하느라 피곤해진 그는 호텔방으로 들어가 샤워나 할 생각이었다. 호텔방의 샤워기는 조절 가능한 샤워대 위에 샤워 꼭지가 달려 있는 형태였다. 샤워 꼭지를 조절하던 그는 문득 한 가지 생각이 떠올랐다. 망원경의 거울에 로봇팔을 달아 손으로 샤워기 꼭지를 조절하듯 리모컨으로 로봇팔을 조절하며 초점을 맞추면 되겠다는 것이었다.[1]

크로커는 무척 간단하면서도 구체적인 해결책을 갑작스럽게 깨닫고는 자신도 깜짝 놀랐다. 그는 "샤워 꼭지에서 허블우주망원경의 거울들을 발견할 수 있었어요"라고 말했다.[2] 나사 전문가들의 판에 박힌 사고방식으로는 해결할 수 없었던 문제를 크로커는 완전히 다른 두 대상 사이의 연결점을 찾음으로써 간단히 해결했다.

다음의 사각형과 원형 그림을 보자. 두 개는 서로 다른 분리된 개체다.

두 개체가 합쳐질 때 생기는 놀라운 효과를 살펴보자. 뭔가 신비로운 것이 나타나고, 마치 움직이는 것처럼 보인다. 서로 다른 물체를 같은 공간에서 조합할 때에만 이런 효과를 얻을 수 있다. 그 효과의 힘은 원형이나 사각형 속에 담겨 있는 것이 아니라 두 개의 조합 속에 있는 것이다.

과학, 기술, 의학, 예술, 생태와 관련된 일을 포함한 모든 영역에서 창의성은 서로 다른 대상을 개념적으로 조합하는 작업을 통해 나타난다. 살펴보면 창의적인 아이디어들은 늘 기존의 생각을 새롭게 조합한 것이다. 시인들은 보통 새로운 단어를 만들어내지 않는다. 대신에 기존의 단어들을 새로운 방식으로 결합한다.

수학자 자크 아다마르는 프랑스의 시인 폴 발레리의 말을 인용해 이렇게 말했다. "무엇이든 만들어내려면 두 가지가 있어야 한다. 하나는 조합들을 만들어내는 것이고, 다른 하나는 원하는 것과 이전 사람들이 전해주었던 엄청난 정보들 속에서 중요한 것이 무엇인지를 선택하고 인지하는 것이다."[3] 발레리는 시를 쓸 때 뭔가 새로운 것을 만들어내기 위해 두 가지 생각의 전략을 사용한다는 것이다. 그는 한 가지 전략으로는 조합을 만들어냈고, 다른 하나로는 중요한 것이 무엇인지를 선택했다.

아인슈타인의 상대성 이론을 생각해보자. 아인슈타인은 에너지와 질량과 빛의 속도 같은 개념들을 발명한 것이 아니다. 오히려 그는 이러한 생각들을 새롭고 유용한 방법으로 조합했다고 볼 수 있다.

솔방울을 생각해보자. 솔방울과 글을 읽고 쓰는 과정이 무슨 관계가 있을까? 1818년 프랑스에서 아홉 살 소년이 송곳을 가지고 놀다 사고를 당해 시력을 잃게 되었다. 어느 날 소년은 마당에 앉아 글을 읽고 쓸 수 없는 자신의 처지에 낙담하고 있었다. 그때 한 친구가 다가와 그에게 솔방울을 건네주었다. 소년은 가만히 솔방울을 더듬으며 껍질과 껍질 사이의 미묘한 차이들을 알아차렸다. 소년은 다른 솔방울 껍질을 더듬었을 때의 우둘투둘한 느낌과 읽고 쓰기를 조합했다. 그 결과 종이 위에 도드라진 점들로 알파벳을 표기하면 앞을 보지 못하는 사람들도 책을 읽을 수 있다는 것을 깨달았다. 이 소년이 바로 시각 장애인들에게 새로운 세상을 열어준 점자를 만든 루이 브라유다.

브라유는 솔방울과 글 읽기 사이에 창의적인 관련성을 만든 것이다. 서로 관련이 없는 두 대상 사이의 관련성을 만들 때에는 그 차이를 좁히기 위해 상상력을 동원하게 된다. 강아지를 산책시키는 한 남자를 마임으로 흉내 내는 것을 보고 있다고 가정해보자. 마임을 하는 사람은 강아지 줄을 잡고 있는 것처럼 팔을 내뻗는다. 팔이 앞뒤로 휙휙 잡아당겨질 때 당신은 이것저것을 킁킁거리며 냄새 맡는 강아지를 줄로 잡아당기고 있다는 것을 안다. 강아지와 줄은 실제로 존재하지 않지만 마임에서 진짜 같은 부분이 된다. 이와 같이 당신이 생각하는 대상과 그것과 전혀 관련이 없는 무언가 사이에 관련성을 만들 때 상상력은 그 차이들을 메우고 새로운 발상이 떠오르게 한다. 예측할 수 없는 생각을 만들어내는 것은 상상력을 기꺼이 동원하려는 마음가짐에서 온다. 아인슈타인이 "지식보다 상상력이 중요하다"고 말한 이유가 바로 여기에 있다.

개념의 조합이 개개인의 마음속에 정보가 뒤섞이는 것을 가능하게 만드는 것처럼, 다른 분야의 사람들과 생각을 교환할 때 새롭고 흥미로운 사고의 패턴이 만들어진다. 브라이언 아서가 《기술의 특성*The*

*Nature of Technology*》이라는 책에서 주장한 바와 같이 거의 모든 기술은 다른 기술과의 조합에 의해 탄생한다. 마찬가지로 새로운 발상은 각각 다른 분야의 사람들이 서로의 생각을 조합하는 과정에서 생겨난다. 소화기 전문 내과의사와 유도 미사일 디자이너 사이의 대화에서 탄생한 캡슐 내시경이 바로 그 예다.

## 이 책을 쓴 이유

내가 이 책을 쓴 목적은 일과 개인적인 삶을 창의적으로 이끌어나가기 위해서는 개념의 조합이 매우 중요하다는 것을 강조하고 싶어서다. 서로 다른 대상, 생각, 개념들을 조합하는 것은 창의적 생각을 하는 데 가장 중요한 요인이다. 일반적인 사람들과는 뭔가 다르게 생각한 사람들, 즉 창의적인 천재들의 세 가지 공통적인 특징을 전하고자 한다.

- 의도의 중요성과 창의적인 마음 상태로 발전하기 위해 그 의도를 활용하는 방법
- 말하는 방법에 변화를 줌으로써 사고 패턴을 변화시키는 방법
- 당신이 상상한 것이 이루어지는 방법

그리고 다음과 같은 주제들을 논의해보려 한다.

- 우리는 모두 자발적이고 창의적인 생각을 할 수 있게 태어났다.
- 교육에 의해 주입된 사고 패턴들은 얼마나 우리가 자연스러운 창의성을 발휘하지 못하도록 억제하는가?
- 천재들은 왜 천재이며, 기발한 생각들을 만들어내기 위해 개념의 조합을 어떻게 활용하는가?
- 불의 발명에서부터 시작하여 인류 역사 곳곳에 개념의 조합은 어떻게 창의적인 생각을 불어넣었을까?
- 각기 다른 대상들의 본질과 기능과 성질 사이의 유사한 관련성을 찾아 다르게 생각하는 방법
- 문제와 무작위로 떠오르는 자극들을 결합하여 독창적인 생각들을 만들어내는 방법
- 사물을 바라보는 시선을 변화시켜 사물 자체에도 변화를 주는 방법
- 정반대의 것들을 결합하여 역설적으로 생각하는 방법
- '말도 안 되고', '불합리한' 생각들을 당신의 생각과 결합하여 흥미롭고 새로운 사고 패턴을 만들어내는 방법
- 생각을 숙성시키는 것의 중요성과 적당한 시기에 그것을 발휘하는 방법

여기에는 고민을 요구하는 다양한 질문들, 생각을 자극할 만한 창의적인 생각의 기술, 착시 그림과 퍼즐, 아울러 실험들이 섞여 있다.

## PART 1
# 생각을 바꾼 사람들

하늘에 있는 태양을 노란 점으로 보는 사람이 되지 마라.
지저분한 길가에 있는 노란 점을 태양으로 보는 사람이 돼라.

CREATIVE
THINKERING

오늘날 우리 사회는 사물들 간의 다양한 연관성을 무시하는 경향이 있다. 아래 중심이 같은 두 개의 원 그림을 보자. 점에서 눈을 떼지 말고 응시하면서 머리를 천천히 그림에 가까이 했다가 다시 멀리 움직여보라. 그러면 놀라운 일이 일어난다. 그림 속의 원이 회전하기 시작한다. 이것은 가능한 일이 아니다. 그림이 어떻게 움직인단 말인가? 그러나 놀랍게도 우리는 움직이는 원을 보고 있다. 이런 착시는 원들이 기울어진 모양으로 적절히 배열되어 있고, 집중할 중심 점이 있고, 그리고 머리를 앞뒤로 움직이는 우리의 행동이 상호작용하여 나타난 것이다. 이 상호작용 중 어느 것 하나라도 빠지면 안 된다. 예를 들어 머리를 움직이지 않는다면, 그림은 생명력을 잃을 것이다.

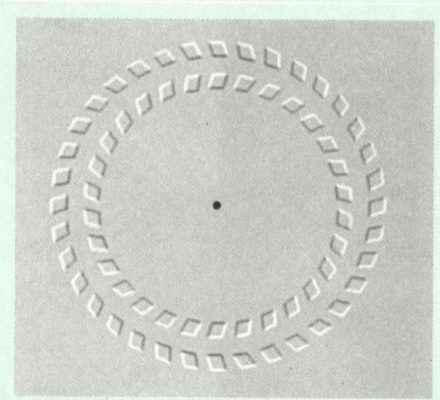

움직이는 원의 착시와 비슷하게, 창의적으로 생각하는 것에도 몇 가지 구성 요소가 있다. 그리고 그것들은 서로 연결되어 있다. 한 부분을 바꾸면 다른 부분들이 영향을 받는다.

이 이야기를 더 깊이 하기 위해 다음 문장을 보자. "쥐가 상자 속에 갇혔다." 상자는 여섯 개의 판자를 못으로 고정해야 만들어진다. 상자가 무엇인가를 담지 못하면 쥐를 잡아둘 수도 없다. 각각의 판자만을 보면, 판자는 아무것도 담지 못한다. 판자 하나에 아무것도 담을 수 없다면, 당연히 여섯 개의 판자도 아무것도 담을 수 없다. 결론적으로 상자에는 아무것도 담을 수 없다. 이론적으로 상자 속의 쥐는 당연히 도망갈 수 있다.

무엇이 쥐를 가두는 걸까? 물론 상자가 모든 방향에서 움직임을 막기 때문이다. 각각의 판자들은 특정 방향으로 쥐가 달아나지 못하도록 막는다. 왼쪽 면은 쥐가 왼쪽으로 가는 것을 막고, 오른쪽 면은 오른쪽으로 가는 것을 막는다. 위에 덮은 판자는 쥐가 폴짝 뛰어 나가지 못하게 한다. 상자의 비밀은 판자들을 어떻게 배열해 모든 방향에서 쥐의 움직임을 막느냐에 있다. 이것이 바로 무엇을 담는다는 의미다. 따라서 무엇을 담는 것에 영향을 주려면 각각의 판자를 별도로 생각해서는 안 된다.

상자가 신비로워 보이는 이유는 어떤 판자도 독자적으로는 아무것도 담을 수 없지만, 서로 상호작용하며 모든 방향으로의 움직임을 차단하기 때문이다. 비슷한 것이 '창의적인'이라는 단어에도 적용된다. 어떤 생각의 프로세스에서 한 부분을 떼어놓고 창의적이라고 설명하는 것은 어리석은 일이다. 왜냐하면 창의적이라는 말은 다양한 부분들의 복잡한 상호작용을 설명하기 위해 만들어진 것이기 때문이다. 상자가 무엇을 담기 위한 것과 마찬가지로, '창의적인'이라는 단어는 관련된 것들을 특정하게 조합한 결과에서 나오는 현상을 설명하기 위해 사용된다.

마찬가지로 창의적인 생각은 중요한 인간 특성의 조합과 상호작용의 결과로 나오는 것이다. 그러려면 당신은 먼저 창의적으로 되고자 하는 의도와 바람을 가져야 한다. 둘째, 당신은 의식적으로 긍정적인 말하기와 생각하기 패턴을 길러야 한다. 끝으로, 당신은 창의적으로 생각하는 사람처럼 행동하고 항상 창의적인 사람의 행동을 살펴보아야 한다. 다음 세 장에서 이에 대해 다룰 것이다.

CREATIVE
THINKERING

1

# 소망은 창의적인 생각의 씨앗이다

> 너무 어려워서 용기가 나지 않는 것이 아니라
> 용기를 내지 않기 때문에 어려운 것이다.
> ―세네카

대부분의 사람들이 자신은 완전히 이해했다고 생각하지만, 사실은 그렇지 않은 경우가 많다. 우리는 방대한 양의 정보를 받아들이고 흡수하지만, 단지 정보를 차례차례 받아들이기만 할 뿐 어떤 의미 있는 가치를 만들어내지는 못하고 있다. 강하고 다양한 자극을 동시에 그리고 효과적으로 처리하는 것은 불가능하다. 다음의 실험을 통해 그것을 살펴보자.

**생각을 바꾸는 실험 1**

> 알파벳들을 대문자로 시각화해보라.
>
> A ……………………………… Z
>
> 얼마나 많은 글자들이 '곡선'을 갖고 있는가?

    당신은 어떻게 생각했는가? 우리는 글자들을 동시에 떠올리는 것이 아니라 하나하나 차례로 떠올린다. 슬라이드 쇼를 보는 것과 같이 말이다. 우리는 순차적으로 생각하기 때문에 모든 것에 효과적으로 주의를 기울일 수 없다. 우리는 주의가 너무 산만해져서 어떤 것도 활용할 수 없다. 당신의 의도가 기준을 만들어내고, 그 기준이 가능한 경험들의 범위 안에서 당신이 주의를 기울여야 하는 것이 무엇인지 결정할 것이다. 이렇게 하면 목표로 다가가는 데 도움이 된다.

    당신이 카누를 만들려는 의도를 가지고 있다고 해보자. 우선 당신은 만들고 싶은 카누의 종류에 대해 몇 가지 아이디어를 떠올릴 것이다. 그리고 만들고자 하는 카누를 시각화한다. 그러고 나서 숲으로 들어가 나무를 찾을 것이다. 당신은 필요한 나무에 대한 기준을 가지고 있을 것이다. 크기, 유용성, 나무의 아름다움, 그리고 당신이 디자인한 것에 맞는 나무를 찾을 것이다. 숲에 있는 많은 나무들 중에 당신이 원하는 완벽한 나무를 찾을 때까지 당신의 기준에 맞는 몇 가지 나무에 초점을 맞추게 될 것이다.

당신은 나무를 베어내 줄기에서 가지들을 쳐내고, 껍질을 벗겨내고, 줄기의 속을 비우고, 선체의 바깥 모양을 조각하고, 뱃머리와 뒷부분을 만들고 뱃머리에 장식을 새길 것이다. 이런 식으로 당신은 카누를 완성한다.

이 과정은 너무 평범하고 너무 간단하고 우리가 그것의 아름다움과 단순함을 보지 못할 만큼 정확하다. 당신은 카누를 만들고, 결과를 시각화하고, 완전한 것, 즉 카누에 생명을 주겠다는 의도를 가지고 있다. 카누를 만들겠다는 의도는 방향을 알려주고 의식적으로든 무의식적으로든 당신의 선택 기준을 정해준다.

우리가 무언가를 의도하고 소망할 때 우리의 뇌는 거기에 맞게 중요하다고 생각하는 것들만 의식으로 불러온다. 당신은 여기저기에서 카누에 대한 아이디어가 불쑥불쑥 튀어나오는 것을 발견하게 된다. 탁자에서, 잡지에서, TV에서, 그리고 길을 걷다가 우연히 그 아이디어들을 발견할 것이다. 아이디어는 냉장고 같은 거의 생각지도 않은 것에서 튀어나오기도 한다. 별다른 생각 없이 매일 사용하는 것에서 말이다. 우리의 뇌가 이러한 기적들을 이뤄내는 방법은 신경과학의 엄청난 신비 가운데 하나다.

## 의도를 가지면 보인다

어릴 때 가지고 놀았던 자석을 생각해보자. 자기를 띠는 물체는 다음 그림을 보면 알 수 있듯 '스핀'이라고 불리는 아주 작은 원소들로 이루어져 있다.[1] 각 스핀은 자기장의 방향과 일치하는 특정한 방향성을 가진다. 보통 이러한 스핀들은 제각각 다른 방향을 가리켜 서로의 자기장을 상쇄시킨다. 무질서한 스핀들이 왼쪽에 그려져 있다. 모여 있는 두 자석이 같은 극을 밀어내듯, 반대 방향을 가리키는 스핀들은 서로를 밀어낸다.

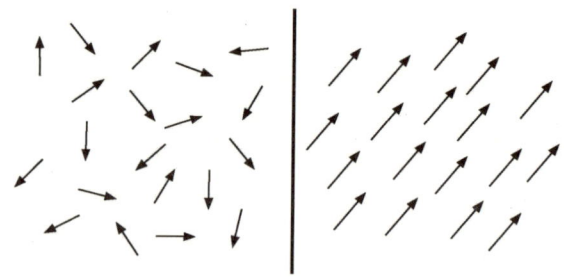

하지만 온도가 내려가면 스핀들은 자발적으로 정렬되어 모두 같은 방향을 가리킨다. 이제 다른 자기장들은 서로를 상쇄시키는 대신 하나의 강한 패턴을 만들면서 서로를 뒷받침해준다. 같은 방향을 가리키는 스핀들은 자석의 북극이 다른 자석의 남극을 끌어당기는 것처럼 서로를 끌어당긴다. 자화(magnetization)는 어떻게 정렬된 힘들이 서로를 끌어당기고 강화시켜 다양하고 자연스러운 패턴을 만들어내는지를 보여주는 좋은 예다. 왼쪽 이미지에서는 패턴이 일관되지 않고 흐트러져 있는 반면, 오른쪽 이미지에서는 패턴이 정돈되고 일관성 있으며 역동적이다.

당신의 생각이 머릿속에 있는 작은 스핀들이라고 상상해보라. 당신이 무언가 되겠다, 혹은 무언가를 해야겠다는 의도를 갖지 않으면 당신의 생각은 왼쪽 그림의 작은 스핀들처럼 아무 방향 없이 흐트러진다. 당신이 무언가 되겠다, 혹은 무언가를 해야겠다는 의도를 가지면 당신의 생각들은 목표를 갖고 의도의 방향에 맞춰 인식의 역동적인 정신 상태를 만들기 위해 줄을 늘어선다.

이는 이산화탄소 배출을 억제할 방법을 모색하는 환경운동가이자 미국 로렌스 버클리 국립연구소의 과학자인 하셈 아크바리의 연구에서 분명하게 드러난다. 환경을 보호해야겠다고 마음먹은 그는 일상생활에서 보이는 것들을 유심히 관찰하게 되었다. 어느 날 그는 하얀 지붕의 집을 보고 '어릴 때 이란에서 보았던 사막의 크고 하얀 건물들'[2]을 연상했다. "그 건물들은 밤바람을 가두어 건물 내부를 시원하게 만들었기 때문에 실내를 쾌적하게 했다."

그는 이 관찰에서 영감을 받았다. 만약 지붕들이 하얀색이면 열을 반사할 것이라는 사실을 깨닫게 된 것이다. 더 나아가 만약 모든 지붕들이 하얗다면 어떤 효과가 나타날지 궁금했다. 그 문제를 연구한 뒤, 그는 세계에서 가장 큰 도시 100곳의 지붕을 어두운 색 대신 하얀 표면으로 바꾼다면, 그리고 아스팔트가 깔린 도로를 콘크리트나 다른 밝은 색상의 물질로 바꾼다면 4400억 톤의 이산화탄소를 상쇄할 수 있을 것이라는 결론을 내렸다. 아크바리 아일랜드 그룹(Akbari's Island Group)에 따르면, "이 이산화탄소 감소량은 대략 60억 대의 차들이 18년 동안 도로를 운행하지 않는 것과 맞먹는다"고 한다.

아크바리의 의도는 그의 뇌를 더 높은 수준으로 끌어올려 주변 환경에서 더 많은 기회를 알아보게 했다. 스콧 애덤스가 이렇게 썼듯이 말이다. "뇌는 당신의 환경에서 한 번에 아주 작은 부분만을 처리한다. 당신이 깨어 있는 동안 끊임없이 들어오는 정보들에 의해 당신은 압도될 위험이 있다. 하지만 당신의 뇌는 당신에게 중요하지 않은 99.9퍼센트를 걸러냄으로써 그런 위험을 피하고 있다."[3]

의도를 가짐으로써 얻게 되는 효과는 매우 크다. 간단한 실험을 해보자. 아기를 가진 엄마의 배를 떠올려보라. 임신부의 모습을 구체적으로 떠올리며, 밖으로 나가보자. 길거리를 걸으며 사람들 사이를 다녀보자. 예전에는 쉽게 발견하지 못했던 임신부들이 곳곳에서 눈에 들어올 것이다.

이제 다음의 얼룩진 그림을 보자. 더 읽기 전에 잠깐 생각해보자. 무엇을 나타내는 그림일까? 당신은 매우 다양한 것을 상상할 수 있다. 얼룩들은 세계 어느 지역의 지도를 나타낼 수도 있고, 아이의 얼굴, 인공위성에서 내려다본 지구의 풍경, 까만 벽에 튄 흰색 페인트, 정글 잎사귀 틈으로 보이는 하늘, 생물 형태의 외계인, 상반된 정치적 입장으로 인해 발생한 에너지, 숨은 얼굴 등등 사실상 어떤 것도 나타낼 수 있다.

이제 의도를 갖고 그림을 보자. 그림 속에 숨어 있는 소를 찾아보라. 그림 속에는 소가 있을 수 없다거나, 그림 속에 있는 것은 소가 아닐 수도 있다고 생각하면 소를 찾기 어려울 것이다. 소가 있을 수 없는 이유를 상상하느라 시간과 에너지를 낭비할 것이기 때문이다. 하지만 소가 있다고 믿고 소를 찾아야겠다고 의도하면, 찾아낼 것이다. '난 틀림없이 소를 찾을 거야'라는 생각으로 그림을 보라. 시간이 걸릴지도 모르겠지만, 분명 소가 보일 것이다. 당신을 바라보고 있는 소의 얼굴을 말이다.

어떻게 이게 가능할까? 어떻게 의미 없는 얼룩들의 스케치에서 단순히 소를 찾겠다는 마음만으로도 소를 볼 수 있을까? 그림은 바뀌지 않았다. 당신의 눈이 바뀌거나 시력이 좋아지지도 않았다. 유일하게 변한 것은 당신의 의도다. 소를 찾겠다는 당신의 의도가 소에 대한 인식을 촉진한다. 이 인식은 당신이 소를 발견할 때까지 당신의 머릿속에서 여러 가지 방법으로 얼룩들을 구성한다.

## 무엇을 이루고 싶은가

사회심리학자들은 참가자들에게 특정한 물체와 사진들을 보여줌으로써 행동과 성과가 어떻게 '준비될' 수 있는지를 설명하는 다양한 실험을 실시했다. 한 연구에서는 서류가방, 펜, 정장을 차려입은 사람들의 사진, 통근열차 등 비즈니스와 관련된 사진들을 본 실험 참가자들이 더 경쟁적인 양상을 띠었다고 보고했다. 사회심리학자 마이클 슬레피안과 터프츠 대학교의 동료들은 '뛰어난 아이디어'에 대해 연구하는 동안 참가자들에게 백열전구를 켜주었을 때 더 창의력을 발휘한다는 것을 발견했다. 요컨대 빛나는 백열전구에 노출되는 것조차 창의성을 준비시킨다는 것이다.

창의성을 위해 자기 스스로를 준비시키는 한 가지 방법은 당신이 무엇이 되고 싶은지 혹은 무엇을 이루고 싶은지를 분명히 인식하는 것이다. 그것은 '소망 게시판'을 만듦으로써 가능하다. 소망 게시판은 이미지나 격언, 기사, 시, 잡지 등에서 수집한 것을 붙여놓는 커다란 게시판이다. 소망 게시판이라는 아이디어는 당신이 소망하는 것(무엇을 만들어내고 싶은지 혹은 누가 되고 싶은지)의 이미지들로 당신을 감싸는 것이고, 그 과정에서 당신의 인식과 열정을 북돋아주는 것이다. 소망 게시판을 펼쳐놓고 다음의 실험을 해보라.

스스로에게 무엇이 되고 싶은지 혹은 무엇을 만들어내고 싶은지 물어보라. 아마 어떤 단어나 이미지들이 머릿속에 떠오를 것이다. 그 단어나 이미지를 소망 게시판의 한가운데에 붙여라.

새로운 사업을 시작하고 싶다고 가정해보자. '새로운 사업'이라는 단어나 새로운 사업을 나타내는 사진을 게시판 한가운데 붙여라. 이제 잡지와 다른 출처들을 살펴보고 사업가나 새로운 사업에 관련된 사진, 시, 기사 또는 표제들을 떼어내라. 재미있게 해보자. 이미지와 단어, 문구를 많이 만들어라. 그렇게 쌓인 것을 검토해보고 가장 마음에 드는 것을 게시판에 붙여라. 새로운 것을 더하고 싶으면 이제 더 이상 적당하지 않다고 생각되는 것을 없애라. 붙이고 떼어내고 배치할 때, 직관이 중요한 역할을 하게 된다. 예를 들어 당신은 '내가 갖고 싶은 것은', '내가 갖게 될 것은', '내가 필요한 것은', '내가 원하는 것을 얻을 방법은'과 같은 주제를 게시판의 각 모서리에 지정하고 싶을지도 모른다.

그 게시판을 벽에다 걸고 더 관련이 있다고 느끼는 새로운 조각들을 더하고 더 이상 효과가 없는 것들은 버려라. 매일매일 연구하고 노력을 기울여라. 그 게시판 덕분에 당신의 바람과 비전을 향한 감정은 더욱 명확해져 결국 당신의 비전을 이루도록 도움을 줄 수 있는 것들을 발견하게 될 것이다.

내 처남은 화가가 되고 싶어했다. 그의 소망 게시판은 그림들과 화가들의 사진, 미술에 관한 시, 화가들과 그들의 작품에 관한 기사들로 이루어진 콜라주였다. 시간이 가면서 그는 다양한 그림의 인쇄물들과 대화를 나누는 것을 상상하기 시작했다. 특별히 그의 마음을 사로잡은 사진은 빈센트 반 고흐의 〈별이 빛나는 밤에〉였다. 그는 그 그림에 초점을 맞추고 대화를 나누는 상상을 했다. 그 그림에 빠져들수록 그림이 점점 더 살아 있는 것처럼 느껴졌다. 그는 그림에게 이런 질문을 던졌다. 무엇이 화가가 그림을 그리도록 만드는가? 세상에 대한 그의 생각은 어땠는가? 동시대인들은 이 그림을 어떻게 평가했는가? 어떻게 세기를 뛰어넘어 화가들이 소통할 수 있었는가? 화가가 소통하려는 것은 무엇인가? 그는 어떻게 색깔이 함께 작용하는지 묻고, 선과 모양과 기법에 대해 질문했다.

한때 불만에 가득 찬 공무원이었던 처남은 이제 작품도 팔고 전시회도 여러 번 개최한 화가가 되었다. 그는 소망 게시판을 통해 예술과 자신의 역할에 대한 통찰을 얻었다. 소망 게시판은 그의 잠재의식을 자극했고 잠재의식은 그의 심리에 영향을 주었다.

어떤 사람이 '특정한 파란색'을 빼고는 모든 색을 인지한다고 가정해보자.[4] 그 사람 앞에 특정한 파란색만 빼고 가장 짙은 파란색부터 가장 밝은 파란색까지 배열된 파란색 계열의 색들이 있다고 해보자. 그는 아마 그 색상이 빠진 공백을 인식할 것이다. 그 공백은 다른 어떤 것들의 색상 차보다 더 크게 느껴질 것이다.

그러면 그는 한 번도 본 적이 없음에도 그 특정한 색상이 어떤 모습이어야 할지 상상할 수 있다. 만약 그가 여러 가지 색상의 파란색을 보지 못했다면 가능하지 않은 일이다.

마찬가지로 당신의 소망 게시판이 채워지고 점점 더 정교해질수록 당신은 자신이 놓친 무언가가 있는 빈자리를 인식하게 될 것이다. 그러면 당신의 비전을 깨닫기 위해서 그 빈칸들을 채워넣을 방법을 상상하기 시작할 것이다.

더 읽어나가기 전에 다음의 실험을 풀 수 있을지 보자.

**생각을 바꾸는 실험 3**

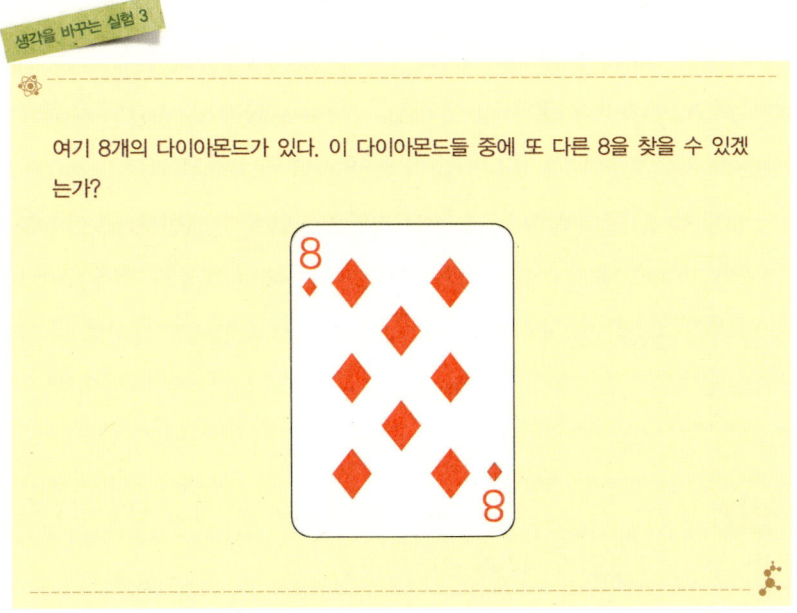

여기 8개의 다이아몬드가 있다. 이 다이아몬드들 중에 또 다른 8을 찾을 수 있겠는가?

당신의 뇌는 의도적으로 집중할 때 특이한 패턴 인식 도구가 된다. 당신은 놓친 것을 찾을 뿐 아니라 소망 게시판에서 '놓친' 것을 대체

할 대안들에 대해서도 생각하게 된다. 그리고 실제로 존재하는 것보다 더 많은 것을 보고 있다는 것을 발견하게 된다. 앞의 실험에서, 추가된 8은 다이아몬드들 사이에 있는 여백의 공간에서 발견할 수 있다.

내가 아는 발명가는 기사, 그림, 사진, 개인적인 메모 등을 붙이기 위한 공간으로 벽 전체를 사용한다. 그는 거의 매일 벽 옆에서 생각에 잠긴다. 그의 전반적인 주제는 '수요와 공급'이다. 그는 끊임없이 수요들을 확인한 다음 이익이 가져다줄 자리에 공급할 것들을 만들어내기 위해 노력하고 있다. 축구경기 암표를 사는 사람들, 최고급 레스토랑을 위한 좌석이나 브로드웨이 공연 티켓을 예약하려는 사람들, 사람들이 주차 공간을 찾을 때 생기는 뉴욕의 교통체증, 시간이 흐르는 것을 보여주는 시계 등의 사진들이 벽을 가득 장식하고 있다.

어느 날 그는 파산 위기에 놓인 지방자치단체에 대한 짧은 기사를 붙였다. 기사 내용은 그로 하여금 지방자치단체가 수요를 충족시키기 위해 무엇을 공급할 수 있을지에 대해 생각하게 했다. 그는 차, 주차장, 교통체증, 시계 등의 사진들과 빈 도로 위의 주차 미터기의 사진 한 장을 관찰했다. 그는 지방자치단체가 팔아야 할 것은 시간이라고 생각했다. 대부분의 도시들은 주차 미터기를 설치하고 주차 공간을 임대해주는 것으로써 시간을 판다.

주차 미터기는 그의 생각을 자극했다. '주차 미터기의 요금 체계를 좀 더 실질적인 수요와 연관이 되도록 설계할 방법이 없을까?' 그는 수요에 따라 주차 공간의 비용을 조정하는 주차 체계를 설계했다. 전자 센서가 주차 공간에 대한 요구를 측정하여 그에 따라 값을 매기는 것이다. 만약 빈 주차 공간이 많으면 한 시간에 25센트가량만 내면 된다. 하지만 주차 공간이 적으면 한 시간에 6달러까지 지불해야 하는 것이다.

## 소망은 심리에까지 영향을 미친다

컬럼비아 대학교에서 이루어진 한 실험은 놀랍게도 인공수정을 위해 병원을 찾는 여성들이 임신하게 해달라고 기도했을 때 임신할 확률이 2배 가까이 높았다는 것을 증명했다. 기도가 소망과 바람의 표현이 아니라면 무엇이겠는가? 기도를 한 여성들의 임신율은 약 50퍼센트였고, 그렇지 않은 여성은 26퍼센트였다.

여성들이 기도를 했을 때, 그들의 마음은 임신을 '하고 싶다'에서 임신을 '할 것이다'로 바뀌었다. 그렇다. 소망은 심리적 기능에까지 영향을 미친다. 이것을 증명하는 간단한 실험이 있다.

2개의 물체를 당신 앞에 놓아라. 닿을 수 있지만 서로 다른 위치에 놓아야 한다. 그리고 '출발' 신호가 떨어지면 동시에 그것들을 잡는다. 한쪽 팔의 이동 시간은 그 팔이 움직여야 하는 거리와 목표의 정확성에 달려 있다. 두 손이 서로 다른 목표의 방향으로 움직여야만 할 때 무슨 일이 발생할까?

먼저 그것들을 잡겠다고 의식적으로 소망하라 '난 동시에 저것을 잡고 말 거야'라고 생각하라. 그런 다음 '출발'이라고 말하고 목표물들을 향해 손을 뻗어라. 당신은 양팔이 동시에 목표에 가 닿았다는 것을 발견할 것이다. 다시 말해 당신의 소망은 뇌에 영향을 미쳐 양쪽 팔 모두를 독립된 기능의 단위로써 조정한다.

## 거위들은 왜 날지 못했을까?

사람들은 자신이 하고 싶고, 만들고 싶고, 발견하고 싶은 것에 대해 생각하고 이야기하는 것을 좋아한다. 그래서 그것에 관한 책을 읽고, 강의나 세미나를 들으러 가고, 친구들과 함께 토론하고, 그것을 이룬 사람들을 존경하고, 심지어 그것에 대해 글을 쓰기도 한다. 사람들이 현혹되어 있는 것은 생각하는 것과 말하는 것이지 실제로 행동하는 것이 아니다. 철학자 키르케고르는 우화로 그런 생각을 잘 표현했다.[5]

높게 담장이 둘러쳐진 농가 마당에 거위들이 모여 살고 있었다. 맛있는 옥수수가 있는 데다 앞마당은 안전했기 때문에 거위들은 위험에

처할 일이 없었다. 어느 날 철학자 거위가 그들에게 다가왔다. 그 거위는 아주 멋진 철학자였기에 거위들은 매주 그의 이야기를 귀 기울여 들었다.

"인생이라는 길 위에 선 내 친구 여행자들이여, 너희는 엄청나게 높은 담장으로 둘러싸인 이 마당이 세상의 전부라고 생각하니? 실은 바깥에는 더 큰 세상이 있어. 그저 어렴풋이 알 수 있는 세상이야. 우리의 조상들은 이 바깥세상에 대해 알고 있었지. 도대체 왜 우리 조상들은 날개를 펴 아무도 가지 않은 사막의 황무지와 바다와 푸른 골짜기와 나무가 우거진 산을 날아다니지 않았을까? 아, 슬프다. 우리는 이 농가의 마당에 갇혀 있어. 날개들은 접혀서 옆구리에 박혀 있지. 그것은 우리가 눈을 들어 우리의 집이어야 할 하늘을 바라보지 않고 진흙의 웅덩이에 만족했기 때문이야."

거위들은 아주 멋진 강의에 감동했다. '정말 시적이야.' '어찌나 철학적인지. 정말 흠잡을 데 없는 존재의 신비에 대한 요약이었어.' 종종 철학자는 거위들에게 원래 모습을 찾아야 한다며 나는 것의 이점에 대해 이야기했다. 철학자는 거위도 날개를 갖고 있다고 지적했다. 날개가 날기 위한 것이 아니라면 무엇을 위한 것이겠는가? 종종 철학자는 농가 마당 바깥에 있는 세상의 아름다움과 경이로움 그리고 하늘의 자유에 대해 곰곰이 생각했다. 그리고 다른 거위들은 철학자의 교훈에 고취되고 영감을 얻고 감동을 받았다. 그들은 그의 한마디 한마디에 열중했다. 그들은 몇 시간, 몇 주, 몇 달을 철학자 거위의 교리를 분석하고 비평하면서 시간을 보냈다. 거위들은 나는 것에 대한 윤리적이고 정신적인 함축성에 관한 논문을 작성했다. 이게 그들이 했던 전부다.

단 한 가지 그들이 하지 않았던 것이 있다.

날지 않았다!

옥수수는 맛있었고 앞마당은 안전했기 때문이다.

CREATIVE
THINKERING

2

# 말하는 방식을 바꾸면 생각하는 방식도 바뀐다

왜 우리는 놓친 것, 제외된 것, 잘못된 것,
여기 없는 것에 연연하여
부족한 것에 대해서만 말하는가?

우리는 어떤 사물이 좋은지 나쁜지를 설명할 때 부정적인 언어를 사용하는 경우가 많다. 예를 들어보자. 오늘 아침 나는 오랜 친구를 찾아가 기분이 어떠냐고 물었다. 친구는 이렇게 대답했다. "불만은 없어." 이게 무슨 의미일까? 내 친구는 침실 벽에 불만 목록을 붙여놓고 오늘은 불평할 것이 없는지 아침마다 읽어본다는 소리일까?

친구와 동료들이 어떤 식으로 이야기하는지 잘 들어보라. 많은 이들이 '그것은 ○○이다', '○○일 수도 있다'라고 이야기하기보다는 '○○는 아니다'라고 이야기하는 것을 들을 수 있다. 직장에서 상사에게 아이디어를 내면 아마 이렇게 말할 것이다. "나쁘지 않군." 이 말은 이

전에 제안했던 다른 아이디어들은 나빴다는 것인가? 새로운 계획이나 아이디어를 실행에 옮기겠다고 제안하면 "나쁠 건 없지"라는 대답이 돌아온다. 그럼 이전에 실행에 옮긴 다른 아이디어들은 나빴단 소리인가?

가족이나 친구, 동료 등 주변의 가까운 사람들은 "우리 점심 먹으러 가지 않을래?"와 같이 부정의 단어가 포함된 말을 얼마나 자주 하는가? 흥미롭게도 누군가가 다른 사람에게 "○○하지 않을래?"로 질문을 하면, 상대방은 "아니"와 같이 부정적인 대답을 하는 경우가 많다. 누군가 "함께 점심 먹으러 가지 않을래?"라고 말하면 그 말에 포함된 부정어가 우리 내면의 무의식으로 하여금 함께 갈 수 없는 이유를 생각하게 할 수도 있다. 같이 하자는 말의 내용과는 달리 부정의 단어가 포함된 표현 때문에 모순된 상황이 만들어지는 것이다. 하지만 "월요일에 보는 게 어때?" 혹은 "우리 월요일에 보자"로 질문을 바꾸면 이런 모순된 상황은 사라질 것이다.


## '예스'라고 생각하라

대부분의 성인들은 잘되고 좋은 점보다는 부족하고 모자란 점에 초점을 맞춘다. 그러다 보니 자신의 생각이나 아이디어에 대해서도 '안 돼, 절대 ○○가 아니다, ○○하지 마, 아니다'와 같은 부정적인 표현을 쓴다. 이 책을 읽는 독자도 이렇게 생각할지 모른다. '나라면 저런 생각을 못했을 텐데.' '나쁜 통찰력은 아니군.' 생각을 바꿔 이렇게 말해보라. '저런 생각을 해본 것은 처음이야', '많은 것을 설명해줄 수 있는 흥미로운 통찰력이야'라고 말이다. '아닌 것'에서 '맞는 것'으로 초점을 바꾸는 것만으로도 정보를 인식하는 데 얼마나 큰 변화가 생기는지를 주목하라. 흥미와 호기심, 놀라움과 더불어 우리의 의식이 확장되는 것을 느낄 수 있을 것이다.

교육을 받기 이전의 아이들은 어른들과는 다르게 말한다. 아이들에게 기분이 어떠냐고 물으면, 아이들은 "좋아요", 혹은 "끝내줘요", "졸려요", '나 아파요'와 같이 있는 그대로 솔직하게 대답한다. 또 아이들에게 어떤 아이디어를 주면 "멋져요", "재미있어요"라고 대답할 것이다.

가족들과 함께 놀이동산에 가서 즐거운 시간을 보냈다고 생각해보라. 내가 묻는다. "놀이동산은 어땠어요?" 만일 당신이 "나쁘지 않았어요"라고 대답했다면 메말라버린 감정으로 단조롭고 차갑게 부정어가 포함된 말로 즐거운 날을 설명한 것이 된다.

하지만 "좋았어요"라고 말한다면? 전체의 감정이 '좋다'라는 단어와 관련되어 음량이나 억양에 차이가 생긴다는 것을 느낄 것이다. 목소리는 높아지고 입가에 미소가 떠오른다. 부족하거나 없는 것을 표현할 때와는 달리 이미 가지고 있는 것에 대해 이야기할 때 우리의 생각과 감정도 달라진다.

우리의 언어와 말하기 패턴을 긍정적인 방식 – 부족하고 없는 것이 아니라 '이미 가지고 있으며, 존재하는 것'에 초점을 맞추는 – 으로 바꾸면, 우리의 감정 역시 긍정적이 되며 실행에 옮길 때도 실질적인 결과물을 만들어내게 된다. 말하는 방식은 우리가 느끼는 방식에 영향을 미친다. 거꾸로 우리가 느끼는 방식은 우리가 말하는 방식에 영향을 미친다. 모든 언어와 감정, 그리고 생각은 서로 상호작용하고 이러한 작용들이 전체적으로 쌓여 우리의 행동과 삶의 결과물을 만들어낸다. 이런 관계는 다음과 같은 삼각형으로 설명할 수 있다.

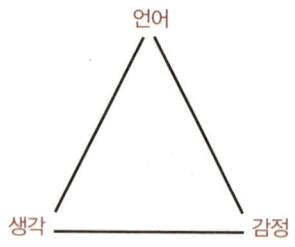

생각은 감정과 다르지 않다. 친구가 당신을 2시간 동안 기다리게 했다면, 당신은 잔뜩 화가 나 이렇게 생각할 것이다. '나한테 이렇게 대하다니, 뭐하자는 거야? 나에 대한 배려가 전혀 없어. 그 친구는 항상 나한테 이런 식으로 대했어.' 이렇게 생각하면 당신은 아주 화가 난다. 그런데 친구가 도착해 사고 때문에 차가 막혀 늦었다고 설명하면 금세 화가 가라앉을 것이다. 이것은 감정이 생각에 의해 영향을 받는다는 것을 보여준다. 생각을 바꾸면 화가 가라앉는다.

# 말하는 방식을 바꾸면
# 느끼는 방식이 바뀐다

언어라는 한 가지 요소만 바꿔도 생각과 감정이 바뀔 것이다. 이 변화가 쌓여서 이전과는 다른 행동과 결과를 낳게 된다. 행동의 삼각형에서 가장 통제하기 쉬운 곳은 바로 언어다. 말하는 패턴을 긍정적으로 만듦으로써 우리는 의도적으로 긍정적인 생각을 하는 사람이 될 수 있다.

　몬트리올의 리츠칼튼 호텔에 머문 적이 있다. 평소 비싼 호텔에 머무르는 걸 좋아하지 않지만, 리츠칼튼에 머무는 동안 정말 편안하고 기분이 좋았다. 호텔 지배인에게 편안하고 기분 좋게 해주어 고맙다고 인사하면서 무슨 비결이라도 있느냐고 물었다. 지배인은 그들만의 비결을 알려주었다. 직원들에게 항상 긍정적인 방식으로 말하도록 교육한다는 것이었다. 예를 들어 고객이 서비스를 제공한 직원에게 고맙다고 말하면 괜찮다는 뜻의 "No Problem" 대신, 부정어 not이 들어가지 않은 "It's a pleasure"라고 말한다는 것이다. 또한 "저희 레스토랑을 방문해보시지 않겠습니까?" 대신에 "오늘 밤 저희 레스토랑에서 여러분을 모실 수 있다면 기쁘겠습니다"라고 말하도록 했다는 거다. 그러면 고객은 자신이 환영받고 있으며 직원들이 고마워한다는 것을 느끼게 되어 행복하고 긍정적인 감정을 갖게 된다. 몬트리올을 떠날 무렵 나 역시 모든 것을 긍정적으로 말하는 습관이 들었다. 리츠칼튼 호텔에서의 경험은 어떻게 언어가 우리 자신과 다른 사람들에게 특정한 방식으로 영향을 미치는지를 보여준다. 우리는 자신의 정신적인 상태를 다른 사람들의 마음에 옮겨 심을 수 있다.

스탠퍼드 대학교의 심리학, 신경과학, 기호체계의 교수인 레라 보로디츠키는 언어가 공간, 시간, 색깔 같은 기본적인 대상들에 대해 우리가 생각하는 방식을 형성한다는 글을 썼다. 소그룹으로 다음의 실험을 해보면 실제로 그렇다는 것을 발견할 수 있다.

사람들에게 추를 나누어주고 참가자들을 두 그룹으로 나눈다. 첫 번째 그룹에는 추를 계속 들고 있으라고 하고, 두 번째 그룹에는 계속 들고 있되 추를 옆으로 흔들지 말라고 말한다.

두 번째 그룹은 추를 옆으로 흔들 것이고 그냥 들고만 있으라고 지시받은 첫 번째 그룹은 추를 흔들지 않을 것이다. 왜 그럴까? 추를 옆으로 흔들지 말아야겠다는 생각이 오히려 물체를 옆으로 움직이게 하는 근육들을 작동하게 만들기 때문이다.

어떠한 행동 패턴이건 시작하는 것이 멈추는 것보다 쉽다. 맑은 공기를 들이마시기 시작하는 것, 몸에 좋은 음식을 먹기 시작하는 것, 편히 쉬는 법을 배우기 시작하는 것, 페어웨이를 따라 골프를 치기 시작하는 것, 말하는 방식을 바꾸어 보다 낙천적이고 명랑해지기 시작하는 것이 더 쉽다. 부정적인 말을 쓰지 않고, '○○이 아니다'라는 말 대신 '○○이다'라는 말을 쓰면, 시간이 흐를수록 긍정적인 태도가 몸에 배어 일은 물론 삶에 대한 우리의 관점도 변화될 것이다.

우리 어머니는 긍정적이고 행복한 분이다. 내가 쓰는 단어가 내가 어떤 생각을 하느냐를 결정하고, 내가 가진 생각에 따라 감정과 행동이 결정된다는 것을 처음 가르쳐주신 분이다. 어머니는 내가 불평을 하거나 부정적인 말을 할 때마다, 그리고 다른 사람의 나쁜 점을 이야기할 때마다 항상 내 말을 바로잡아주었다. 나는 나쁜 언어 습관을 고치려고 노력했지만 부정적인 생각을 멈추는 것만으로는 충분하지 않다는 것을 깨달았다. 그것은 훈련을 필요로 했다.

어머니는 초록색 고무 밴드를 하나 주면서 부정적인 말을 바꾸고 싶다면 한동안 그 밴드를 손목에 차라고 하셨다. 20일 동안 불평이나 부정적인 말을 하지 않고 지내보라는 것이다. 나는 불평을 할 때마다 고무 밴드를 다른 쪽 손목에 바꿔 차고 처음부터 다시 시작해야 했다. 이렇게 함으로써 내 생각과 거기에 영향을 주는 요인이 무엇인지 깨닫게 되었다. 초록색 고무 밴드를 손목에 차는 사소한 일로 바로 효과를 볼 수 있었고, 내 삶도 달라졌다.

말을 바꾸면 생각도 바뀐다. 당신도 20일 동안 고무 밴드 실험을 해보라. 아마 내가 그랬던 것처럼 큰 효과를 볼 것이다.

언어와 생각이 분리될 수 없다는 것은 언어학자, 인류학자, 심리학자들의 연구를 통해서도 분명히 밝혀진 사실이다. 언어는 아무렇게나 모아놓은 기호들의 모임이 아니다. 그보다는 오히려 외부의 사물을 정보로 받아들이고 해석하는 사고 과정을 함축적으로 나타낸 것이다. 그런데 그 이상이다. 단어와 구문은 의미를 드러내기 위해 사용될 뿐만 아니라 의미에 영향을 주는 데도 사용된다. 같은 의미를 가진 말인데도 전혀 반대의 의미로 해석될 수 있다. 마치 다음 그림과 같이 말이다.

(위의 그림이 나타내는 영어 단어는 무엇인가? 'GOOD'인가, 'EVIL'인가?)

예를 들어 동성애자의 군 입대에 반대하는 정치인은 이런 식으로 질문할 것이다. "동성애자들이 군대에 가지 않는 것을 허용해야 할까요?" 만일 이 질문을 조금 바꿔서 "동성애자들이 군대에 가는 것을 허용해야 할까요?"로 재구성한다면 질문 내용은 똑같지만, 부정어를 사용하지 않았기 때문에 심리적으로 좀 더 중립적인 질문이 된다.

# 언어는 당신의
# 생각을 준비시킨다

앞에서도 말했듯이 언어는 행동에 영향을 미친다. 브리티시 컬럼비아 대학교의 연구진은 두 개의 연구를 위한 실험에서 참가자에게 '독재자 게임'[1]을 하도록 했다.

게임 규칙은 간단하다. 참가자 앞에 1달러짜리 동전 열 개를 두고 원하는 만큼 가지고 나머지는 다른 방에 있는 참가자(알지 못하는 다른 실험 참가자)가 가질 수 있도록 남겨놓으라고 말한다. 물론 공평하게 나누어 가진다면 반반씩 갖는 게 맞지만, 뒤의 다른 참가자가 누군지 모르는 경우에는 대부분의 사람들이 '독재자'처럼 이기적이 되어 다른 참가자를 위해 아주 조금 남겨두거나 아예 모두 가져가버렸다. 반면 다른 참가자가 누군지 아는 참가자들은 대부분 동전에 전혀 손을 대지 않거나 아주 조금만 가져갔다.

실험 조건에서 연구원들은 '준비시키기' 기술을 사용해 신에 대한 생각을 떠올리도록 유도했다. 참가자 중에는 유신론자와 무신론자가 같은 비율로 섞여 있었다. 참가자들에게는 먼저 '신, 신성한, 성스러운'과 같은 단어들이 포함된 문장이 순서가 뒤죽박죽 섞인 채로 주어졌다. 그리고 이 문장을 바른 문장이 되도록 순서에 맞게 재배열하도록 했다. 그런 다음 독재자 게임을 했을 때, 참가자들의 마음속에는 신에 대한 생각이 떠올랐다. 물론 의도적으로 신을 떠올리도록 사전에 준비를 시켰다는 것을 알아차리지 못한 채 말이다. 아니나 다를까, 문장 바로잡기를 통해 참가자의 마음속에 떠오른 신은 마치 주문처럼 작용하여 동전을 좀 더 공정하게 나누도록 이끌었다. 신을 연상시키는 준비 작업 없이 바로 독재자 게임을 했을 때는 12퍼센트만이 동전을 균등하게 나눴지만, 종교적인 단어들로 준비가 되었을 때는 무려 52퍼센트의 참가자들이 그렇게 했다.

언어는 사람들이 생각하는 방식을 결정한다. 그것도 매우 근원적으로 말이다. 유명한 언어학자인 벤저민 리 워프의 호피 인디언의 언어에 대한 연구가 이 사실을 잘 보여준다. 워프의 연구에 따르면 호피족의 언어에는 문법적인 형태, 구조 또는 표현 중 어느 것에도 우리가 '시간'이라고 부르는 것을 정확하게 나타내는 것이 없다고 한다. 그 결과 호피족의 시간에 대한 생각[2]은 우리와 아주 다르다. 우리 대부분이 과거, 현재, 미래에 대해 강박관념을 가지고 있는 데 반해, 호피족에게 모든 시간은 '지금'이다.

당신에게 일어난 일에 대해 긴 이야기를 써보라. 이때 자신을 '나'라고 표현하는 1인칭 시점이 아니라 3인칭 시점으로 써보라. 즉, '그 사람', '그', '그녀' 등으로 표현하는 것이다. 예를 들어 "그 사람은 자신이 어렸을 때 다른 사람들과 함께 보낸

> 크리스마스가 그의 생애에서 가장 실망스러웠다고 기억한다"와 같이 말이다.
>
> 이렇게 이야기를 써보면 '나'라는 단어를 사용하지 않기 때문에 자기 자신에 관한 이야기인데도 마치 다른 사람 이야기를 하고 있다는 느낌을 받게 된다. 당신은 이상한 기분을 느끼며, 이전에는 생각해본 적이 없는 자신에 대한 생각들을 떠올리기 시작할 것이다.

## 즐거운 마음이 더 높은 성과를 만든다

미국의 신화 종교학자 조지프 캠벨의 책에 이런 내용이 나온다. "일본에는 '아소바세 고토바'라는 정중하고 귀족적이며 주로 여성들이 쓰는 말투를 가리키는 용어가 있다. 이 화법에 따라 말을 해보자. 예를 들어 도쿄에 온 사람에게 '나는 당신이 도쿄에 온 것을 봤어요'라고 말하며 자신이 본 것을 표현할 것이다. 그런데 '아소바세 고토바' 화법으로 표현하면 '나는 당신이 도쿄에서 존재(being)로서 즐기고 있는 것을 봤어요'가 된다. 이 화법에서 존재(being)는 자신의 삶과 힘을 완벽하게 통제할 수 있기 때문에 모든 것이 즐거움이고 게임이라는 의미다. 존재(being)는 사람들이 게임 속에 들어가는 것처럼 자유롭고 편안하게 삶 속으로 들어올 수 있다.³ 얼마나 유쾌하고 즐거운 삶에 대한 접근법인가! 실제로 어떤 일을 할 때, 해야만 한다는 굳은 의지로 하는 것보다 글자 그대로 '놀면서' 즐거운 마음으로 하는 것이 더 높은 성과를 낸다. 이러한 태도는 니체의 표현을 빌리면 '네 자신의 운명을 사랑하라'이다.

마쓰나가 평화 협회(Matsunaga Institute for Peace)의 리더인 랠프 서미는 언어의 영향에 대해 잘 알고 있다. 그는 학생들에게 폭력적인 표현 대신 비폭력적인 언어를 쓰도록 권장하고 있다. 한 가지 일로 두 가지나 그 이상의 이득을 얻는다는 뜻을 나타내고자 할 때, '일석이조(一石二鳥, Killing two birds with one stone)'라는 표현 대신 '일전쌍조(一箭雙雕, To stroke two birds with one hand)'를 쓰라는 것이다. 또한 '죽여주게 옷을 잘 입었다'라는 표현 대신 '환상적으로 멋지게 잘 차려입었다'라고 바꿔 쓸 것을 권한다.⁴ 우리가 어떤 언어를 사용하는지에 주의를 기울이고 폭력적인 단어들을 비폭력적인 단어들로 바꾸어 쓰는 것만으로도 우리의 태도에는 변화가 생기며, 좀 더 부드러운 대화를 나눌 수 있다는 것이 그가 언어에 대해 연구한 결과다.

인간과 동물의 관계에 대해서 생각해보자. 인간은 동물보다 뛰어나다고 여기고, 동물의 생명이 인간의 생명보다 귀하지 않다고 생각하는 이들이 많다. 영어에서 3인칭 대명사가 사람을 가리키는 그, 그녀(he/she)와 동물이나 사물을 가리키는 그것(it)으로 구분되는 것을 보아도 그 점을 알 수 있다. 우리의 이런 생각과는 대조적으

> 로 캐나다 오타와 강 상류 기슭에 살았던 알곤킨족과 아메리카 대평원 북부에 살았던 라코타 수족 인디언들은 동물을 인간과 똑같이 여겼으며, 많은 면에서 동물이 더 뛰어나다고 여겼음을 그들의 언어 표현에서 알 수 있다. 그들은 모든 생명(살아 있고 활동적인 것이라면 무엇이든)을 지칭할 때 '그대(thou)'라는 표현을 쓴다. 삶의 터전이 되는 나무와 강은 물론, 자신들이 식량으로 취하는 물소까지도 경외의 대상으로 바라보았다.
>
> 당신도 무엇이건 '그대'라고 부를 수 있다. '그대'를 인식하는 자아는 '그것'을 인식하는 자아와 같을 수 없다. 동물을 볼 때마다 '그대 개예!' '그대 새예!' 또는 동물을 사람처럼 부를 수 있는 단어들을 생각해보라. 하루나 이틀 정도 이렇게 해보고 스스로를 살펴보라. 모든 살아 있는 것에 대한 인식이 놀랄 만큼 바뀌었다는 것을 느끼게 될 것이다.

언어 패턴은 우리의 인식, 태도, 행동 그리고 우리가 삶을 살아가는 방법에 영향을 준다. 신경언어학 프로그래밍 전문가들은 이러한 언어 패턴을 '양상 연산자(modal operator)'라고 부른다. 체코의 문학 이론가 루보미르 돌레첼은 1998년 가능성이라는 아이디어에 기반을 둔 《헤테로코스미카 Heterocosmica》를 출간했다.[5] 이 책에서 그는 양상 연산자로 사용되는 언어 패턴의 개념을 포괄적으로 탐구했다.

이 언어 패턴들은 주로 가능성, 불가능성, 필요, 확실성 그리고 욕구를 내포하는 동사와 부사들이다. 필요의 패턴은 해야 한다(must have), 해야만 한다(must), 해야 했다(should), 하는 것이 당연하다(ought)와 같은 단어들이다. 이러한 패턴의 말을 할 때 우리는 힘, 압박 그리고 의무의 세계를 만들어낸다. 가능성의 패턴은 '할 수 있다(can), 할 것이다(will), 할지 모른다(may), 해도 좋다(would), 하길 원한다(want to), 하고 싶다(love to)' 등과 같은 표현이다. 이러한 패턴의 말을 할 때 우리는 인간의 의지, 의도 그리고 선택을 허락하는 세계를 만들어낸다. 불가능성의 패턴에는 '안 된다(unable to), 할 수 없다(can't), 불가능하다(impossible to)' 등과 같은 단어들이 속한다. 이러한 언어 패턴으로 우리는 부정적, 무력함 그리고 절망의 세계를 만들어낸다.

다음의 실험은 언어 패턴을 사용해 당신의 정신에 영향을 준다. 창의적으로 생각하는 사람이 되기 위한 당신의 생각에도 영향을 줄 것이다.

단어 패턴은 우리 자신과 타인 그리고 결과 사이에 존재한다고 여겨지는 가능성의 관계를 표현한다.[6] 예를 들어 "나는 창의적인 사람이 될 수 없어"라고 말하는 사람은 '창의적으로 되는' 것을 불가능하게 만드는 약간의 가능성이 (드러내놓고 말하진 않았지만) 있다는 것이다. 바로 불가능성의 언어 패턴이 표현되고 있는 것이다.

이러한 인식은 단순히 상태에 대해 말하는 것에 그치지 않고 개인의 행동에 큰 영향을 줄 수 있는 특정한 주관적인 관계를 만든다. 예를 들어 불가능의 언어 패턴은 행동의 중단을 미리 가정한다. 그러한 가정은 애써서 행동하는 것을 그만두게 만든다.
불가능의 언어 패턴의 반대편에 있는 언어 패턴은 가능성, 필요, 확실성, 욕구의 패턴들이다.

다음은 각 카테고리에서 가장 일반적으로 사용되는 표현이다.

| 불가능성 | 가능성 | 필요성 | 확실성 | 욕구 |
|---|---|---|---|---|
| 불가능한 | 가능한 | 필요한 | 할 것이다 | 바라다 |
| 할 수 없는 | 할 수 있다 | 해야 한다 | 하지 않을 것이다 | 하고 싶다 |
|  | 할지 모른다 | 해야만 한다 | 존재한다 | 원한다 |

이러한 단어들은 자기 자신, 타인 그리고 결과들 사이의 있을 수 있는 관계를 미리 가정한다. 결과는 불가능하거나, 가능하거나, 필요하거나, 확실하거나, 소망된다. 각 개인의 주관적인 경험에 따라 이 언어들은 특별함을 갖게 되고 개인의 내면에 작동되고 있는 정신역학을 이해하는 데 반드시 필요한 것이다. 단어 하나하나는 주관적인 경험의 특성들을 전해준다.

이러한 차이는 매우 미묘하다. 하지만 같은 상황이라도 다른 언어를 적용할 때 즉각적으로 분명한 차이가 드러난다. 예를 들어보자.

- 나는 창의적일 수 없어.
- 나는 창의적이고 싶어.
- 나는 창의적일 수 있어.
- 나는 창의적이어야 해.
- 나는 창의적일 필요가 있어.
- 나는 창의적이게 될 거야.

잠시 시간을 갖고 이 각각의 문장들을 당신에게 정말 해당하는 것처럼 말한다면, (그렇게 함으로써 당신의 주관적인 경험들에 참여하며) 당신은 각각의 서술어가 창의적인 것과 당신의 관계에 대한 인식을 극적으로 바꾼다는 것을 알게 될 것이다.

"나는 창의적이고 싶어"라는 경험은 "나는 창의적이 될 거야"라는 경험과 완전히 다르다. 첫 번째는 바람을 가정하고, 두 번째는 확실성을 가정하는데, 적극성이라는 측면에서 상당한 차이가 있다. "나는 창의적이고 싶어"는 "나는 창의적이 될 거야"보다 수동적인 표현이다.

이 차이를 자신에게 시험해보라. 당신에게 '필요한' 것을 생각해보고, 그것을 '가져야 한다'고 말해보라. 당신의 주관적인 경험이 어떻게 변했는가? 그다음 당신이 '가져야 하는' 것을 정하고 그것은 당신에게 '필요한' 것이라고 말해보라. 당신의 주관적인 경험은 어떻게 바뀌었는가?

이런 방법은 변화의 측면에서 우리에게 필요한 것이 무엇인지에 대한 힌트를 준다. 예를 들어 누군가 "그래, 나는 지금 알게 된 것을 가지고 더 창의적인 사람이 될 거라고 확신해"라고 말한다면 그는 지금의 상황에서 더 많은 창의력을 발휘할 수 있게 된다.

## 언어를 제한하면 생각의 자유도 제한된다

조지 오웰의 소설 《1984》를 읽어보았을 것이다. 정치세력이 미묘하게 정의를 바꾸고, 단어를 검열하고, 새로운 용어들을 만들어낼 때 언어에 의해 사람들이 어떻게 속고 설득되는지를 보여주는 소설이다. 《1984》에서 단어 하나하나는 엄밀하게 정의된다. 예를 들어 '자유(free)'라는 단어는 '잡초가 하나도 없는 들판(a field <u>free</u> from weeds)', '벼룩이 없는 강아지(a dog <u>free</u> from fleas)' 같은 경우에만 사용하도록 제한된다. '정치적인, 학문적인 자유' 혹은 '자유로운 방식으로 생각하는 능력'과 같은 개념을 표현할 방법이 없어지는 것이다. 이 모든 것은 독립적 사고와 자기 신뢰로부터 사람들을 멀어지게 하여 국가가 국민을 철저히 통제하기 위해 의도된 것이다.

소설은 허구지만, 현실에서도 언어를 통제하고 감시하는 '언어 경찰'이 있다. 현실 세계에서 언어 경찰은 정교한 언어 규약을 만들어왔는데, 교육 역사가 다이안 래비치는 이것을 '도움을 주는 검열'이라고 이름 붙였다.[7] '정치적으로 올바른(Politically Correct: 1990년대 초 미국에서 일어났던 영어 순화 운동. 성적, 인종적, 문화적 상황 및 장애나 연령으로 인해 소수자들이 차별을 받는 것을 방지하기 위해 언어나 생각, 정책이나 행동 등을 개선하는 운동 – 옮긴이)'은 교육위원회가 공격적인 단어나 주제, 그리고 이미지가 있는 글들을 검토하고 요약하며 검열했다.

아래는 문화적, 민족적, 종교적, 정치적으로 공정하고 성(性) 중립적인 재미있는 만화다. 이것을 확실히 즐겨보길 바란다.

(앞에서 말한 조건에 맞는 만화는 있을 수 없음을 표현하고 있다 - 옮긴이)

《언어경찰 The Language Police》이라는 책에서 래비치는 '정치적으로 올바른' 검열이라는 것이 얼마나 불합리한지를 보여준다. 다음은 출판사에서 쉽게 찾아볼 수 있는 출간 불가 내용에 대한 목록이다.[8]

- 여성은 아이를 돌보는 사람이나 집안일을 하는 사람으로 묘사되어서는 안 된다.
- 노인은 약하거나 의존적으로 그려지면 안 된다. 그들은 조깅을 하거나 지붕을 수리해야 한다.
- 산이 배경인 이야기는 평지에 사는 학생들을 차별하는 것이다.
- 아이들이 순종하지 않거나 어른들과 갈등을 겪는 것으로 보여서는 안 된다.
- 케이크가 등장하면 안 된다. 왜냐하면 영양가가 없기 때문이다.
- '정글'이라는 말은 사용하지 말아야 한다. 대신 '열대우림'이라는 말을 사용하라.
- '영혼의 양식'이란 표현은 절대 사용하지 않는다.
- 미망인이나 전업주부에 대한 내용은 다루지 말아야 한다.

'정치적으로 올바른' 표현들이 얼마나 '안 되는 것'에 대한 표현인지 눈여겨보라. 오두막이란 표현은 안 된다. 작은 집이라고 해야 한다.

노인이라는 표현을 쓰면 안 된다. 산을 배경으로 하면 안 된다. 케이크는 나올 수 없다. 정글도 안 된다. 기타 등등. 이러한 표현들은 불쾌함을 주지 않으려는 노력에서 언어를 왜곡한다. 브레인스토밍이라는 단어조차 정신질환을 앓고 있는 사람들에게 불쾌감을 줄 수 있다고 비난받았다. '정치적으로 올바른' 언어의 결과로 우리의 자유로운 말은 점점 제한되었고, 결과적으로 우리의 세계관은 점점 분열되고, 작아지고, 왜곡되고 있다.

CREATIVE
THINKERING

**3**

# 당신은 당신이
# 연기하는 대로 된다

나이가 들어서 노는 것을 멈추는 것이 아니라,
노는 것을 멈추기 때문에 나이가 드는 것이다.
― 조지 버나드 쇼

태도는 행동에 영향을 미친다. 행동이 태도에 영향을 미치는 것 또한 사실이다. 티베트의 스님들은 그들의 소원이 새겨진 회전하는 원통 모양의 경전통을 돌리며 기도를 올린다. 경전통을 돌리면서 스님들은 신성한 공간 속으로 들어간다. 어떤 스님은 열두 개쯤 되는 경전통을 돌리기도 한다. 곡예사가 길고 얇은 막대기로 균형을 잡으며 접시를 돌리는 것처럼 말이다.

출가한 지 얼마 되지 않은 '수련 스님'들은 대부분 처음에는 감성적, 영적으로 그렇게 동요되지 않았다. 수련 스님들은 경전통을 돌리면서 아마도 가족이나 그의 종교적 소명에 대한 회의, 혹은 다른 것들을 생각할 것이다. 하지만 수련 스님이 진짜 스님의 자세를 받아들이고, 자신의 다짐을 자신뿐만 아니라 다른 사람들에게도 확실히 보일 때, 그의 마음 또한 확실해질 것이다. 수련 스님에게는 스님이 되겠다는 의도를 갖는 것만으로는 충분하지 않다. 즉 스님처럼 행동하며 '경전통'을 돌려야 한다.

고대 그리스 철학자 디오게네스는 조각상에 구걸을 하다 들킨 적이 있다. 친구들이 그 모습을 보고 크게 당황했다. 이렇게 엉뚱한 행동을 한 이유를 물어보자 디오게네스는 "나는 거절당하는 것을 연습하고 있네"라고 대답했다. 그 조각상에게 계속 거절당하는 척함으로써 디오게네스는 구걸하는 사람의 마음을 이해하는 법을 배우고 있었다. 우리가 어떤 태도를 지닌 척하고 행동하다 보면, 자신도 모르는 사이에 감정도 행동을 따라가게 된다. 그리고 그런 태도를 더욱 강화하게 된다.

의도를 정하고 그에 따른 행동을 함으로써 당신이 자신을 바라보는 방식과 다른 사람들이 당신을 바라보는 방식을 변화시킬 수 있다.

"누군가에게 친절하게 행동하는 것을 연습해보세요." 샌프란시스코에 사는 어떤 사람이 이 문구를 작은 카드에 써서 친구의 냉장고에 붙여놓았다. 다음 날 아침 냉장고 문에 붙어 있는 문구를 본 여자는 베이 브리지 톨게이트에서 차를 멈춰 세우고

웃으며 말했다. "제 요금과 뒤에 있는 차 여섯 대의 요금도 같이 낼게요." 차례차례, 여섯 대의 차들이 요금을 준비하고 톨게이트에 도착했을 때, 그들은 이런 이야기를 듣게 되었다. "앞의 어떤 여성분이 이미 요금을 내고 가셨어요. 좋은 하루 되세요."

이후 그 여자는 편지를 쓸 때마다 마지막에 "누군가에게 친절하게 행동하는 것을 연습해보세요"라고 적었다. 그 편지를 받은 한 교사가 칠판에 이 문구를 적어 학생들에게 전해주었다. 학생 중에는 신문 칼럼니스트의 딸이 있었다. 칼럼니스트는 딸한테 이 문구를 전해 듣고 '묻지 마 폭력'처럼 '묻지 마 친절'이 가능한가라는 내용의 칼럼을 썼고, 이후 독자들이 알려온 '묻지 마 친절 행동'에 대한 기사를 쓰기 시작했다. 남의 주차 미터기에 때 맞춰 동전을 넣어준 한 남자에 관한 이야기, 한 무리의 사람들이 황폐한 집을 찾아가 집 구석구석을 청소해주고 집 주인이 이를 흐뭇하게 바라보았다는 이야기, 어떤 청년이 어르신들을 위해 삽으로 땅을 파 차도를 내어준 일, 자전거를 타다가 자신의 차를 뒤에서 들이받은 어린 소녀에게 "그냥 긁힌 것뿐이니 걱정하지 말라"며 남자가 손짓하던 일 등등. 독자들은 행복한 결말을 가진 이 이야기들을 읽으며 감동했다.

자신의 기분이 좋지 않으면 사람은 웃을 수 없다. 단지 세상이 조금씩 더 좋은 곳이 된다는 이유만으로 묻지 마 친절 행동을 실천하기는 쉽지 않다. 우선 자신의 문제가 가볍다고 느낄 수 있어야 한다. 오늘 아침 치과에서 나는 간호사에게 내가 지금껏 본 사람들 중 웃는 모습이 가장 아름답다고 칭찬했다. 치과 전체가 갑자기 더 밝고 더 행복해지는 듯 보였다.

묻지 마 친절 행동을 베풀면 기분 좋은 하루를 만들 수 있다. 친절 행동을 통해 사람들이 진심으로 다른 이들을 걱정하는 사회를 상상해보라.

우리는 어떤 태도를 하는 척 흉내 내기만 해도 실제로 나의 모습이 그렇게 바뀌는 것을 보게 된다. 초현실주의 화가 살바도르 달리는 어린 시절 병적으로 수줍음을 탔다. 그의 삼촌이 수줍음을 극복하는 방법을 조언해줄 때까지 그는 벽장에 숨고 사람들과의 접촉을 피했다. 달리의 삼촌은 달리에게 연기자가 되어 외향적인 사람의 역할을 연기해보라고 말했다. 처음에 달리는 삼촌의 말을 믿지 않았다. 하지만 달리가 외향적인 사람처럼 행동하자 그의 뇌는 그가 연기하는 역할에 적응했다. 달리의 역할 연기가 그의 심리까지 바꾼 것이다.

또 다른 놀라운 예는 빅터 프랭클이다.[1] 그는 강제 수용소에서 있었던 경험을 《죽음의 수용소에서》라는 책으로 써서 출판했다. 다른 수감자들이 대부분 희망을 잃고 절망 속에서 죽어갔던 반면, 프랭클은 학술 강연자가 된 자신의 모습을 상상했다. 프랭클은 자신의 상상 속 경험을 다시 구성했다. 그러자 그의 마음은 수용소에서 풀려난 후 하게 될 강연들로 가득 찼다. 강연은 그가 수용소에서 겪은 경험들을 바탕으로 이루어질 것이었다. 프랭클은 희망이 없는 상황을 받아들이고 그것을 풍부한 경험들의 자원으로 승화시켰다. 훗날 그는 그 자원을 다른 이들이 희망 없는 상황을 극복하도록 돕는 데 사용했다.

## 생각을 바꾸는 실험 11

한 실험에서 어떤 사람들에게는 스스로를 긍정적이고, 자신감에 차 있으며, 아주 창의적인 사람으로 묘사하는 에세이를 쓰도록 요청하고, 다른 사람들에게는 스스로를 부정적이고, 겁이 많으며, 창의적이지도 않은 사람으로 묘사하도록 요청했다. 그런 다음 첫 번째 그룹의 사람들에게 스스로를 긍정적이고, 자신감에 차 있으며, 아주 창의적인 사람으로 면접관에게 표현해보라고 요청했다. 두 번째 그룹의 사람들에게는 스스로를 부정적이고, 겁이 많으며, 창의적이지도 않은 사람으로 표현해보라고 요청했다.

그다음 날 사람들은 다시 개인적인 인터뷰를 요청받았다. 이번에는 자신의 성품에 대해 정직하고 객관적으로 설명해줄 것을 요구받았다. 전날 스스로를 창의적이라고 표현했던 사람들은 자신감과 창의력의 정도가 훨씬 높았다. 반면 다른 그룹은 자신감이 없고 창의적이지도 않다고 표현했다.

우리는 우리가 생각하는 대로 된다. 말하고 행동하고 믿는 대로 된다. 이는 자신을 표현하는 방식을 바꾸면 태도와 행동까지도 변화시킬 수 있다는 것을 의미한다.

당신이 5년 후의 미래로 건너뛨다고 생각해보자. 〈뉴욕 타임스〉는 올해의 가장 창의적인 사람으로 당신을 선정해 특집 기사로 다룰 예정이다. 이런 영예를 얻기 위해 당신은 무엇을 했는가? 당신은 어떤 새로운 발명, 사업, 사업 과정, 예술작품, 소설, 수단, 통찰력, 개념, 향상 또는 사회 문제에 대한 해결책을 만들어냈는가?

대통령이 기사를 읽고 당신에게 전화를 건다. 그는 당신의 창의적인 성취를 기리는 연설을 하겠다고 말하며 특별히 어떤 점을 언급하면 좋을지 조언을 구한다. 그는 당신이 어떻게 그토록 뛰어나고, 긍정적이고, 자신감 있고, 창의적인 사람이 될 수 있었는지를 알고 싶어한다. 당신은 대통령이 당신에 대해 다른 무엇을 말해주면 좋겠는가?

역사 속에서 창의적인 천재들의 삶을 보면 그들의 행동과 창의성은 떼려야 뗄 수 없게 연결되어 있는 것을 발견한다. 한 예로, 미켈란젤로는 시스티나 성당(로마 교황의 예배당)의 천장에 그림을 그리도록 고용되었다. 그의 경쟁자들이 교황 율리우스 2세에게 미켈란젤로를 고용하라고 부추겼기 때문이다. 미켈란젤로의 경쟁자들은 미켈란젤로가 색채를 거의 사용하지 않고 과정이 복잡한 프레스코(벽화를 그리는 기법)는 작업해본 적이 없다는 것을 알고 있었다.[2] 경쟁자들은 미켈란젤로가 프레스코를 그려본 적이 없기 때문에 교황의 명령을 거절할 것이라고 예상했고, 만약 명령을 받아들인다고 해도 실패할 것이 뻔하다고 생각했다. 그들은 미켈란젤로를 깎아내리고 싶은 생각에서 그를 추천한 것이었다.

하지만 미켈란젤로는 자신이 세상에서 가장 훌륭한 예술가이며, 이번에도 걸작을 만들어낼 수 있다고 믿었다. 그는 자신의 믿음에 따라 교황의 명령을 받아들였다. 그는 내내 천장을 바라보며 그림을 그리느라 불편한 자세로 있어야 했고 갈수록 시력이 나빠지는 상황에서도 프레스코화를 완성해나갔다. 자신의 믿음에 따라 행동하고 실행에 옮김으로써 그는 걸작을 만들어냈고, 당대 최고의 예술가로 명성을 날렸다.

## 행동은 태도를 변화시킨다

당신의 행동은 당신의 태도에 영향을 미친다. 심리학자 레온 페스팅거는 인지부조화 이론으로 잘 알려져 있다. 인지부조화 이론은 믿음과 행동 사이의 불일치는 불편한 심리적 긴장을 일으킨다는 것을 암시한다. 제임스 칼스미스와 함께 수행한 그의 초기 실험들 중 하나는 강요된 순응을 다루었다. 다음의 실험에 대한 설명은 김민선이 쓴《인간의 의사소통에 관한 비서양사회의 관점: 이론과 실습에 대한 시사점 Non-Western Perspectives on Human Communication: Implications for Theory and Practice》에서 인용한 것이다.

1959년 페스팅거와 칼스미스는 유명한 실험을 한다.[3] 그들은 참가자들을 두 그룹으로 나눈 후 그들에게 실감개를 4분의 1 돌려 푼 다음 (실감개를 심지에서 빼낸 다음) 그것들을 다시 원상태로 해놓으라는 정말 단순하고 지루한 일을 반복시켰다. 그런 다음 대기실에서 만나는 다음 참가자들에게는 실험이 너무 재미있다고 거짓말을 하라고 부탁했다. 거짓말을 한 대가로 한 그룹에게는 20달러를, 다른 그룹에게는 1달러를 주었다. 실험이 모두 끝난 후 참가자들에게 이 지루했던 일이 어땠는지 평가해달라고 했다. 그런데 놀랍게도 1달러를 받은 참가자들이 20달러를 받은 참가자들보다 훨씬 더 긍정적으로 평가했다.

페스팅거와 칼스미스는 이를 인지부조화로 설명한다. 참가자들은 "나는 다른 사람에게 일이 재미있었다고 말했다"와 "그 일은 실제로 매우 지루했다" 사이의 인지부조화를 경험한다. 그때 겨우 1달러를 받은 참가자들은 그들의 행동을 정당화할 다른 수단이 없기 때문에 태도를 바꾸어 그 실험이 그런대로 재미있었다는 식으로 자신의 행동을 정당화했다는 것이다. 반면 20달러를 받은 참가자들은 20달러라는 보상으로 자신들의 행동에 대한 정당화가 어느 정도 이루어졌기 때문에 인지부조화를 덜 겪었다.

이번에는 사교 모임에 대해 잠깐 생각해보자. 방문, 날짜, 친구들과의 외식, 생일파티, 결혼식, 다른 모임들. 우리는 기분이 안 좋고 우울할 때조차도 이러한 모임에 나가면 행복한 척해야 한다. 다른 사람들의 얼굴 표정, 자세, 목소리 등을 관찰하면서 무의식적으로 그들의 반응을 따라한다. 동작, 자세, 목소리 톤을 그들과 맞춘다. 그런 식으로 행복한 사람들을 따라하면서 우리도 행복해진다.

CIA 연구원들은 범죄 용의자들의 표정을 연구하도록 돕는 기술들을 개발하는 데 오랫동안 관심을 기울여왔다. 두 그룹의 연구원들은 몇 주 동안 하루 종일 분노와 고통의 표정을 따라했다. 그들 중 한 명은 그런 표정을 지었던 기간 이후 기분이 끔찍했다는 것을 경험했고, 다른 한 명도 기분이 좋지 않았다. 그들은 제대로 된 실험을 시작하기로 했다. 얼굴 표정을 따라하는 동안 자신들의 신체 변화를 관찰했는데, 놀라운 사실을 발견했다. 얼굴 표정만으로도 신경체계에 변화를 일으킬 수 있다는 것이다.

어떤 활동에서 그들은 눈썹 안쪽을 올리고, 양 볼을 올리고, 입술 양쪽 끝을 내린 채로 몇 분간 이 얼굴 표정을 유지했다. 그들은 이 간단한 표정이 그들 안에 있는 슬픔과 괴로움의 감정을 일으킨다는 사실을 발견하고 깜짝 놀랐다.

그들은 이제 두 그룹의 심장 박동 수와 체온을 검사해보기로 했다. 한 그룹에게는 가장 슬펐던 경험을 떠올리도록 요청했다. 또 다른 그룹에게는 단순히 슬픔을 나타내는 일련의 표정들을 지어줄 것을 요구했다. 놀랍게도 슬픈 표정을 지은 두 번째 그룹은 첫 번째 그룹과 같은 생리적인 반응을 보였다. 다음의 실험을 시도해보라.

- 눈썹을 내려라.
- 위의 눈꺼풀을 올려라.
- 미간을 좁혀라.
- 입술을 꽉 다물어라.

이 표정을 계속 짓고 있으면 당신은 분노하게 될 것이다. 당신의 심장 박동은 평소보다 분당 10에서 12 정도 더 빨라질 것이다. 손은 뜨거워지고 매우 불쾌해질 것이다.

우울한 날 행복하고 긍정적인 기분이 되고 싶을 때, 이렇게 해보라. 치아 사이에 펜을 물고 불편하지 않을 정도로 입술 양쪽 끝을 올려라. 그렇게 5분 정도 있어보라. 이유는 알 수 없지만 왠지 행복한 기분이 들 것이다. 그런 다음 똑바로 앞을 바라보고 큰 걸음을 내딛어보라. 얼마나 빠르게 당신의 표정이 감정을 바꿀 수 있는지를 알고 놀라게 될 것이다.

더 나아간 실험에서, CIA 연구원들은 한 그룹의 실험 대상자들에게 코미디언의 연기 녹음을 듣게 한 후 만화책을 보게 했다. 동시에 한쪽 참가자들에게는 '입술' 사이에 펜을 물게 했고(웃음 짓는 것이 불가능하도록), 다른 참가자들은 '치아' 사이에 펜을 물게 했다.

치아 사이에 펜을 물었던 사람들은 입술 사이에 펜을 물었던 사람들보다 코미디와 만화가 더 재미있었다고 평가했다. 하지만 양쪽 그룹 모두 자신의 표정이 감정에 영향을 미쳤다는 사실을 몰랐다. 놀랍게도 자신도 모르는 사이에 지은 표정도 감정을 만들어낼 수 있다. 감정은 안에서 밖으로만 나가는 것이 아니다. 밖에서 안으로도 들어온다.

## 기분이 좋아지는 방법

심리학자 시어도어 벨텐은 1969년에 감정 유도 과정을 만들어냈다.[4] 이 과정은 특히 심리 실험에서 심리학자들이 긍정적인 마음가짐을 유발하기 위해 40년 넘게 사용해왔다.

방법은 매우 간단하다. 58개의 긍정적인 문장을 읽고, 생각하고, 그 효과가 당신에게 밀려올 때 그것들을 느끼려 노력하면 된다. 이 문장들은 상당히 중립적인 것으로 시작하여 점점 더 긍정적인 것이 되어간다. 이것들은 특히 아주 기쁜 마음의 상태를 만들어내기 위해 고안되었다.

생각을 바꾸는 실험 13

**벨텐의 지시 사항[5]:** 다음 문장들을 차례차례 혼자서 읽어보자. 하나씩 그 문장에만 집중하라. 하나의 문장에만 시간을 많이 들여서는 안 된다. 이 문장에서 연상시키는 감정을 경험하려면, 그 아이디어를 기꺼이 받아들이고 반응해야 한다. 문장에 담긴 감정이 당신에게 작용하도록 하라. 그런 다음 각각의 문장이 연상시키는 감정을 만들어보도록 노력하라. 그러한 감정을 경험하는 장면을 상상해보라. 그 장면이 되살아나는 것을 상상해보라. 이 훈련은 약 10분 정도 소요된다.

**벨텐의 감정 유도 설명서**

1. 오늘은 다른 날보다 더 좋지도 더 나쁘지도 않다.
2. 그렇지만 오늘 꽤 기분이 좋다.
3. 나는 마음이 유쾌해지는 걸 느낀다.
4. 오늘은 왠지 좋은 날이 될 것 같다.
5. 나의 태도가 올바르다면 모든 것이 좋을 것이다.
6. 나는 명랑하고 활기차다.
7. 나는 기꺼이 나누어줄 수 있는 에너지와 자신감을 가지고 있다.
8. 나는 정확하게 생각하는 데 별 어려움을 느끼지 않는다.
9. 내 친구들과 가족은 항상 나를 자랑스러워한다.
10. 나는 모든 것을 성공적으로 만들 좋은 위치에 있다.
11. 오늘 남은 시간 동안 모든 것이 잘 흘러갈 것이라고 믿는다.
12. 나는 대부분의 사람들이 내게 무척 다정히 대해주어 기쁘다.
13. 대부분의 것들에 대한 나의 판단은 적절하다.
14. 어떤 일에 집중할수록 그것들은 날 위한 일이 된다.
15. 나는 에너지와 야망으로 가득 차 있어 잠을 자지 않아도 오랫동안 끄떡없을 것 같다.
16. 오늘은 별다른 노력을 하지 않아도 일이 잘 풀릴 것 같다.

17. 오늘 내 판단은 예리하고 정확하다. 남들이 나를 속이려 해도 어림없다.
18. 내가 원한다면 나는 아주 쉽게 친구들을 사귈 수 있다.
19. 내가 마음먹기만 하면 모든 것이 잘되도록 만들 수 있다.
20. 나는 지금 아주 열정적이고 자신감에 넘쳐 있다.
21. 나에게 곧 좋은 기회가 올 것이다.
22. 내가 가장 좋아하는 노래들이 내 마음속에서 울려퍼진다.
23. 내 친구들 중 몇몇은 아주 활기차고 낙천적이다.
24. 나는 이야기하는 것을 좋아해 거의 모든 사람들에게 이야기하고 싶다.
25. 나는 에너지로 가득 차 있고 지금 하고 있는 일을 정말로 좋아한다.
26. 나는 웃음 터뜨리기를 좋아한다. 누군가 나에게 농담을 해도 좋다.
27. 나는 내가 하는 모든 것에 열정을 갖고 있다.
28. 오늘따라 내 기억력은 아주 좋다.
29. 나는 모든 일을 정확하고 효율적으로 할 수 있다.
30. 나는 내가 세워놓은 목표를 성취할 수 있다.
31. 내가 올바른 태도를 취하기만 하면 나를 우울하게 했던 일도 모두 잘 해결되리란 걸 안다.
32. 나는 힘차고 활력 있는 느낌이다.
33. 나는 오늘 세상의 꼭대기에 앉은 것처럼 활기차고 능률적이다.
34. 지금 나를 막을 것은 아무것도 없다.
35. 장기적으로 볼 때 내 삶은 점점 더 나아지고 있다.
36. 나는 앞으로 어떤 '문제'를 부풀려서 생각하지 않을 것이다.
37. 나는 낙천적이어서 어떤 사람들과도 잘 어울릴 수 있다.
38. 나는 다른 것들에 너무 열중해 있어서 걱정할 시간이 없다.
39. 나는 오늘 기분이 최고다.
40. 나는 이런 기분일 때 특히 창의적이고 생각이 풍부해진다.
41. 나는 최고인 것 같다. 내 능력을 최대한 발휘할 수 있다.
42. 모든 것이 좋아 보인다. 모든 것이 멋져 보인다.

43. 나는 많은 친구들과의 우정을 앞으로도 이어나갈 것이라고 생각한다.
44. 나는 아주 통찰력 있고 기분이 상쾌하다.
45. 나는 거의 모든 것에서 좋은 점을 찾을 수 있다.
46. 이렇게 들뜬 기분일 때, 나는 누구보다 빨리, 그리고 정확하게 일을 해낸다.
47. 나는 내가 하는 모든 것에 집중할 수 있다.
48. 나의 생각은 명확하고 재빠르다.
49. 인생이 너무나 즐겁다. 나에게 너무 많은 성취의 자원들을 제공하는 듯하다.
50. 오늘 모든 것이 점점 더 좋아질 것이다.
51. 나는 빠르고 정확하게 결정을 내릴 수 있다. 누가 비판을 한다 해도 방어할 수 있다.
52. 나는 매우 부지런하다. 뭔가를 하고 싶다.
53. 나는 내 삶을 확실히 통제할 수 있다.
54. 누군가가 좋은 음악을 크게 틀어주었으면 좋겠다.
55. 정말 기분이 좋다. 나는 모든 것에 대해 자신감이 넘친다.
56. 나는 지금 정말 예리하다.
57. 오늘이 내가 시작할 준비가 된 날, 바로 그날이다.
58. 와, 정말 기분이 좋다.

이제 당신은 기분이 좋아지고 조화로운 생각들을 하고 있다는 것을 느끼게 될 것이다.

당신은 기분이 좋을 때, 몸이 행동으로써 기분을 드러낸다는 것을 안다. 당신은 미소 지으며 활기차게 걸어갈 것이다. 레오나르도 다 빈치는 행복한 사람들 주변에 있을 때는 즐겁고, 우울한 사람들 주변에 있을 때는 우울한 것이 당연하다고 했다. 그는 또한 많은 초상화들에서 풍기는 우울한 분위기에 주목했다. 그것은 화가들의 고독함과 환경 때문이라고 생각했다. 조르조 바사리에 따르면, 레오나르도는 〈모나리자〉를 그리는 동안 성악가, 음악가 그리고 어릿광대들을 고용해 그의 우울함을 쫓아주도록 했다. 결과적으로 그는 신성해 보일 정도로 행복하고 생생한 미소를 그려냈다.

다 빈치의 발견은 대단한 것이다. 하버드 의과대학의 니콜라스 크리스타키스 교수와 제임스 파울러 교수는 누가 더 행복하고, 왜 행복한지를 밝히기 위해 연구를 진행했다.[6] 연구의 일부분으로, 그들은 1971년으로 거슬러 올라가는 자료들을 조사했다. 그들은 **행복하고 긍정적인 이들에게 둘러싸인 사람들은 행복할 뿐만 아니라 행복이 전염된다는 것을 발견했다.** 이것은 단지 행복한 사람들이 행복한 사람들과 연결되어 있다는 것이 아니다. 전염의 과정이 진행되고 있는 것이다. 마찬가지로 불행한 친구가 당신 옆에 있으면 당신의 불행감은 10퍼센트 높아진다. 크리스타키스와 파울러는 1984년을 기준으로 자신의 연간 소득에서 5000달러의 여윳돈이 생기면 그 사람의 행복 가능성이 약 2퍼센트 증가한다고 했다. 또한 행복한 친구 한 명은 약 2000달러의 가치가 있다고도 했다.

## 나만의 경험을 창조하라

인지과학자들은 뇌가 역동적인 체계라는 것을 발견했다. 뇌라는 기관은 활동의 패턴들을 컴퓨터처럼 계산하기보다는 그것들을 서서히 발전시킨다. 실제 경험뿐만 아니라 가상의 허구적인 경험이라 해도 뇌는 그것에서 온 창의적인 에너지를 즐긴다. 요점은 우리가 경험을 조작할 수도 있다는 것이다. 말 그대로 당신의 상상 속에서 그것을 만들어내는 것이다. 사람의 뇌는 '실제' 경험과 구체적이고 세부적으로 상상한 경험 사이의 차이점을 구별하지 못한다. J. L. 리드가 두 가지 예를 들었다.[7] 읽어보자.

  공군대령 조지 홀은 전쟁포로로 잡혀 7년 동안 북베트남 교도소의 어두운 수감실에 갇혀 있었다. 홀은 교도소에 있는 동안 매일 자신이 풀게임을 뛰고 있는 골프 선수라고 상상했다. 그는 포로수용소에서 풀려나고 일주일 후에 그레이터 뉴올리언스 오픈 대회에 참가해 76타를 기록했다.
  또 다른 놀라운 이야기는 유대인 소녀 프라일링의 이야기다. 프라일링은 나치의 유대인 학살 기간에 게슈타포를 피해 베를린에 있는 지하실에 살았다. 이 기간 동안 그녀는 자신이 자유의 땅(미국)에서 살아가는 정신과 의사라고 상상했다. 나치와 소련 군대와의 경험, 그리고 암과의 싸움에서도 살아남은 프라일링은 마침내 샌프란시스코 의

과대학의 교수가 되었다.

　프라일링은 단지 의사인 척하지 않았다. 그녀는 자신이 의사라고 상상했고 그 역할을 함으로써 상상을 현실로 만들었다. 그녀가 숨어 사는 동안 나치에 대한 두려움을 극복할 수 있었던 것도 상상력 덕분이었다. **당신이 무엇을 믿든지, 믿는 대로 된다. 현실은 당신의 믿음을 따라간다.**

　하지만 우리의 삶을 돌아보면 어떤가. 우리 대부분은 자신이 갖지 못한 것과 다른 사람이 가진 것에 대해서만 생각한다. 이것 역시 상상하는 행동이다. 우리의 현재 모습과 미래 모습을 부정적으로 생각하면 우리 스스로를 그렇게 만들 것이다.

　나는 살아가는 동안 온갖 역경을 극복해온 어머니를 지켜보았다. 나는 현재를 만드는 것은 자기 자신뿐이라는 어머니의 믿음에서 교훈을 얻었다. 미래가 아무리 암울해 보여도 어머니는 결코 불평하지 않으셨다. 우리가 가지지 못한 것 때문에 흐느껴 울거나 세상이 불공평하다고 불평하는 것은 에너지 낭비일 뿐이었다. 어머니는 현재 상황에서 최선을 다함으로써 행복을 만들어낼 수 있다는 것을 알고 있었다.

> 삶에서 바꾸거나 향상시키고 싶은 것에 대해 생각해보라. 편하게 기대어 앉아 눈을 감고 당신의 삶에서 정말로 일어났으면 하는 일을 상상해보라.[8] 어떤 제한도 두지 말고, 의심도 하지 마라. 누구도 이 상상을 판단하거나 현실로 일어나지 못하게 막을 수 없다는 것을 기억하라. 당신만이 현실로 일어나는 것을 막을 힘을 가지고 있다. 당신의 상상이 질병을 치료하는 것이라면, 건강한 자신의 모습을 상상해보라. 다시 반복해보고, 그것을 현실에서 일어난 일처럼 되살려보라. 건강을 되찾았다고 믿어라. 그러면 이 방법은 치료를 촉진시켜줄 것이다. 점점 더 많은 유능한 의사들이 환자 자신이 가진 치유의 능력에 대해 말하고 있다. 먼저 마음의 눈으로 상상하면 원하는 것은 무엇이든 할 수 있는 힘을 갖게 된다.

## 자신의 삶을 살아라

일본 영화 〈살다〉에는 와타나베 간지라는 노인이 나온다. 간지는 30년 동안 관료체제 속에서 일해온 공무원이다. 그는 자신의 가치를 다른 사람들이 어떻게 바라보느냐로 결정했다. 자기 자신을 객체로 생각했고, 언제나 큰일이 일어나지 않도록 조심하며 인생을 살아왔다. 그는 재혼을 하지 않고 혼자 산다. 친척들이 그에게 재혼을 하기에는 너무나 늙고 매력도 없다고 말했기 때문이다. 그에게는 아들이 하나 있었는데, 아들은 부자가 아니라는 이유로 아버지를 멸시한다. 간지는 일을 더 잘해보려고 애쓰지도 않는다. 상사가 그에게 교육도 제대로 못 받고 아는 것도 없으니 다른 일은 할 수 없다고 했기 때문이다. 그는 자신을 아무짝에도 쓸모없는 실패자라고 생각한다. 그는 발을 질질 끌며 무력한 눈빛으로 구부정하게 걷는다.

말기 암 선고를 받았을 때 간지는 자신의 황무지 같은 삶을 되돌아보며 뭔가 특별한 일을 해야겠다고 결심한다. 생애 처음으로 삶의 주체가 된 것이다. 그는 온갖 장애를 무릅쓰고 도쿄의 더러운 빈민가에 공원을 만들기로 결심한다. 이제 아무것도 두려워하지 않고, 자신을 파괴하는 한계도 느끼지 않는다. 동네 사람들이 다 비웃고 있다는 아들의 말에도 신경 쓰지 않고, 친척들이나 이웃 주민들이 바보 같은 짓을 그만두라고 말려도 아랑곳하지 않는다. 그는 자신을 창피하게 여겨 그를 모르는 척 행동하는 상사도 신경 쓰지 않는다.

간지는 자신이 곧 죽을 것이란 사실을 알고 있기 때문에, 다른 사람이 자신을 어떻게 생각하든 개의치 않는다. 생애 처음으로 자신이 살아 있으며 자유롭다고 느낀다. 그는 쉴 새 없이 일을 하고 또 했다. 아무것도 그리고 누구도 두렵지 않았고, 짧은 생애 동안 그가 얻은 것을 모두 잃을까 걱정하지 않아도 되었다. 때가 되자 그가 만든 공원에서 아이들은 그네를 타고 놀고, 그는 흰 눈 속에서 노래를 부르며 죽어간다.

간지는 비로소 자기 삶의 주체가 되었다. 그는 비참함 대신 즐거움을 느꼈다. 무관심 대신 영감을 느꼈다. 굴욕감과 패배감을 느끼는 대신 자신과 세상을 향해 웃을 수 있었다. 그는 자신의 삶을 살았다.

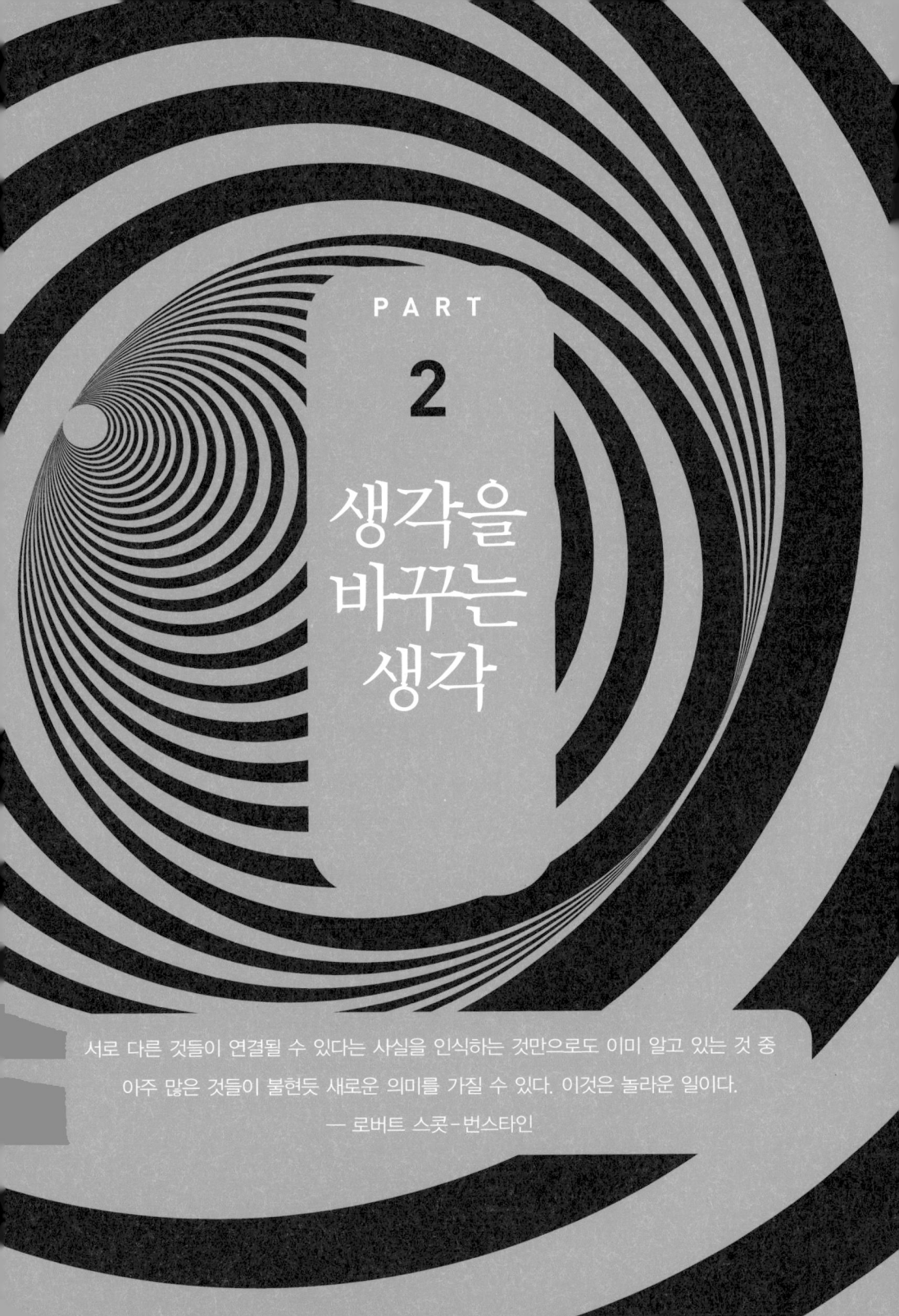

우리는 분석적이고 논리적으로 생각하는 사람이 되도록 교육받는다. 그 결과 우리는 관련되어 있거나 최소한 조금이라도 관련이 있는 대상들 사이의 공통점을 찾아내는 능력을 갖게 되었다. 깡통 따개와 완두콩 꼬투리처럼 전혀 관련이 없는 것을 억지로 연결 짓는 것보다 사과와 바나나처럼 과일이라는 공통점을 지닌 서로 관련이 있는 두 대상을 연관 짓는 것이 훨씬 더 쉽다.

제프 호킨스는 《생각하는 뇌, 생각하는 기계》라는 책에서 공통점이 있는 개념들을 연결 짓는 능력이 우리의 창의력을 가로막는다고 지적한다. 우리는 관련이 있는 개념들과 전혀 관련이 없는 개념들 사이에 심리적인 벽을 만든다. 예를 들어 누군가 깡통 따개를 좀 더 편리하게 만들어보라고 한다면 우리는 깡통 따개에 대한 일반적인 경험과 기존의 깡통 따개들 사이의 공통점을 연결해볼 것이다. 공통점에 대한 집착 때문에 우리는 이미 만들어진 깡통 따개와 아주 비슷한 깡통 따개를 만들게 된다.

서로 관련 없는 것들 사이에서 연관성을 찾아내는 법을 알아내면 관련이 있는 개념들과 그렇지 않은 개념들 사이를 가로막고 있는 벽을 무너뜨릴 수 있다. 예를 들어 당신은 깡통 따개와 완두콩 꼬투리 사이에서 어떤 연관성을 발견할 수 있겠는가?

깡통 따개의 기능은 '여는 것'이다. 통조림이 아닌 다른 것들은 어떻게 열릴까? 예를 들어 완두콩은 익으면 꼬투리가 터지면서 자연스럽게 열린다. 같은 정신적 공간에 깡통 따개와 완두콩 꼬투리를 동시에 집어넣어 생각해보면, 완두콩 꼬투리와 깡통 따개 사이의 연관성을 발견할 수 있게 된다. 이렇게 생각하는 과정을 통해 우리는 완두콩 꼬투리처럼 약해진 가장자리를 잡아당겨 깡통을 딸 수 있다는 것을 알게 된다. 기존에 나와 있는 깡통 따개를 개선하는 대신 새로운 깡통을 디자인해야겠다는 생각으로 발전한다. 기존의 사고방식에 갇혀 있었다면 결코 떠올리지 못했을 것이다.

머리말에서도 언급한 '개념 뒤섞기'는 이렇게 관련이 없는 것들을 합치고 연결 지어 문제를 해결하고 새로운 아이디어를 만들어낸다. 심지어는 기존의 생각을 재구성하기도 한다. 전혀 상관이 없어 보이는 것이라고 해도 그것들의 개념을 뒤섞는 것은 가능하다.

역사상 가장 창의적이고 혁신적인 사람들이 관련 없는 대상들 사이에서 개념을 뒤섞어 새로운 연관성을 만들어내도록 요구했던 것은 우연이 아니다.

CREATIVE
THINKERING

# 1

# 나도 한때는
# 창의적이었는데

아이들은 모두 예술가로 태어난다.
문제는 어떻게 하면 어른이 된 뒤에도 예술가로 남아 있는가 하는 것이다.
— 파블로 피카소

사람은 누구나 창의성을 가지고 태어난다. 어느 특정한 사람만 그런 것이 아니라 모두가 그렇다. 어릴 때는 모든 것을 편견 없이 받아들이기 때문이다. 주변의 모든 가능성을 끌어안는다. 아이였을 때 우리는 빈 상자 하나만으로도 재미있게 놀 수 있었다. 상자는 요새가 될 수도 있고, 차나 탱크, 동굴, 집이 될 수도 있었다. 우리의 상상력은 기존의 개념이나 범주라는 틀에 갇히지 않았다. 많은 가능성을 없애려고 노력하기보다는 가능성을 더 넓히려고 노력했다. 우리는 모두 놀랍도록 창의적이었고 다른 사고방식들을 경험하느라 늘 호기심과 즐거움으로 가득 차 있었다.

그러던 어느 날 우리에게 사건이 발생한다. 학교에 다니기 시작한 것이다. 학교에서 우리는 생각하는 법은 배우지 못하고 이전의 사람들이 생각했던 것을 따라하는 법을 배웠다. 문제에 부딪혔을 때 우리는 다양한 접근법을 무시한 채 기존의 접근법 중 가장 그럴듯한 것을 선택하라고 배웠다. 그 결과 처음에는 수많은 물음표를 마음에 품고 학교에 입학하지만 결국 이미 다른 사람들이 만들어놓은 마침표만을 가지고 졸업하게 된다.

한 아이가 레고를 가지고 뭔가를 만들고 있다고 생각해보자. 아이는 어떤 모양도 만들 수 있을 것 같지만 분명히 그 세트로 만들 수 있는 디자인은 제한되어 있다. 아이의 상상 속에 있는 모양이 만일 균형이 맞지 않거나 중력을 고려하지 않은 것이라면 조각조각 떨어져나가 제대로 조립되지 않을 것이다. 아이는 곧 레고로 조립할 수 있는 것과 조립할 수 없는 것을 배운다. 결국 장난감 디자인의 제약 안에서 가능한 모형들만 만들게 된다.

만약 유일한 제약이 '플라스틱으로 무언가를 만드는 것'이라면, 그래서 아이 마음대로 플라스틱을 녹이고 모양을 만드는 게 가능하다면 아이는 훨씬 더 다양한 모양을 만들 것이다. 하지만 현재 레고를 가지고는 무궁무진한 모형들 중 일부만을 만들 수 있다. 그 레고의 모형들은 다른 모형들과 비교해보면 스스로 상상하여 창조해낸 결과물이 아니라 일정하게 정해진 레고로 만들 수 있는 여러 모형 중 하나에 지나지 않는다.

레고만 보더라도 이미 정해진 디자인의 제약 때문에 우리가 만들 수 있는 것에 제한이 생긴다. 이것은 학교 교육이 주입시킨 생각의 패턴 때문에 우리의 상상력과 독창성에 제한이 생기는 것과 유사하다.

우리의 생각 패턴은 복잡한 정보들을 간단히 정리할 수 있게 해준다. 우리는 이 패턴을 이용해 운전하거나 일을 하는 것과 같은 일상적인 일을 빠르고 정확하게 처리해낼 수 있다. 우리는 습관적으로 패턴을 인식해 그때그때 상황을 재빠르게 알아차리고 반응한다. 누가 6×6이 뭐냐고 물으면 우리는 자연스럽게 36이라고 대답한다. 한 남자가 1952에 태어나 1972에 죽었다고 하면 우리는 그가 스무 살에 죽었다고 금방 계산해낼 것이다.

패턴을 인지함으로써 우리 삶의 복잡성이 단순해지기는 하지만 새로운 생각을 떠올리거나 독창적인 문제 해결 능력을 키우는 것에서는 멀어지게 된다. 평소와 다른 정보가 주어졌을 때는 더욱 그렇다. 이로 인해 우리는 지난 경험들과 표면적으로는 비슷해 보이지만 깊이 들여다보면 이전에 직면한 문제들과 다른 새로운 문제가 주어졌을 때는 그것을 해결하지 못한다. 과거의 프리즘을 통해 문제를 해결하려다 보니 당연히 길을 잃고 헤맬 수밖에 없다. 예를 들어 앞서 말한 남자가 스무 살이 아니라 마흔아홉 살에 죽었다고 가정해보자. 이 경우에 1952는 그가 태어난 연도가 아니라 태어난 병실의 번호일 수 있고, 1972는 그가 죽은 병실의 번호가 될 수도 있다.

다음 실험에서 어떤 택시가 잘못 서 있는 것일까? 올바른 순서를 찾아보라. 읽기를 멈추고 생각해보자.

생각을 바꾸는 실험 15

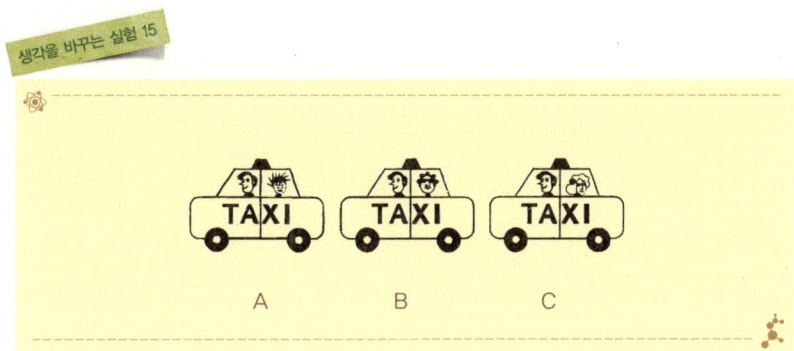

창의적으로 생각하는 사람들의 특징 중 하나는 모호함과 충돌과 모순, 그리고 어울리지 않는 것들을 참아내는 능력이다. 그들은 다양한 시선으로 문제를 바라보고 모든 변수를 유심히 살펴 예상치 못했던 것을 찾아낸다. 예를 들어 택시 문제에서 알파벳 A, B, C는 각각이 분리된 표기라기보다는 전체의 한 부분으로 볼 수도 있다. 이 문제를 해결하려면 택시 C를 맨 앞으로 옮겨와 cab(택시)이라는 단어를 만들면 된다.

우리의 뇌는 놀라운 패턴 인식 기계다. 아래 그림을 보면 우리의 뇌는 금방 패턴을 인지하여 OPTICAL이라는 글자를 읽어낸다. 무언가를 보았을 때 우리는 즉시 그게 무엇인지를 판단하고, 그 외에는 별다른 생각 없이 넘어간다.

한 종류의 패턴을 보게 되었으니 자연스럽게 다른 패턴을 보려는 성향이 줄어든다. 우리가 optical이라는 단어를 일단 인지하면 illusion이라는 단어는 보지 못한다는 사실에 주목할 필요가 있다. 우리가 글자를 하나의 의미만을 가진 독립적인 단어로 읽는 데 익숙해질수록 새롭고 색다른 것을 알아차리기는 더 어려워진다. 말하자면 저 그림은 optical이기도 하고 optical이 아니기도 한 것이다. 우리는 배경의 모양에는 관심을 기울이지 않는다. 바로 이것이 글 읽기에서 기본적으로 나타나는 양상이다. 결국 '어떤 기준'으로 보면 전문가들은 무언가 새로운 것을 만들어내고 발전시키는 데 있어서는 가장 자격이 없는 사람일지도 모른다.

## 우리는 같은 방법으로 정보를 처리하라고 배웠다

마틴 가드너는 다양한 퍼즐을 만들어내는 데 감탄할 만한 경력을 가진 사람이다. 그의 퍼즐들은 〈사이언티픽 아메리칸〉이라는 잡지와 70여 권이 넘는 책에 실렸다.[1] 다음은 그중 하나로 이쑤시개로 만든 퍼즐이다.

다음 보이는 100이라는 숫자를 이쑤시개 2개만을 옮겨 CAT으로 바꿀 수 있는가?

해답은 95쪽에 있다.

    우리는 다른 대안을 찾기보다는 계속해서 같은 방법으로 정보를 처리하라고 배우기 때문에 이 문제가 어렵게 느껴진다. 일단 무엇이 효과적이고 무엇으로 해결할 수 있는지를 알게 되면 더 이상 다른 대안을 생각해보지 않는다. 우리는 지금까지 배운 것과 다른 아이디어나 생각은 배제하라고 배운다.

    물리에서 관성의 법칙이란 정지한 물체는 변화에 저항하여 계속 멈춰서 있으려 하고, 운동 중인 물체는 계속 같은 방향으로 운동하려는 상태를 말하는데, 정말 독창적인 생각이 떠올랐을 때 우리도 관성의 법칙을 경험한다. 물체가 변화를 거부하듯이 생각도 변화를 거부한다. 운동 중에 있는 생각은 멈출 때까지 같은 방향으로만 계속 움직이려고 하는 것이다. 결과적으로 사람들은 새로운 생각을 떠올린다고 하지만 그것은 기존의 생각과 비슷한 경향이 있다. 새로운 생각은 이미 존재하는 것에서 그렇게 멀리 벗어나지 못한다.

최초의 컴퓨터 유니박(Univac)을 개발한 회사는 기업체에서 여러 사람들이 몰려와 컴퓨터에 대해 질문하는 것을 거부했다. 왜냐하면 그들이 생각하기에 컴퓨터는 과학자들을 위한 것이지 결코 기업용 기계가 아니었기 때문이다. 이후 IBM이라는 회사가 나타나 시장을 장악했다. CEO를 포함한 IBM의 전문가들은 자신들의 전문 지식으로 보았을 때 개인용 컴퓨터 시장은 수요가 없다고 판단했다. 실제로 시장 조사 결과 개인용 컴퓨터가 필요한 사람은 전 세계에서 대여섯 명뿐인 것으로 나타났다.

재미있게도 경영학 석사학위를 따고자 하는 학생들은 기업에서 예외의 일은 최소화해야 한다고 배운다. MBA 과정에서 학생들은 모호함과 불일치를 줄여 예측 가능성을 높이고, 기업의 질서를 우선시하는 데 초점을 맞추도록 요구받는다. 하지만 이러한 규칙들이 사업에 항상 적용되었다면 우리는 일회용 면도기, 패스트푸드점, 복사기, 개인용 컴퓨터, 휴대전화, 적절한 가격의 자동차, 택배, 전자레인지, 할인 매장, 심지어는 인터넷도 이용하지 못했을 것이다.

우리의 생각이 맞는지 틀린지 알아보려고 열심히 정보를 뒤적일 때조차 대안을 발견할 수 있는 길들을 무시해버린다. 왜냐하면 교육자들은 우리가 지혜를 발휘해 대안을 찾고자 하는 의지를 달가워하지 않기 때문이다.

영국의 심리학자 피터 웨이슨이 독창적으로 만든 실험은 매우 흥미롭다.[2] 이 실험은 사람들이 대안을 찾지 않으려는 경향이 있다는 것을 보여준다. 웨이슨은 실험 참가자에게 다음 세 개의 숫자를 차례로 보여주었다.

**2    4    6**

그런 다음 이 숫자 규칙에 따르는 다른 예들을 적고, 여기에 적용된 숫자 규칙을 설명해달라고 요구했다. 참가자들은 얼마든지 질문을 할 수 있었다.

거의 모든 사람들이 예외 없이 처음에는 '4, 6, 8'이나 '20, 22, 24' 또는 이와 비슷한 일련의 수를 제시했다. 그러자 웨이슨은 잘했다고 칭찬하며 그것이 숫자 규칙의 한 예라고 말했다. 사람들은 '32, 34, 36'이나 '50, 52, 54'와 같은 수도 제시했는데, 숫자가 둘씩 더해지는 식이었다. 시도를 할 때마다 긍정적인 대답을 듣자 그들은 다른 가능성은 생각지도 않은 채 그 규칙이 둘씩 증가하는 숫자와 관련이 있을 것이라고 믿었다.

사실 웨이슨이 찾고 있던 규칙은 훨씬 간단했다. 단순히 증가하는 수를 원했던 것이다. 유효한 일련의 수는 '1, 2, 3'일 수도 있었고, '10, 20, 40'일 수도, '400, 678, 10944'일 수도 있었다. 그리고 이런 대안을 시험해보는 일은 쉬웠을 것이다. 모든 참가자들이 '1, 2, 3'을 시험해볼 수 있었고, 그랬다면 역시 긍정적인 대답을 들었을 것이다. 아니면 '5, 4, 3' 같은 일련의 수를 아무거나 내뱉고 대답이 긍정적인지 부정적인지 살폈을 수도 있다. 그리고 그 정보는 그들이 추측한 규칙이 맞는지 아닌지에 대해 많은 것을 알려주었을 것이다.

　웨이슨은 대부분의 사람들이 다른 대안은 찾아보지도 않은 채 계속해서 같은 정보만을 다루려 한다는 것을 발견했다. 놀랍게도 수백 번의 실험에서 그것이 진짜인지를 확인하려고 자발적으로 대안이 될 만한 가설을 제시한 경우는 한 번도 없었다. 결론적으로 실험 참가자들은 더 간단한 규칙이나 또 다른 규칙이 있는지 알아보려는 시도조차 하지 않았다.

## 많이 알수록 더 적게 보인다

학교에 입학하기 전에 당신의 머릿속은 정보가 들어와 이리저리 뒤섞이고 구분 없이 다른 정보와 결합하는 장소였을 것이다. 마치 중앙에 넓고 기다란 통로가 있는 대성당처럼 말이다. 하지만 학교 교육이 그것을 바꿔놓았다. 교육으로 인해 당신의 머릿속 대성당은 양옆에 다닥다닥 문이 달리고, 그 안에는 분리된 개별 방들이 긴 복도를 따라 줄지어 있는 곳으로 변했다.

　정보가 복도로 들어가면 그 정보는 인지되고 이름 붙여지고 상자 안에 담겨 개별 방들 중 한 곳에 보내진 후 그 안에 갇힌다. 한 방의 이름은 '생물', 다른 방은 '전자공학', 또 다른 방은 '사업', 다른 하나는 '종교', '농업', '수학' 등이다. 우리는 새로운 아이디어나 해결책이 필요할 때 알맞은 방에 들어가 알맞은 상자를 찾아 그 안을 살펴보라고 배웠다.

각 방의 내용물들을 섞지 말라고도 배웠다. 예를 들어 사업 문제로 고민하고 있을 때 당신은 사업의 방으로 들어가야 하고, 다른 방 근처에는 얼씬하지 말아야 한다. 만약 의학적인 문제로 고민하고 있다면 종교의 방은 피해야 한다. 당신이 전자공학의 전문가라면 농업의 방을 피해야 하고 다른 것도 마찬가지다. **사람들이 교육을 받으면 받을수록 더 많은 개별 방과 상자들을 가지게 되고, 전문 지식이 세분화되면 될수록 상상력은 더욱더 제한된다.**

때로는 이러한 이유 때문에 더 많이 아는 사람들이 더 적게 보고, 더 적게 아는 사람이 더 많이 보게 된다. 어린아이의 생각이 텔레비전 발명에 도움이 되기도 했다. 아이다호 주의 한 도시에 살고 있던 열두 살의 소년 필로 판스워스는 어느 날 화학 선생님이 전자와 전기에 대해 가르쳐준 것을 생각하며 쟁기로 감자 밭을 앞뒤로 갈고 있었다. 필로는 감자 밭과 전자 빔의 특징을 개념적으로 뒤섞어, 전자 빔이 농부가 밭을 가는 방식처럼 한 줄 한 줄, 혹은 글을 읽는 것처럼 한 줄 한 줄 어떤 이미지를 스캔할 수 있을 거라고 생각했다(재미있게도 그렇게 투사된 최초의 이미지는 달러 기호 $였다).[3] 놀랍게도 때는 1921년이었고, 수천 명의 전자공학 전문가들이 익숙한 정보에만 시선을 고정시키느라 다른 것을 보지 못할 때 이 소년이 텔레비전에 대한 아이디어를 떠올린 것이다.

역사상 가장 위대한 천재 중 한 명으로 손꼽히는 레오나르도 다 빈치도 학교 교육을 받지 않은 덕분에 오히려 상상력을 마음껏 발휘했음을 알 수 있다. 레오나르도 다 빈치는 결혼을 했다는 이유로 대학 입학을 거부당했다. 학교 교육을 받지 못했기 때문에 그의 머릿속은 분리된 방이 없는 넓고 기다란 통로가 있는 대성당과 같았다. 그는 개념과 생각과 아이디어들이 뒤섞이고 자유롭게 움직이며 생각이 흘러넘치는 것을 즐겼다. 그는 정보를 나누는 대신에 죄다 끌어모았다. 이것이 그가 다재다능할 수 있었던 이유다. 다 빈치는 예술, 과학, 공학, 군사학, 발명, 의학, 이 모든 분야에서 위대한 업적을 남겼다.

**생각을 바꾸는 실험 16에 대한 해답:**

우리는 이미 정해진 방법으로 정보를 보는 데 익숙하기 때문에 이 퍼즐을 풀기가 어렵다. 문제를 해결하기 위해서는 시선을 바꿔 거꾸로 뒤집어보기도 해야 한다. 네모들을 왼쪽에, 1을 오른쪽에 둔다. 왼쪽에 있는 네모에서 오른쪽 변을 이루는 이쑤시개를 집어 1 위로 옮겨 T를 만든다. 가운데 네모에서는 네모의 밑면을 이루는 이쑤시개를 가운데까지 끌어올려 A를 만든다. 이제 당신은 'CAT'이 보일 것이다.

이쑤시개를 거꾸로 뒤집어 배열해보자.

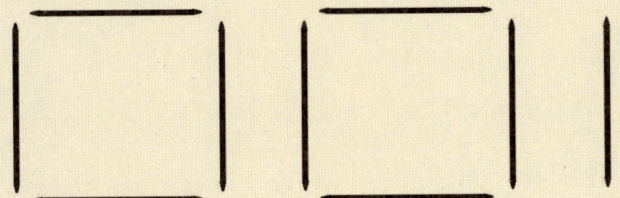

다음은 이쑤시개 두 개를 움직여 'CAT'을 만들어보자.

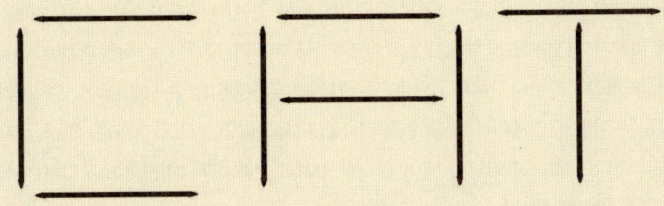

CREATIVE
THINKERING

# 2

# 시도하지 않으면
# 바꿀 수 없다

왜 우리는 전과 똑같은
진부한 생각들만을 끊임없이 떠올리는 걸까?

다음을 읽어보자.

케임리브지 대학의 연결구과에 따르면, 한 단어 안에서 글자가 어떤 순서로 배되열
어 있는가 하것은 중하요지 않고, 첫째번와 마지막 글자가 올바른 위치에 있것는
이 중하요고 한다. 나머지 글들자은 완전히 엉진창망의 순서로 되어 있지을라도
당신은 아무 문없제이 이것을 읽을 수 있다. 왜하냐면 인간의 두뇌는 모든 글자를
하나 하나 읽것이 아니라 단어 하나를 전체로 인하식기 때문이다. 우리는 무식의
적으로 이렇게 한다.[1]

앞의 문장은 단어들이 아니라 글자들을 무질서하게 늘어놓은 것이다. 그런데 놀랍게도 우리는 이 글자들을 단어로 인식한다. 어떻게 이게 가능할까? 우리의 뇌는 어떤 식으로 정보를 받아들이는 걸까?

버터를 매끄럽게 펴서 담은 그릇을 떠올려보라. 티스푼으로 버터 위에 뜨거운 물을 살며시 붓고 그 물이 흐를 수 있도록 그릇을 살짝 기울인다고 상상해보자. 이 과정을 계속 반복하고 나면 버터 위로 뜨거운 물이 지나가면서 홈이 생긴다. 자국들이 남고, 물길들이 생겨날 것이다.

이제 물을 더 부으면 자연스럽게 만들어진 홈을 따라 물이 흐른다. 잠시 후면 물을 아주 조금만 부어도 이미 만들어진 물길을 따라 잘 흘러갈 것이다. 우리의 뇌는 이 버터가 담긴 그릇과 매우 비슷하다.

정보가 우리의 뇌로 들어오면 버터 위의 뜨거운 물이 그랬던 것처럼 스스로 패턴과 홈을 만들어낸다. 새로운 정보가 자연스럽게 흘러 들어와 홈을 만드는 것이다. 잠시 후에 물길은 깊어지고 아주 약간의 정보만으로도 전체의 물길을 따라 흘러가게 할 수 있다. 이것이 뇌가 패턴을 인식하고 완성시키는 과정이다. 많은 정보가 물길을 벗어난다 할지라도 패턴은 여전히 작용할 것이다. 우리의 뇌는 선택한 정보를 자연스럽게 수정하고 완성시켜 패턴을 활성화한다.

그렇기 때문에 우리는 앞에 나온 뒤죽박죽으로 섞인 글자들을 완성된 문장으로 읽어낼 수 있었다. 단어의 첫 번째와 마지막 글자는 정확하다. 예를 들어 케임브리지라는 단어에서 글자를 뒤섞어 케임리브

지라는 말도 안 되는 단어가 되었다. 첫 글자와 마지막 글자가 주는 약간의 정보만으로도 머릿속에서 단어 패턴을 작동시켜서 케임브리지라고 읽게 된다.

이것은 또한 우리가 자리에 앉아 새로운 생각과 해결책들을 떠올리려고 애쓸 때 계속해서 낡은 정보들만 떠올리게 되는 이유이기도 하다. 정보는 계속해서 이전과 똑같은 홈을 따라서 흘러내리며, 똑같은 상투적인 연관성을 만들고, 똑같은 상투적인 생각들을 떠올리게 한다. 아주 약간의 정보만으로도 이와 같은 패턴을 계속해서 활성화시킬 수 있다.

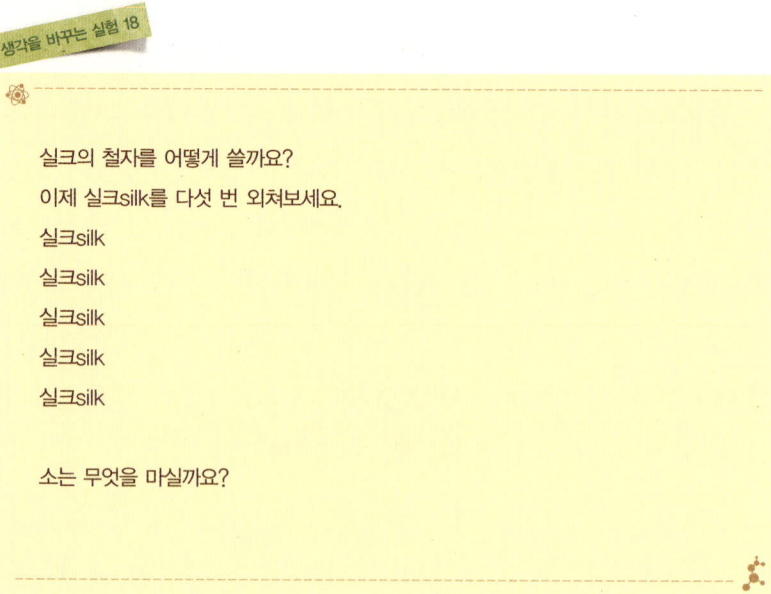

생각을 바꾸는 실험 18

실크의 철자를 어떻게 쓸까요?
이제 실크silk를 다섯 번 외쳐보세요.
실크silk
실크silk
실크silk
실크silk
실크silk

소는 무엇을 마실까요?

대부분의 사람들이 '밀크(milk)'라고 대답한다. 너무나 당연하기에 그 단어가 자연스럽게 머릿속에 떠오른 것이다. 물론 틀렸다. 소는 물을 마신다. 실크라는 단어를 반복함으로써 작은 생각의 패턴이 생겨나고, 소가 무엇을 마시냐는 질문을 받고 잠시 생각할 틈이 생겼을 때 이 패턴을 자동적으로 문제에 적용한 것이다.

우리 뇌의 사고방식에 이러한 패턴이 있기에 우리는 복잡한 세상을 간단히 정리해 대처할 수 있다. 패턴 덕분에 우리는 자동차를 운전하고, 책을 읽고, 수업을 가르치고, 제품 소개를 하는 것과 같은 반복적인 일을 정확하게 해낼 수 있다. 패턴은 우리가 일상적인 일들을 빠르고 정확하게 하도록 돕는다. 이전에 보았던 것을 또 보게 되면 우리는 그것이 의미하는 바를 즉시 이해한다. 연구하고 분석하느라 시간을 낭비할 필요가 없다. 예를 들어 우리는 아래의 로고가 코카콜라를 상징한다는 것을 자동적으로 안다.

습관, 사고 패턴, 정해진 관례 등이 점점 쌓여서 우리는 결국 다른

가능성을 거의 생각하지 않게 된다. 마치 백내장에 걸린 사람처럼 말이다. 백내장은 통증이나 자각증상이 거의 없이 수정체가 서서히 흐려지는 병이다. 시력이 현저하게 떨어졌음을 알아차렸을 때는 이미 많은 시간이 흘러 백내장이 상당히 진행된 상태다. 수정체가 서서히 흐려져 변화를 눈치채지 못하듯이 우리의 의식도 습관과 정해진 생각 패턴, 관례로 인해 서서히 굳어간다. 예를 들어 당신은 앞의 로고가 코카콜라 로고가 아니라는 것을 알아차렸는가? 거기에는 코카코카라고 쓰여 있다.

## 어떻게 해야 생각을 바꿀까?

다음을 따라해보자.

1. 컴퓨터 앞의 책상에 앉아 있는 동안 오른발을 들어올려 시계 방향으로 원을 그려보라.
2. 이제 동시에 오른손으로는 공중에 6이라는 숫자를 그려라.
3. 시계 방향으로 돌아가던 발은 방향이 바뀔 것이다.

아무리 여러 번 해보아도 당신의 발은 방향이 바뀔 것이다. 이미 머릿속에 프로그램되어 있기 때문이다.

발의 방향을 바꿀 수 없는 것처럼 아무리 그렇게 하려 해도 생각의 패턴을 바꿀 수 없다. 당신에게는 다양한 아이디어를 생각해내도록 도와줄 어떤 수단이 필요하다.

그러면 어떻게 우리의 생각 패턴을 바꿀 수 있을까? 이미 물길이 만들어진 버터 그릇을 다시 한 번 생각해보자. 버터 그릇을 다른 방향으로 기울여 그 물(정보)이 새로운 물길을 만들고 또 다른 물길과 새롭게 연결될 때 비로소 창의성이 생겨난다. 이 새로운 연결로 인해 평소와 다른 방향으로 주의를 기울이고 무엇에 초점을 맞추든 다르게 해석할 수 있게 된다.

자연은 유전적 돌연변이 덕분에 다양성을 이룬다. 창의적으로 생각하는 사람들은 관련이 없는 사물을 개념적으로 섞음으로써 다양성을 얻는다. 그 과정으로 인해 생각 패턴이 변하고 사람들은 다양한 대안과 추측을 해낼 수 있게 된다.

예를 들어 손전등이라는 개념을 발전시켜 새로운 것을 발명하려 한다고 하자. 가만히 앉아 손전등에 대해 생각하고 아이디어를 떠올리려 애쓴다면 그저 평범한 생각만 떠오를 뿐 별 진전이 없을 것이다.

하지만 손전등과 차고 자동문을 개념적으로 뒤섞는다면 생각 패턴이 바뀌고 상상력이 자극을 받는다. 손전등과 차고 자동문을 합침으로써 손전등에 대한 새로운 시각을 갖게 된다. 간단한 전자레인지 기술을 활용한 엑스레이 손전등인 '슈퍼맨' 손전등의 아이디어는 여기서 나왔다. 이 손전등은 차고 자동문과 거의 같은 강도의 전자파를 내보낸다. 차고 문에 설치된 센서처럼 이 손전등에서 나오는 전자파는 움직임이나 호흡까지 감지할 수 있다. 전자파로 감지된 자료를 화면에 표시함으로써 사람이 숨어 있는지도 알아낸다. 이전과 똑같이 생각하는 방법으로는 이러한 아이디어를 얻을 수 없다.

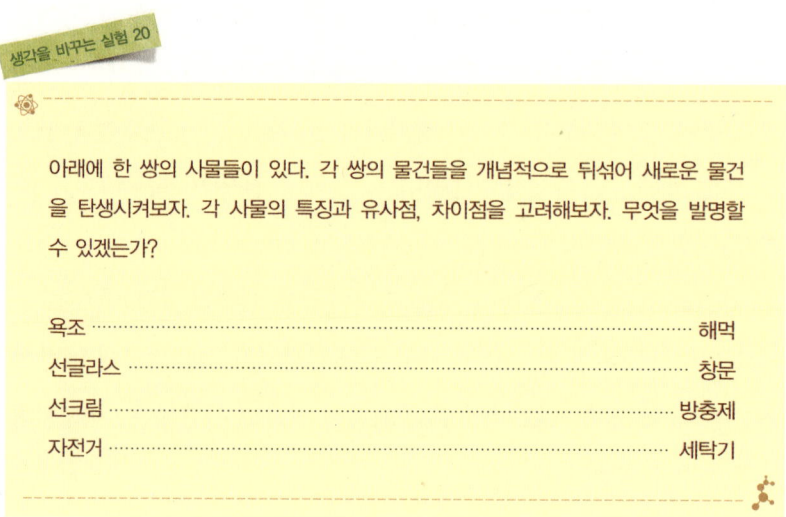

아래에 한 쌍의 사물들이 있다. 각 쌍의 물건들을 개념적으로 뒤섞어 새로운 물건을 탄생시켜보자. 각 사물의 특징과 유사점, 차이점을 고려해보자. 무엇을 발명할 수 있겠는가?

| | |
|---|---|
| 욕조 | 해먹 |
| 선글라스 | 창문 |
| 선크림 | 방충제 |
| 자전거 | 세탁기 |

이 네 쌍의 물건에서 새로운 제품들이 탄생할 수 있다. 욕조와 해먹의 결합으로 욕조 안에 해먹이 달린 형태인 유아용 욕조가 탄생했다. 해먹이 아이의 머리를 단단히 받쳐주어 엄마는 양손으로 아이를 자유롭게 씻어줄 수 있다. 선글라스와 창문을 결합하면 색이 들어간 선글라스처럼 자외선에 따라 색깔이 변하는 틴트유리창이 나올 수 있다. 틴트유리창은 집 안을 시원하게 유지시켜준다. 선크림과 방충제의 결합으로 새로운 제품이 탄생했는데, 태양과 곤충을 둘 다 차단할

수 있는 로션이 그것이다. 자전거와 세탁기의 결합으로는 인력으로 작동되는 세탁기가 탄생했다. 실내 운동용 자전거 안에는 페달을 밟으면 에너지를 모으는 리튬이온 배터리가 장착되어 있다. 자전거는 앞의 세탁기와 연결되어 있어서 페달을 밟으면 세탁기가 작동한다. 20분 정도의 노력이면 배전망에서 전기를 끌어오지 않고도 찬물 세탁을 할 수 있다. 생각해보라. 당신은 운동을 하면서 빨래도 하고 동시에 자원까지 아낄 수 있다.

관련이 없는 사물과 개념을 결합함으로써 상상력이 풍부해지고 다른 생각의 패턴이 생겨나며 독창적인 아이디어가 떠오르는 것이다. 예를 들어 피자와 학교 화장실 거울을 닦는 것을 연결하면 어떨까?

중학교 교장인 페기 뒤프라는 립스틱으로 장난을 치는 여학생들 때문에 골치가 아팠다. 여학생들은 화장실 거울에 선명한 입술 자국을 남기곤 했다. 관리부에서 학생들의 행동을 자제시켜달라는 항의가 빗발쳤다. 교장은 학생들에게 훈계도 해보고 호소도 해보고 방과 후에 남게 해 혼을 내기도 했지만 아무 소용이 없었다.

교장은 자신이 직면한 문제를 전혀 관련이 없는 것과 연관 지어 생각 패턴을 변화시키는 것에 익숙했다. 어느 날 교장은 몇몇 학생들이 모여 피자를 먹는 것을 보고 화장실 거울 문제와 피자를 연결 지어보기로 했다. 그리고 피자와 관련한 다양한 생각을 떠올려보았다.

• 피자 토핑으로는 무엇이 올라가지?

- 피자 재료는 뭐가 있더라?
- 피자 파티는 어떤 모습이지?
- 피자 체인점
- 피자 조각

그러자 피자에 얽힌 개인적인 경험이 떠올랐다. 동네 피자 가게에 앙심을 품은 손님이 나쁜 소문을 퍼뜨리는 바람에 결국 그 가게는 문을 닫고 만 일이 있었다. 주인이 물을 아끼려고 근처 배수구에서 더러운 물을 끌어다 피자를 만든다는 것이었다. 물론 헛소문이었지만 사람들은 그 가게에서 피자를 사먹지 않았다. 어쨌든 이 기억 덕분에 교장은 새로운 아이디어를 떠올렸다.

교장은 학교 관리자와 미리 작전을 짠 후 여학생들을 화장실로 불러모았다. 그러고는 관리자가 어떻게 거울의 입술 자국을 닦는지 지켜보라고 말했다. 마침내 관리자가 들어오더니 화장실 칸막이의 문을 열었다. 그는 유리를 닦는 데 쓰는 고무롤러를 변기에 담갔다가 그 물을 흠뻑 머금은 롤러를 살짝 털어낸 후 거울을 깨끗하게 닦았다. 이 장면을 보여주는 것으로 문제가 말끔히 해결됐다.

교장은 관련이 없는 두 가지를 조합해 독창적으로 문제를 해결하는 기술을 보여주었다. 다음 3장에서는 세상에서 가장 창의적이고 혁신적인 사람들이 개념을 뒤섞음으로써 새로운 연관성을 만들어내는 것을 얼마나 중요하게 여겼는지 보여줄 것이다.

CREATIVE
THINKERING

# 3

# 천재처럼
# 생각하기

사람들의 천재성은 새로운 조합을 더 잘 만들어내는 데 있다.
― 딘 키스 시몬턴

천재들이 획기적인 아이디어를 떠올리는 것은 그들이 우리보다 더 똑똑하거나 더 많이 배웠거나 경험이 더 풍부해서가 아니다. 그들이 특별히 창의성을 타고났기 때문도 아니다. 심리학자 딘 키스 시몬턴은 창의적으로 생각하려면 새로운 조합을 만들어내는 능력이 필요하다는 점에 주목했다. 어떤 아이디어든 자세히 살펴보면 대부분의 아이디어는 두 개 또는 그 이상의 요소가 합쳐져 만들어지는 것임을 알 수 있다.

창의적으로 생각하는 사람들은 새로운 조합을 더 잘 만들어낸다. 왜냐하면 그들은 논리적으로 생각하는 사람들이 당연하게 나눠서 생각하는 사물, 개념, 아이디어들을 개념적으로 뒤섞는 데 익숙하기 때문이다. 그래서 독창적인 생각과 통찰력을 얻으려면 관련 없는 대상을 개념적으로 뒤섞을 줄 알아야 한다.

서로 다른 두 가지를 섞어보면 일정한 패턴들이 생겨난다. 예를 들어 평평하고 윤기 나는 표면에 물을 부어보자.[1] 곧 물이 퍼져나가 독특한 물방울 패턴을 이루게 된다. 물방울 패턴은 두 가지 힘, 바로 중력과 표면 장력 때문에 생겨난다. 중력으로 인해 물이 퍼져나가고, 표면 장력으로 인해 퍼져나간 물이 방울방울 맺힌다. 서로 다른 두 가지 힘의 조합으로 인해 특이하고 복잡한 물방울의 패턴이 생겨나는 것이다.

이처럼 상상력을 발휘해 서로 다른 두 대상을 개념적으로 섞으면 복잡한 개념들이 만들어져 새로운 아이디어가 나온다. 두 화학물질이 만나 새로운 개념과 제품과 아이디어를 만들어내는 것처럼 두 대상이 서로에게 촉매 작용을 한다. 이것은 자연에서 일어나는 유전자 재조합의 창조 과정과 매우 비슷하다. 염색체가 유전자를 교환해 새로운 생명이 탄생한다. 아이디어의 자료와 패턴을 유전자라고 생각해보자. 그 유전자는 합치고 또 합쳐지는 과정을 통해 새로운 패턴을 만들어내고, 그 패턴은 다시 새로운 아이디어를 만들어낸다.

새로운 아이디어는 각 부분의 합보다 클 뿐만 아니라 그 부분의 합과도 다르다. 다음의 실험은 스위스의 발명가 조르주 드 메스트랄이 새로운 종류의 잠그는 도구를 만들어내도록 영감을 준 물리적 모형이 어떻게 생겨났는지를 보여준다.

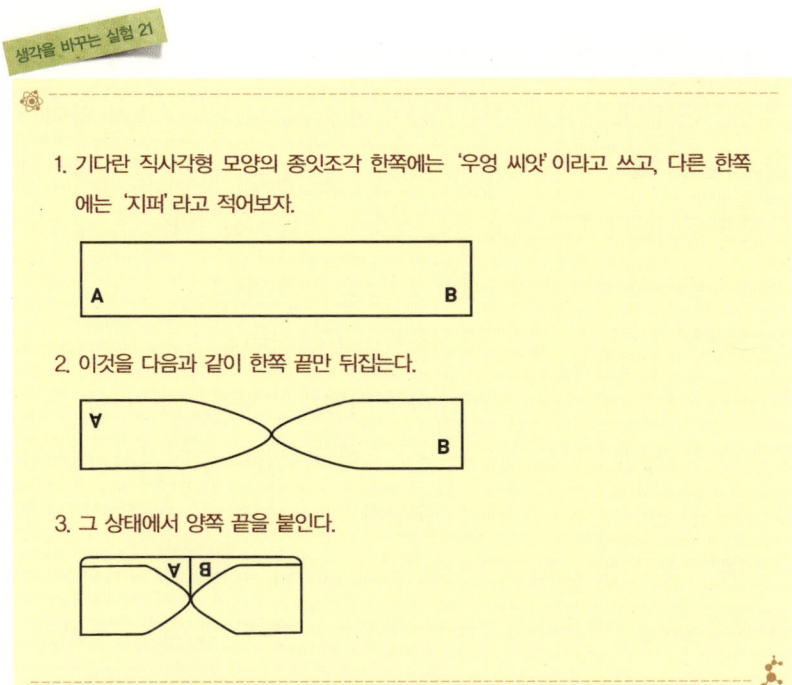

한쪽은 우엉 씨앗이라고 쓰여 있고, 다른 한쪽은 지퍼라고 쓰여 있는 종이 조각 하나가 있다. 이제 그 표면이 한쪽으로만 계속 이어지도록 변형시켰다. 양쪽은 하나가 되었다. 이것을 증명하려면 시작점으로 돌아갈 때까지 종이 한가운데에 선을 그어 따라 내려가보라. 그러면 종이의 양쪽 면 모두에 선이 그어졌다는 것을 알게 된다. 마찬가지로 이 종이는 가장자리가 한쪽뿐이다. 그 한쪽 가장자리를 형광펜으로 표시해보자. 이제 형광펜으로 그 표시가 된 곳부터 쭉 가장자리를 따라 선을 그어보자. 당신은 시작점으로 돌아가기도 전에 반대쪽 가장자리에 닿아 있다는 것을 알게 될 것이다.

당신은 1858년에 독일의 수학자 아우구스트 뫼비우스가 발명한 뫼비우스의 띠의 모형을 만든 것이다. 그 종이는 개념을 뒤섞는 것의 과정을 보여준다. 당신은 완전히 별개의 것으로 여겨지는 두 개의 다른 대상을 섞어 하나의 연속적인 전체로 만들었다.

실험에서 우엉 씨앗과 지퍼의 특징을 분석해보면 우리는 조르주 드 메스트랄이 벨크로(일명 찍찍이)를 어떻게 발명했는지 알 수 있다. 그는 우엉 씨앗의 깔끄러운 부분이 옷에 달라붙어 떨어지지 않자 씨앗 표면에 난 작은 갈고리들을 유심히 들여다보았다. 그러고는 우엉 씨앗과 지퍼의 깔끄러운 부분 사이의 어렴풋한 유사점을 생각해냈다. 그 결과 한쪽은 씨앗의 깔끄러운 부분처럼 **뻣뻣한** 갈고리가 있고, 한쪽은 바지의 천처럼 부드러운 고리가 있는 (지퍼처럼 양면인) 강력 접착 도구가 탄생했다.

만약 그가 논리적이고 분석적인 생각으로 지퍼를 고안하려 했다면 벨크로를 만들지 못했을 것이다. 어느 누구도 무에서 유를 창조할 수는 없다. 수학자 그레고리 카이틴은 45킬로그램의 임산부가 90킬로그램의 아이를 낳을 수 없는 것처럼 어떤 프로그램도 그 자체보다 훨씬 더 복잡한 것을 만들어낼 수 없다는 것을 수학적으로 증명했다. 같은 원리가 창의적으로 생각하는 데도 적용된다. 새로운 아이디어는 두 개 혹은 그 이상의 관련 없는 요소들을 섞었을 때 생겨난다.

개념을 뒤섞음으로써 다른 생각 패턴들이 생겨난다. 잠시 수소와 산소에 대해 생각해보자. 이 두 가지를 적당한 비율로 섞으면 수소도 산소도 아닌 다른 무언가가 생겨난다. 물이 생기는 것이다. 만약 수소나 산소 중 하나만 알고 있다면 얼음이 물에 뜨고, 더운물로 샤워하면 피로를 날려줄 것이라고 누가 예상하겠는가?[2] 단순한 개념들은 단순한 기체들과 같다. 따로따로 보면 각각은 뚜렷한 특성을 가지고 있지만, 그것들을 함께 넣고 섞으면 마치 마법과도 같은 변화가 일어날 수 있다.

음악 연주회를 생각해보자. 음악회에 자주 가는 사람들은 수동적으로 음악을 듣고 연주가 끝나면 정중하게 박수를 친다. 음악회가 청중들과 좀 더 소통하는 경험이 되도록 아이디어를 떠올릴 수는 없을까? 다음의 실험을 읽기 전에 당신의 아이디어를 먼저 나열해보자.

이제 어떻게 상호작용이 이루어지는지 한번 생각해보자. 예를 들어 컴퓨터로 상호작용하는 사람들, 유권자와 소통하는 정치인, 불빛으로 신호를 주고받는 바다 위의 선박들, 학생들과 소통하는 교사, 축구 경기장에서 파도타기 응원을 하는 관중들, 비행기에 오르는 승객들을 분석하는 공항 보안 카메라, 그리고 사람들이 노래를 부르는 노래방에 대해 생각해보자.

청중들이 좀 더 적극적으로 참여하여 오케스트라와 상호작용하는 방법을 찾아보기 위해 컴퓨터, 파도타기 응원, 불빛 신호, 카메라, 노래방을 떠올려보고 이중 몇 가지 또는 전체를 연관 지어 생각해보자.

어떤 방법을 생각해보았는가? 뉴욕에 근거지를 둔 ACO(American Composers Orchestra)는 미국 작곡가의 곡을 연주하고 알리기 위해 만들어진 교향악단이다. 이 교향악단의 단원 몇 명이 위의 실험에서 다룬 요소들을 뒤섞어 청중들에게 오케스트라가 연주할 음악을 지휘해달라고 요청해보자는 아이디어를 생각해냈다. 각각의 청중들은 배터리로 작동되는 야광봉을 받아 앞뒤로 물결치듯 흔든다. 컴퓨터 소프트웨어는 청중들의 모습을 분석해 각각의 연주자들 앞에 설치된 다채로운 조명으로 그들에게 지시를 내린다. 즉 600여 명의 청중들이 야광봉으로 25명의 교향악단 연주자들의 음악을 지휘하는 것이 된다.

하나의 물방울에 다른 물방울이 더해지면 두 개가 아닌 하나의 물방울이 된다. 마찬가지로 하나의 개념에 다른 개념이 더해지면 두 개가 아닌 하나의 개념이 된다. 오케스트라에 대한 새로운 아이디어를 떠올리는 데 오케스트라에 관한 기존의 지식만으로는 별로 도움이 되지 않는다. 하지만 오케스트라와 관련 없는 다양한 대상들을 섞어볼 때 비로소 자신도 모르게 새로운 아이디어를 만들어내기 시작했다는 것을 알게 될 것이다.

우리는 이미 '컨퍼런스 콜(conference call)', '홈페이지(home page)', '파티걸(party girl, 파티에 다니며 놀고먹는 여학생)', '핑거 레이크(finger lakes, 뉴욕의 좁고 긴 빙하호의 관광지를 부르는 말)', '레이스 카드를 가지고 플레이를 하다(play the race card, 선거전에서 인종 문제를 들고 나오다)'와 같은 간단한 말의 조합을 쉽게 이해하고 있다. 이런 것이 말 뒤섞기의 예가 될 수 있다. 그 안에는 두 가지 개념이 하나처럼 섞이고 합쳐지고 연결되어 있다. 예를 들어 '종교적 우파'는 강한 종교적 믿음을 가지고 정치에 영향을 미치려고 애쓰는 단체를 일컫는다.

일리노이 대학교의 그레고리 머피는 사람들에게 어떤 단어가 갖는 의미가 각각의 개념 때문인지 아니면 그것들의 조합 때문인지를 평가하도록 했다. 가령 '빈(empty)'과 '가게(stores)'라는 각각의 단어가 합쳐져 '빈 가게(empty stores)'가 된다. 반면 '손해를 보다(losing money)'의 의미는 '빈 가게'와는 다르게 인식하게 된다. 머피의 연구에 참가한 실험 대상자들처럼 당신은 아마 '손해를 보다'의 의미를 '빈'과 '가게'와 같이 '잃다(losing)'와 '돈(money)'으로 각 단어의 개념에서 찾지는 않을 것이다. 오히려 '손해를 보다'라는 하나의 조합으로서 이해할 것이다. 이처럼 개념들을 섞으면 그 의미가 변하고, 조합이 새로우면 새로울수록 더욱더 새로운 의미가 만들어진다.

비슷한 점이 없는 두 대상의 개념을 섞을 때는 자신이 놓여 있는 특정한 상황에 기반을 두게 된다. 패턴들은 서로 연결되고 상상력에 의해 뒤섞일 수 있다. 그렇게 섞인 것은 아이디어와 통찰력의 형태로 승화되며 논리적인 생각을 뛰어넘는다. 이것이 바로 창의적으로 생각하기다.

## 포도주 압착기에서 인쇄기가?

개념을 뒤섞는 과정을 자세히 보여주는 또 다른 전형적인 예가 있다. 독일의 금 세공업자 요하네스 구텐베르크는 활자 인쇄기를 발명하여 정보의 저장과 전달에 혁신을 가져왔다. 만약 글과 그림을 복사하는 것에 대해서만 생각하고 다른 것들은 논리적으로 제외시켰다면 아주 미미한 개선에 그쳤을 것이다. 하지만 그는 그렇게 하지 않았고, 결국 그의 발명은 정보화 시대를 여는 계기가 되었다. 도대체 그는 어떻게 획기적인 성과를 낳은 놀라운 아이디어를 얻을 수 있었을까?

인쇄기가 발명되기 전에는 젖은 나무 조각 위에 그림과 글을 새겼다. 나무 조각 위에 미세한 먼지로 뒤덮인 종이 뭉치를 올려놓고 문질러 자국을 남겼다. 구텐베르크는 오랫동안 수없이 실험을 해보며 이 성가신 작업을 개선할 방법을 찾으려고 노력했다. 어느 날 그는 친구들과 함께 포도밭으로 여행을 갔다. 그곳에서 그는 까만 포도알들이 압착기에 으깨어지면서 그 압착기에 자국을 남기는 것을 보고 번뜩 떠오르는 생각이 있었다.

개념적으로 연결해 생각해보자. 그는 포도주 압착기의 개념과 글씨나 그림이 나무 조각 위에 새겨져 종이에 흔적을 남기는 개념, 이 둘 사이에서 비슷한 점을 발견했다. 포도 압착기가 작동하는 것과 당시 나무 조각에 글자를 새겨 종이에 흔적을 남기는 과정을 개념적으로 섞은 결과 인쇄기라는 아이디어가 탄생한 것이다. 그 조합 덕분에 예상치 못한 번쩍이는 통찰력이 떠오른 순간 그의 입에서는 "아하!" 하는 감탄사가 흘러나왔다. 구텐베르크는 그 순간을 이렇게 표현했다. "신께서 비밀을 알려주셨다!"[3] 인류의 역사를 바꾼 인쇄기를 만든 것은 그의 논리력이 아니라 두 개의 서로 다른 영역에서 개념을 형성하고 그것을 조합한 능력이었다.

우리는 학교에서 아인슈타인과 우주에 관한 그의 이론을 배운다. 하지만 아인슈타인이 어떻게 생각하는 법을 익혔는지에 대해서는 배우지 않는다. 세상을 바라보는 그의 태도가 어땠는지, 그의 의도는 무엇이었는지, 어떻게 말했는지, 관찰할 대상을 어떻게 정했는지, 다른 사람들에게는 어떻게 대했는지는 아무도 가르쳐주지 않는다.

우리는 그저 그가 천재였다고 배운다. 그가 '조합 게임(뒤섞기 놀이)'[4]이라고 불렀던 것, 즉 같은 정신적 공간에 이미지들을 개념적으로 뒤섞는 생각의 과정에 대해서는 거의 아무것도 배우지 않는다. 우리는 유전적으로 우월한 지성의 산물로서 '조합 게임'이라는 그의 아이디어를 선물받았다. 비유하자면 양동이에 물이 차오르는 것으로 비가 얼마나 왔는지 측정하는 법은 배우지만 비가 방울방울 떨어져 내린다는 사실은 깨닫지 못하는 것과 같다. 창의적 사고를 학문적으로 분석하고 측정함으로써 창의적으로 생각하는 것에 대한 우리의 개념이 바뀌었다. 소위 학자라고 하는 사람들은 개념을 뒤섞는 간단하고 자연스러운 과정을 각각의 부분으로 세분한 뒤(예를 들어 사물 조합, 반대 개념 조합, 정반합 조합, 이종영역 조합, 아이디어 조합, 무작위 조합) 각 부분마다 다른 이름을 붙임으로써 창의적인 생각이 어떤 복잡한 과정을 수반한다는 착각을 하게 만든다.

사실 각각의 이론들이 설명하는 것은 우리가 공통적으로 지닌 경향성이다. 그것은 어느 한 대상을 여러 부분으로 쪼개고 그 부분들이 가진 다양한 상호 연관성을 무시한다. 이 다양한 이론들을 창의력이라는 바다의 '작은 파도'들이라고 생각해보자. 학자들은 다른 파도는 무시하고 특정 파도만을 연구하면서 어떻게 파도가 생겨나는지를 이해하려고 한다. 이론들 사이의 다양한 상호 연관성은 무시한다. 그 결과 얻게 되는 것은 혼란과 역설뿐이다. 단편적인 생각과 언어의 관점으로는 창의적 사고가 무엇인지 이해할 수 없게 된다.

## 관련이 전혀 없는 것도 연결된다

노벨 물리학상을 받은 리처드 파인만은 어린 시절 아버지와 대화를 하다가 관성이라는 단어를 사용했다. 아버지는 그에게 관성이 무슨 뜻인지 아느냐고 물었고, 리처드는 '움직이지 않으려는 성질을 의미한다고 배웠다'고 대답했다. 그러자 아버지는 어린 리처드를 밖으로 데리고 나가 수레 속에 공을 집어넣고 어떤 일이 일어나는지 지켜보라고 말했다. 아버지가 정지해 있는 수레를 갑자기 잡아당기자 공은 수레 뒤편으로 굴러갔고, 움직이던 수레를 갑자기 멈추자 공은 앞으로 굴러갔다. 아버지는 운동 중인 것은 계속해서 운동하려 하고 정지한 것은 계속해서 정지해 있으려는 성질이 있다는 일반적인 원리를 설명했다. 리처드의 아버지는 이 현상을 '관성'이라 부른다고 이야기 해주었다. 어떤 단어가 의미하는 것을 더 잘 이해하기 위해서는 그 과정을 시각화해보면 도움이 된다. 어떤 원리의 이름을 아는 것과 그것이 어떻게 작용하는가를 아는 것은 차이가 있다.

학생들에게 창의적인 사고나 발명의 예를 구체적으로 보여주면 학생들은 창의적 사고의 특성을 더 잘 이해할 수 있다. 제이크 리티의 발명은 관련 없는 분야의 두 요소를 개념적으로 뒤섞어 놀라운 해결책을 만들어낸 또 다른 예다. 식당 주인이었던 제이크는 1879년에 배를 타고 유럽을 여행하고 있었다. 항해하는 동안 배 안을 돌아다니며 이것저것 구경하던 제이크는 기관실에서 배의 프로펠러가 회전하는 횟수를 기록하는 기계에 매료되었다. 이 기계를 통해 그는 '개수를 세는 기계'[5]에 대한 아이디어를 얻었다.

식당 주인인 제이크의 목표는 자신의 일을 더 수월하게 하고 이익을 남기는 것이었다. 그는 이미 아는 것에 대한 패턴과 유사점을 관찰했다. 배의 프로펠러가 회전하는 횟수를 기록하는 기계를 보며 속으로 이런 질문을 던졌다. '기계적으로 뭔가를 세는 과정을 어떻게 내 가게에 더 많은 이익을 남기도록 하는 데 적용할 수 있을까?' 그는 프로펠러의 회전 수를 세는 기계와 돈 세는 것을 개념적으로 뒤섞음으로써 가게 운영에 대한 생각으로 아이디어를 발전시킬 수 있었다.

자신이 생각해낸 아이디어를 실현할 생각으로 들뜬 그는 서둘러 오하이오에 있는 집으로 돌아가서 발명에 힘쓰기 시작했다. 결국 배에서 본 기계의 원리를 사용하여 뭔가를 세고 그 합을 기록하는 기계를 만들어냈다. 그의 식당에서 사용하기 시작한 이 수동기계가 최초의 금전등록기다. 우리는 제이크가 어떻게 이런 아이디어를 얻게 되었는지를 이해함으로써 창의적으로 생각하는 과정도 이해할 수 있다.

잔디 깎는 기계가 방직산업으로 인해 발명되었다고 하면 말이 안 된다고 하겠지만, 사실이다. 19세기 초 영국의 한 방직공장에서 에드윈 버딩이 일을 하고 있었다. 당시 공장에서 생산된 천은 표면에 보풀이 일어났기 때문에 롤러 사이에 회전하는 날이 부착된 기계로 그것을 매끄럽게 다듬어주었다.

버딩은 집 앞의 잔디를 자주 손질했다. 사이드(풀베기용 큰 낫)라고 부르는 길고 무거운 도구로 잔디를 깎았는데, 여간 불편하지 않았다. 그는 옷의 보풀을 다듬는 것과 잔디 깎는 것을 개념적으로 뒤섞어 긴 날과 바퀴 두 개가 달린 기계를 발명해냈다. 그는 또한 그 기계에 손잡이를 붙여 허리를 구부리지 않고도 밀 수 있도록 했다. 그렇게 해서 1831년에 최초로 잔디 깎는 기계가 탄생했다.

이러한 사례들을 통해 우리는 서로 관련 없는 분야의 두 기능을 뒤섞음으로써 우리의 상상력을 발전시키는 한편, 그렇지 않았으면 무시했을 가능성에 대해서 생각해보게 된다.

어느 날 어떤 외판원이 회사의 특별 상품인 LCD 제품을 선전하려고 빗자루, 냉장고, 전화기, 램프 등 가정용품 목록을 만들어보았다. 그는 각각의 물건과 이미 개발된 LCD 제품을 하나씩 결합시켜보았고, 마침내 시를 짓는 냉장고 자석을 발명해냈다. 각 자석의 내부에는 300여 개의 단어 중 한 단어를 무작위로 선택해 내보내는 LCD가 있다. 자석들은 서로 교류해 다음과 같은 시처럼 보이는 문장을 만든다. "젖은 까마귀들이 동시에 흩날린다."

다음은 직업 목록이다. 우선 D, N, R 같은 세 글자를 아무거나 떠올려보라. 그런 다음 직업 목록에서 D, N, R로 시작하는 세 가지 직업을 고른다. 이제 그 세 가지 직업의 특징을 나열해보자. 자유롭게 생각해보라. 마음속에 떠오르는 생각과 관련된 것이면 모두 목록으로 작성해보자. 그런 다음 그 세 가지 직업과 관련된 다른 것들을 섞어 하나의 새로운 제품을 만들어보자. D, N, R에 해당하는 직업인 dentist(치과의사), newscaster(뉴스 진행자), restaurant owner(식당 주인)를 예로 들어 살펴보겠다.

- 치과의사를 생각하면 치아와 치약이 떠오른다.
- 뉴스 진행자를 생각하면 뉴스 마지막에 나오는 날씨 예보가 떠오른다.
- 식당 주인을 생각하면 여러 가지 음식과 그 맛이 떠오른다.

어떻게 치약, 날씨, 맛이 섞여 새로운 아이디어를 만들어낼 수 있을까? 당신은 양치질을 하면 날씨를 알려주는 치약을 생각했을지도 모른다. MIT 미디어랩의 데이비드 칼이 생각해낸 아이디어가 바로 그것이다. 그는 양치질을 할 때 날씨를 표시해주는 치약을 만들어냈다. 인터넷상의 날씨 자료를 모니터해주는 초소형 컴퓨터가 부착된 치약통을 발명한 것이다. 이 치약통은 날씨의 변화에 따라 다른 맛을 내도록 설계되었다. 날씨가 어제보다 더 추워지면 민트 맛이 나고, 날씨가 따뜻해지면 계피 맛이 난다.

이 실험은 당신이 상상력을 발휘해 다른 직업들 사이의 다양한 연관성을 만들고, 그 연관성들을 무작위로 섞어 새로운 생각을 만들어내도록 도와준다. 이제 세 가지 글자를 더 생각해 그 글자와 관련된 직업을 선택하고, 새로운 서비스나 제품을 만들기 위해 노력해보자.

**다양한 직업들**

Artist(화가)
Ballerina(발레리나)
Critic(비평가)
Dentist(치과의사)
Evangelist(전도사)
Figure skater(피겨스케이팅 선수)
Gardener(정원사)
Hairdresser(헤어 디자이너)
Inventor(발명가)
Jockey(기수)
Kindergarten teacher(유치원 교사)
Lawyer(변호사)
Magazine editor(잡지 편집자)
Newscaster(뉴스 진행자)
Oncologist(종양학자)
Poet(시인)
Quilt maker(퀼트 짜는 사람)
Restaurant owner(식당 주인)
Surveyor(측량사)
Therapist(치료사)
Undertaker(장의사)
Veterinarian(수의사)
Window washer(창 닦는 사람)
Xerox machine operator(복사기 수리공)
Yeast maker(효모 만드는 사람)
Zoologist(동물학자)

산업 경영 기법과 심장 우회 수술. 완전히 다른 분야인 데다 전혀 관련 없을 것 같은 두 가지를 어떻게 연결할 수 있을까? 메인 주와 뉴햄프셔 주 그리고 버몬트 주의 심장 전문 외과의사들은 뛰어난 산업 상담가인 윌리엄 에드워즈 데밍의 사업 경영 기술을 도입하여 심장 우회술을 받은 환자들의 사망률을 4분의 1이나 줄였다. 데밍의 경영 기법은 경쟁보다는 팀워크와 협력을 강조하는 것이었다. 대개 의사들은 정보를 공유하지 않고 개별적으로 전문적인 기술을 보유하는데, 이 심장 전문 외과의사들은 데밍의 경영 철학을 받아들여 서로 만나 정보를 공유하기 시작했다.

    천재들은 우리가 하는 것보다 더 새로운 조합을 많이 만들어내기 때문에 천재다. 다음 장에서 논의하겠지만 정보의 공유, 바로 이것이 인류 초기부터 자연스럽게 창의적인 사고를 하는 방법이다. 우리는 모두 이 능력을 가지고 태어났고, 교육에 의해 억제되기 전까지 우리 모두가 한때는 창의적인 사고를 하는 사람이었다.

CREATIVE
THINKERING

4

# 논리적으로 생각하면 안 보인다

원시인들은 어떻게 불, 무기, 도구,
미술, 이야기, 동맹, 신, 그리고 문명을 만들어냈을까?

인류의 발견 중 최고는 불의 발견이 아닐까? 나는 불의 발견을 '최고의 아이디어'로 여긴다. 초기 인류는 어떻게 불을 만드는 방법을 알아냈을까? 우리 조상들은 폭풍우가 몰아칠 때 번개가 쳐 나무에 불이 붙고, 그 불이 덤불과 나무들을 집어삼키는 모습을 보았을 것이다. 그 불에서 불꽃이 튀어 불이 옮겨붙는 것을 보았을 것이고, 불에서 열기를 느꼈을 것이다.

동물을 겁주기 위해 돌멩이를 부딪쳐 소리를 낼 때, 원시인들은 그 부딪친 돌에서 불꽃이 튀는 것을 분명히 보았을 것이다. 우리의 조상들은 번개가 나무 위에 내리쳐서 불꽃과 불을 만들고 그 불꽃에 바람이 불어 또 다른 불과 열기를 만든다는 사실과 돌을 부딪쳐 불꽃을 만드는 것 사이의 추상적인 연관성을 개념적으로 뒤섞었다. 그런 다음 직관적인 추론과 예리한 판단으로 톱밥 위에서 돌멩이를 부딪쳐 불을 일으킬 수 있다는 것을 깨달았다.

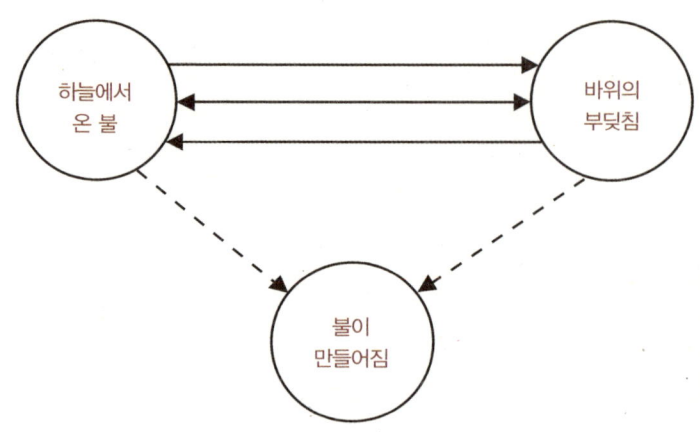

우리 조상들은 다른 영역의 이미지를 녹여 불을 만드는 법에 대한 아이디어를 탄생시켰다. 이것은 논리적 사고와는 완전히 반대된다. 이런 사고는 논리적 생각이 만들어낸 불편한 제약들을 뛰어넘어 개념을 뒤섞은 것이다. 관련 없는 다양한 대상들 속에서 비슷한 패턴을 발견하는 것은 창의적 생각을 하는 데 매우 중요한 역할을 한다. 그런데 논리는 이런 쪽과 관련이 없다.

우리 조상들은 생각하는 법을 학교에서 배우지 않았다. 아니 그런 것을 가르쳐주는 학교가 아예 없었다. 상상력을 채워줄 과학자, 예술가, 철학자나 의사도 없었다. 초기 인류의 상상력은 채워지지 않았고 순수했다. 그저 태어나면서 자연스럽게 자유로운 생각을 했다. 원시인들은 자신이 인식한 사물의 본질과 기능, 패턴을 개념적으로 뒤섞었다.

인류학자들은 우리 조상들이 거미가 곤충을 잡으려고 거미줄을 짜는 모습을 유심히 관찰했을 것이라고 추측한다. 그런 후 거미가 거미줄을 짜는 것과 사냥하는 것을 개념적으로 조합하여 그물을 만들고, 그 그물을 던져 먹이를 잡아야겠다는 생각을 했을 것이다.

선물에 대한 개념이 처음에 어떻게 생겨났을지 생각해보자. 수렵활동을 하던 우리 조상들은 어느 순간부터 동물을 키우면 좀 더 쉽게 식량을 확보할 수 있다는 것을 깨달았을 것이다. 그렇게 동물을 키우다 보니 동물들이 사람을 따르는 것을 알게 되었다. 이런 관찰을 통해 우리 조상들은 서로 다른 집단 사이에 선물을 주는 것에 대한 개념을 떠올렸던 것 같다. 초기 인류는 '주는 것'과 '받는 것'을 개념적으로 조합하여 무언가를 '받기' 위해 '선물을 주는 것'이라는 생각을 해냈다. 원시인들은 어려운 시기가 닥치면 호의와 동맹을 지켜달라는 의미로 달걀 껍데기로 만든 구슬을 교환했다. 논리적인 생각으로 동물에게 먹이를 주는 것과 이웃과의 동맹을 돈독히 하는 것 사이의 연관성을 알아낼 수 있겠는가?

초기 인류가 어떻게 뼈와 돌, 나무를 사냥하고 짐승을 잡는 것과 뒤섞고 결합하여 수많은 무기와 도구들을 만들어냈을지 상상해보라.

또한 시각적인 경험과 동굴 벽이 연결되어 이야기 그림과 미술이 나오고 화산, 허리케인, 홍수 같은 자연 현상과 죽음, 파괴가 연결, 조합되어 어떻게 신과 종교가 만들어졌는지를 상상해보라.

## 아인슈타인과 프로이트는 어떻게 생각했을까?

알베르트 아인슈타인은 우리 조상들이 그랬던 것처럼 본질과 기능과 패턴을 개념적으로 뒤섞어 생각했다. 그는 말과 논리와 수학을 가지고 생각하지 않았다. 그는 떠오르는 생각을 기호와 부호로 그리고 이미지로 만들어내고 상상 속에서 그것들을 다양한 방법으로 뒤섞었다. 이것이 앞서 언급한 '조합 게임'이다. 그는 어떻게 공간과 시간이 분리된 것이 아니라 필수불가결하게 연결된 것이라고 결론지을 수 있었을까? 어떤 논리적이고 과학적인 추론이 아인슈타인에게 두 속도가 같은 방향으로 가면 속도가 더해진다는 뉴턴의 가정이 틀렸으며, 빛의 속도를 뛰어넘을 수 있는 것은 아무것도 없다는 통찰을 줄 수 있었겠는가?

일찍이 인간을 불의 발견으로 이끈 그 생각의 과정을 통해 아인슈타인은 상대성 이론을 만들어낸 것이다. 아인슈타인은 운동 중인 물체를 상상하고 동시에 정지해 있는 물체도 상상했다. 논리로는 불가능한 일이지만 그는 그렇게 상상했다. 아인슈타인은 어떤 사람이 지붕에서 뛰어내리면서 동시에 어떤 물건을 떨어뜨리면 그 물체가 관찰자의 입장에서는 정지 상태로 느껴질 것이라고 생각했다. 중력이 관찰자의 추락을 가속화함에도 불구하고 분명한 중력장의 부재가 일어난다. 운동과 정지에 대한 패턴을 동시에 인지함으로써 아인슈타인은 일반 상대성 이론을 만들어냈다.

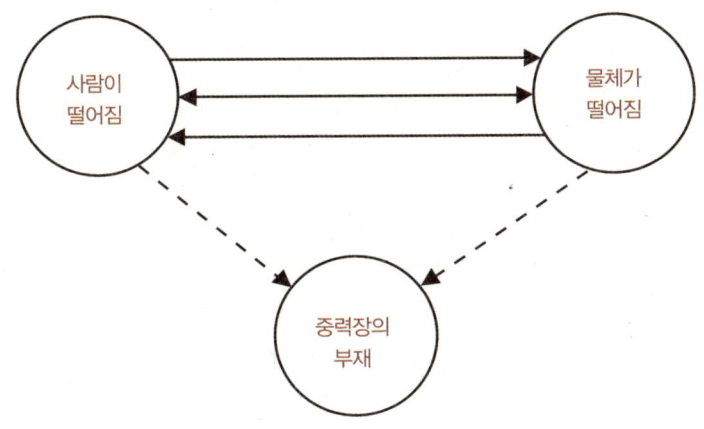

아인슈타인의 인식은 이미 성립된 범주를 인식하는 것 이상이었다. 그는 자발적으로 새로운 범주를 만들어냈다. 논리는 아인슈타인의 조합 게임에서 아무런 역할도 하지 못했다.

심리학자 지그문트 프로이트에 관한 책 대부분이 자신의 논리적인 생각 덕분에 성적인 억압과 관련된 오이디푸스 콤플렉스[1]에 대한 발견이 이루어졌다고 설명한다. 하지만 사실 프로이트의 사고 과정에서 논리는 그렇게 중요한 부분을 차지하지 않았다.

젊은 시절 프로이트가 성적인 억압에 대한 심리를 공부할 때 그에게 영감을 준 것은 아버지의 죽음이었다. 아버지의 죽음과 성적 억압에 대한 프로이트의 연구가 무슨 관련이 있었을까? 유대교에서는 장남이 죽음을 맞이한 아버지의 눈을 감겨드리는 관습이 있었다. 그는 성적인 억압에 대한 자신의 연구에 대해 생각하는 동시에 아버지의 눈을 감겨드리는 것에 대해서도 끊임없이 생각했다. 그러자 자신의 눈알을 뽑아버린 오이디푸스 왕의 전설이 떠올랐다. 프로이트는 '눈을 감는 것'의 본질과 심리적 억압에 대한 이론 사이에서 창의적인 연관성을 만들고 그것들을 개념적으로 뒤섞어 새로운 심리학적 통찰을 얻었다. 이런 통찰로부터 억제된 성적 환상에 대한 그의 이론, 오이디푸스 콤플렉스가 나왔다. 이 이론은 사람들이 (눈을 감음으로써) 한쪽 부모에 대한 성적 충동과 다른 쪽 부모에 대한 증오를 억제한다고 가정한다. 이 통찰은 심리학자인 그의 경력에서 영광의 순간이 되었다.

아인슈타인과 프로이트의 사고 과정을 보면 우리의 인식이 주관적이라는 것과 그 주관성이 전후 맥락에 따라 얼마나 영향받기 쉬운지를 알 수 있다. 지적으로 인식할 때 우리가 인식하는 것은 항상 기능에 대한 것이지, 사물의 물리적인 느낌이 아니다. 초기의 인류는 '불타는 것'이라는 기능을 인식했고, 아인슈타인은 '운동'과 '정지'의 기능을 인식했으며, 프로이트는 '눈을 감는 것'의 기능을 인식했다.

## 맥락을 파악하며 생각하기

각 사물을 별개의 사건으로 인식할 때 우리는 스스로를 객관적이라고 생각한다. 사실 그 사건들을 맥락에 따라 다르게 바라보며 주관적으로 생각해야 하는데도 말이다. 예를 들어 다음 기호가 무엇을 나타내는지 생각해보라.

앞뒤 맥락 없이는 위의 기호가 무엇인지 확실히 알 수 없다. 위의 기호를 다른 도형과의 맥락 속에 넣으면, 당신은 그 패턴들을 이해하고 이 기호가 3이라는 숫자 두 개가 마주 보고 있는 모형임을 알아차릴 것이다. 맥락 속에서 패턴을 인식했기에 당신은 이 기호들이 숫자 1, 2, 3, 4, 5, 6을 앞으로 또는 뒤로 마주 보게 한 모형이라는 것을 쉽게 알 수 있다.

논리적으로 생각하면 안 보인다 ••• 127

만약 초기의 인류가 번개를 불꽃, 불, 나무, 돌과 같은 맥락으로 인식하지 못했다면 어땠을까? 그랬다면 어떤 생각도 끌어내지 못했을 것이고 얼마간 불은 미지의 힘으로 남았을 것이다. 그래서 조상들은 번개가 치면 다른 동물들처럼 피해 숨었을 것이다.

헬렌 켈러는 어릴 때부터 앞을 보지도 듣지도 말하지도 못했다.[2] 당연히 사람들과 의사소통도 할 수 없었다. 그녀의 선생님이었던 앤 설리번은 헬렌 켈러에게 어떻게든 소통할 만한 개념을 가르쳐주는 것이 중요하다고 생각했다. 설리반은 헬렌 켈러에게 손가락으로 하는 일종의 모스 부호 같은 것을 가르쳐주고 자신의 손바닥 위에 단어를 만들 수 있는 알파벳을 적어주었다. 오랫동안 헬렌 켈러는 그게 무엇을 의미하는지 알 수 없었다. 훗날 헬렌 켈러는 당시에 설리번 선생님이 그녀의 손바닥 위에 글씨를 쓰고 있다는 것을 몰랐다고 말했다. 심지어 단어가 존재하는지도 몰랐다. 그녀는 그저 선생님이 써준 것을 손가락으로 쫓아가며 원숭이와 같은 방법으로 흉내 냈을 뿐이다.

그러던 어느 날 설리번 선생님은 양동이 속에 담겨 있는 물, 펌프질을 해 흘러나오는 물, 유리컵 속에 담긴 물, 빗방울, 시냇가에서 흐르는 물 등 아주 다양한 형태의 물을 헬렌 켈러에게 만져보게 했다. 그때마다 설리번 선생님은 헬렌 켈러의 손바닥에 '물'이라는 단어를 써주었다.

갑자기 헬렌 켈러는 이 모든 경험이 여러 양상을 띠고 있기는 하나 결국 한 가지 대상을 나타낸다는 것과 손바닥 위에 적힌 '물'이라는 단어가 바로 그 대상을 상징한다는 것을 깨달았다. 이는 그녀가 물에 대한 다양한 경험들을 정리해 그것이 손에서 느껴지는 물이라는 단어와 같을 것이라는 하나의 패턴을 만들었음을 의미한다.

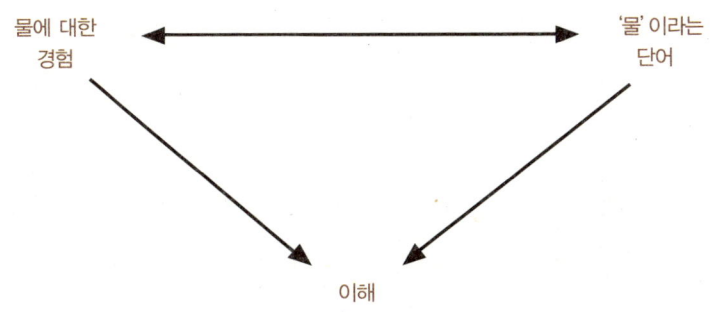

헬렌 켈러는 각각의 경험을 서로 비교해보고 손에 적힌 단어와도 비교해보며 여러 가지 경험과 물이라는 단어를 개념적으로 뒤섞었다. 기호의 세계와 사물의 세계가 갑작스럽게 하나로 합쳐지는 그 순간이 바로 온전한 형태의 개념 조합이다. 물의 본질에 대한 이 발견은 헬렌 켈러의 삶과 수많은 다른 이들의 삶에 엄청난 혁신을 가져다주었다. 헬렌 켈러가 알아낸 것이 무엇인지 더 잘 이해하려면 인류가 새 두 마리와 이틀이 모두 숫자 2에 대한 예라는 것을 발견하는 데 얼마나 많은 시간이 걸렸는지를 생각해보면 된다.

사람들은 기본적으로 기계적인 관점에서 세상을 바라본다. 세상에는 규칙이 있고 그 규칙을 알 수 있다고 생각한다. 규칙을 어기는 것은 있을 수 없는 일이다. 예를 들어 우리는 두 점을 잇는 가장 가까운 거리는 두 점을 잇는 직선이라고 배웠다.

하지만 이 페이지를 찢어서 반으로 접으면 위 그림에서 A와 B가 겹쳐 가장 가까운 거리가 될 수 있다. 사실 이렇게 하는 것은 분리된 두 지점을 연결하는 시공의 통로를 의미하는 '웜홀(wormhole)'을 만드는 것과 같다. 웜홀이 우주에서 멀리 떨어진 부분들을 연결시키는 원리는 이것과 똑같다. 웜홀은 벌레가 사과 속에 구멍을 파고 들어가 만든 구멍 때문에 붙여진 이름이다. 벌레는 A에서 B로 가기 위해 사과의 표면을 따라 기어갈 수도 있지만 그렇게 하지 않고 사과 한가운데에 구멍을 뚫어 지름길을 만들었다. 기계적인 관점으로 세상을 바라보는 사람들이 옳다고 인정하는 두 점 사이를 잇는 가장 가까운 거리는 두 점을 잇는 직선이라는 규칙을 어긴 것이다. 하지만 우리는 이제 웜홀이 있음을 인정한다.

기계적인 공식에서 나온 결과물과는 달리 창의적인 산물은 엄청난 가능성의 우주에서 또 다른 가능성들을 발견해나가는 과정의 결과다. 서로 관련이 없고 심지어는 반대되는 대상들을 한 공간에 넣고 개념적으로 뒤섞는 데 필요한 생각의 자유가 이 커다란 우주 속에 포함되어 있다. 창의적인 생각은 조합된 생각들의 합이 아니라 그 생각들의 패턴이 서로 얼마나 조화를 이루느냐에 달려 있다.

## 피아노 치기와 글쓰기는
## 무슨 관련이 있을까?

크리스토퍼 숄스는 피아니스트가 연주하는 모습을 보면서 피아노 건반을 누르면 그 건반에 연결된 작은 망치가 현을 내리쳐 소리가 나는 것을 눈여겨보았다. 그는 '피아노처럼 특정한 글자가 쓰여 있는 키를 누르면 글자가 써지는 기계를 만들어보면 어떨까?' 하고 생각했다. 그는 글자 하나하나가 새겨진 한 벌의 키에 지렛대를 연결하여 특정한 키를 누르면 그 지렛대가 인쇄용 롤러를 쳐서 글자가 찍히게 만들었다. 이것이 바로 최초의 타자기다.

그는 글 쓰는 것과 피아노 치는 것 사이의 연관관계를 흥미롭게 여기고 둘 사이의 조합을 만들어냈다. 이 조합이 발전하여 글 쓰는 기계에 대한 아이디어를 떠올리게 한 것이다.

훈련된 생각의 규칙에 따르려면 주어진 틀을 고수하고 세계를 변화시키지 말아야 한다. 피아노는 악기다. 펜은 글씨를 쓰기 위한 도구다. 이 두 가지는 완전히 다른 세계다. 피아노를 치는 것과 펜을 가지고 종이 위에 글씨를 쓰는 것은 서로 아무런 관련이 없다. 하지만 숄스와 같이 창의적으로 생각하는 사람들은 머릿속에서 분류된 각 칸막이들의 문을 활짝 열어 다른 세상으로부터 들어오는 정보와 생각들이 자유롭게 뒤섞이고 결합할 수 있도록 한다.

개념적으로 뒤섞는 것과 음악 사이의 공통점[3]에 대해 생각해보자.

합창단의 공연을 감상할 때, 소프라노 파트의 소리를 들은 다음, 알토 소리를 듣고, 테너와 베이스 소리를 따로 듣는 게 아니다. 서로 다른 소리들이 만들어내는 하나의 소리를 듣는 것이다.

숄스에게는 글을 쓰는 것과 피아노를 치는 것이 각각 분리된 것이 아니었다. 그는 두 가지를 같은 정신적 공간에서 섞어 유사점과 차이점, 그리고 비슷하면서도 약간 다른 점들을 발견해냈다.

주변의 사물들과 현존하는 기술을 뒤섞은 멋진 사례들에 대해 생각해보자. 예를 들어 LED(발광다이오드)는 전류가 흐르면 빛을 내는데, 주로 전기기구에 사용된다. 이러한 종류의 빛과 가정용품을 연결할 방법을 떠올릴 수 있겠는가?

맥낼리와 이안 월튼은 완전히 동떨어진 것 같은 일출과 베개를 멋지게 창의적으로 결합시켰다. 두 사람이 만든 베개 내부에는 LED 선이 깔려 있어 여기에 전류가 흐르면 빛을 내어 잠을 깨운다. 알람이 울리기 약 40분 전에 자연의 일출처럼 빛을 내기 시작해서 점점 더 밝아지도록 설계되어 있다. 이 베개는 사용자의 생체리듬에 맞춰 편안히 잠에서 깨어나도록 도와준다.

베개에 깔린 LED 망을 무선 통신망과 연결해서 손이 닿으면 베개가 부드러운 빛을 내뿜도록 할 수도 있다. 한 쌍의 남녀가 멀리 떨어져 있을 때 한쪽이 베개를 껴안으면 다른 곳에 있는 연인의 베개에 부드러운 빛이 들어와 대답하는 커플 베개, 멋지지 않은가?

소수정리를 증명한 프랑스의 위대한 수학자 자크 아다마르는 수학에서의 발명을 포함해서 '발명은 특이하면서도 생산적인 아이디어의 조합이 있어야 한다'고 주장했다.⁴ 그러한 조합을 찾기 위해서는 셀 수 없이 많이 구성하고 실험해보는 과정이 필요하다. 서로 다른 영역의 다양성들을 개념적으로 섞을 때 새롭고 흥미로운 아이디어가 태어난다.

개념적 조합들 중 최고는 주로 멀리 떨어진 영역에서 끌어온 요소들에서 탄생한 것이다. 지역사회에 봉사함으로써 교회를 알리고 싶다고 가정해보자. 어떤 방법이 있을까? 미혼자들을 위한 결혼 정보 서비스는 교회와는 관계가 없는 것처럼 보인다. 결혼 정보 서비스의 특징을 나열해보고, 그것을 교회에 도움이 될 만한 것과 연결해보자.

다음으로 바로 넘어가지 말고, 당신의 아이디어를 직접 메모해보라.

**유용한 아이디어들:**

결혼 정보 서비스는 고객들의 바람과 요구를 컴퓨터에 저장하고 비슷한 관심사를 가진 사람들을 연결해준다. 교회는 지역 주민들의 특별한 요구를 조사해서 목록으로 작성할 수 있다. 예를 들어 어떤 사람은 특정 장소까지 타고 갈 차편이 필요할 수 있고, 어떤 이는 집에 찾아와 말벗이 되어줄 도우미가 필요할지 모른다. 또 어떤 사람은 잔디를 깎

아주고 하수구를 청소해주고 장을 봐주는 등의 일을 해줄 사람이 필요할 것이다. 목록을 작성한 다음에는 차편이나 시간을 제공할 수 있는 신도들의 명단을 작성하고 컴퓨터에 저장해 도움이 필요한 사람과 자원봉사자를 연결시켜준다.

성공적으로 연결되면 그 내용을 널리 알림으로써 교회를 홍보할 수 있다. 교회는 봉사자들의 사진을 걸고 봉사활동 내용을 짤막하게 소개할 수 있을 것이다. 또한 정기적으로 소식지를 발행해 도움을 받은 사람들이 쓴 추천의 글과 함께 봉사자들에 관한 이야기를 특집으로 다룰 수도 있다.

결혼 정보 서비스의 요소를 교회 홍보와 결합시키는 것은 우리에게 이름을 붙여 구별하고 범주화하는 대신, '관심사 연결시키기'와 '널리 알리기' 같은 '본질'과 '기능'에 집중하도록 도와준다. 다음 장에서는 이런 방법으로 생각하는 것의 중요성을 강조하고자 한다.

CREATIVE
THINKERING

5

# 왜 그걸 생각하지 못했지?

왜 우리는 당연한 것을 다른 사람들이
꼭 집어 알려주기 전에는 생각하지 못하는 걸까?

프랑스의 화가 앙리 마티스는 초상화 그리기에 대한 글에서 사람 얼굴의 특징은 부분이 아니라 전체로 보이는 것이라고 주장했다. 특정 이목구비로 드러나는 것이 아니라는 얘기다. 전체적인 인상이 얼굴의 본질을 담아낸다. 이 주장을 뒷받침하기 위해 그는 네 개의 자화상을 그렸다.

그림들은 놀랍다. 각 그림들은 모두 특징이 다르다. 한 그림에서 그는 턱이 약하고, 다른 그림에서는 턱이 아주 강하다. 한 그림에서는 매부리코이고, 다른 그림에서는 작고 살찐 코다. 한 그림에서는 눈 사이가 멀고, 다른 그림에서는 눈이 몰려 있다. 그런데도 전체적으로 보

앉을 때 우리는 네 개의 얼굴 모두에서 앙리 마티스의 특징을 본다.

그림을 논리적으로 살펴보자면 우리는 턱, 코, 눈, 안경 등의 다양한 특징들을 구분하고 그것들의 유사점과 차이점을 비교할 수 있다. 우리는 코, 턱, 눈, 그리고 다른 특징들 사이의 차이점을 구분하고 정의하는 데 전문가가 된다. 만약 우리가 스케치 속의 세부 사항들만을 기준으로 그림을 이해한다면, 네 개의 그림이 모두 같은 사람이라고 느끼지 못할 것이다.

신경언어학 프로그래밍의 전문가인 로버트 딜츠는 형태심리학자들이 개를 가지고 한 실험에 대해 다음과 같은 글을 썼다. "개들에게 흰 사각형이 보이면 다가가고 회색 사각형이 보이면 피하도록 훈련을 시켰다. 개들이 이것을 익혔을 무렵 실험자들은 흰색과 회색 사각형을 회색과 검은색 사각형으로 바꾸었다. 그러자 개들은 즉시 행동을 바꾸어 이전에 피했던 회색 사각형에는 다가갔고, 처음 접한 검은색 사각형은 피했다. 여기서 개들은 회색을 회색 자체로 인식했다기보다는 별도의 색으로 인식하여 흰색보다는 어두운 색으로, 검은색보다는 밝은 색으로 인식하고 반응했던 것이다."[1]

마찬가지로 어떤 사람에게 흰색 사각형을 보여주면 다가가고 회색 사각형을 보여주면 피하도록 훈련시킬 수 있다. 사각형들이 회색과 검은색으로 바뀌어도 그 사람은 여전히 회색 사각형을 피할 것이다. 우리 마음속에 회색이 한번 정의되고 나면 우리는 회색을 회색 그 자체로만 인식한다. 주위의 다른 색 때문에 내가 보는 회색을 다른 색으로 보지는 않는다. 회색은 단지 회색인 것이다.

우리는 보다 깊은 관계, 기능, 패턴에 대한 감각을 잃었다. 왜냐하면 우리는 보편적인 것과는 반대로 경험의 구체적인 사실들에 초점을 맞추도록 교육받았기 때문이다. 우리는 구체적인 사실들을 객관적인 현실의 독립적인 부분으로 여긴다. 예를 들어 일반인에게 자동차를 만들라고 요청하면 그 사람은 분명 다른 대안들은 찾지 않고 차가 어떻게 만들어지는지 연구해서 똑같은 과정을 재현해낼 것이다.

## 돼지와 자동차의 공통점은?

헨리 포드가 자동차를 만들기로 결심했을 때 그는 차가 어떻게 만들어지는지에 대해서는 생각하지 않았다. 우선 본질에 대해 생각했다. 그는 '사물들이 어떻게 만들어지는가?'와 '어떻게 분리되는가?'를 살펴보았다. 그는 돼지를 도살하는 장면을 떠올렸다. 도살장에서 돼지를 잡아 부위별로 나누는 방법과 부품별로 조립되는 차의 이미지를 개념적으로 뒤섞어서 자동차 조립 라인의 개념을 떠올리고 '모델T'를 만들어냈다.

미국의 우편제도와 택배 서비스는 기존의 시스템과 이론을 활용해 당일 배송을 실현하고자 노력했다. 그들은 소포와 배달에만 초점을 맞춰 논리적으로 생각했다. 예를 들어 100개의 시장을 서로 연결해야 한다고 생각해보자. 직접 차례차례, 방방곡곡 배달하는 서비스(direct point-to-point delivery)로는 각 시장이 99개의 나머지 시장에 직접 운송해야 한다. 거기에 100을 곱하면 9900개의 직송배달 서비스(direct delivery)를 찾아야 한다. 이러한 형태로는 당일 배송은 불가능한 일이다.

프레드 스미스는 기존 체계의 택배 배송에 초점을 맞추지 않았다. 대신에 모든 배송 시스템의 본질이 '이동'이라는 것을 인식했다. 그래서 스미스는 이동의 개념이 궁금했고 사물들이 어떻게 한곳에서 다른 곳으로 이동하는지에 대해 생각했다. 어떻게 정보가 이동하는지, 어떻게 은행들이 돈을 전 세계로 이동시키는지 생각했다. 그는 정보 시스템과 은행 모두 하나의 네트워크 속에 모든 지점들을 두고 그 지점들을 중심 허브를 통해 연결시킨다는 것을 알아냈다. 그는 정보와 은행 어음교환소에서 이루어지는 기본적인 방법을 작동시켜 페덱스(FedEx)로 알려진 페더럴 익스프레스 배달 시스템을 만들어내기로 결심했다.

어떤 개별적인 거래에서도 중심 허브를 거쳐 가는 것은 말도 안 되는 일이었다. 최소한 한 번 더 멈춰야 하기 때문이다. 하지만 네트워크를 전체로 본다면 중심 허브를 사용하는 것이 수많은 연결 지점을 만들 수 있는 효과적인 방법이 된다. 똑같이 100개의 시장을 연결하는 데 기껏해야 100번의 운송으로 충분하다. 당신은 이제 100배는 더 효율적인 시스템을 발견한 것이다. 스미스의 운송 체계는 매우 효율적이었기 때문에 똑같은 아이디어가 모든 항공 화물 운송 체계에도 도입되었다. 돈, 정보, 제품들은 실질적인 아이디어나 사실을 알려주지 않지만, 본질에 대한 아이디어나 새로운 잠재성을 알려줄 수 있음을 깨닫는 것은 매우 중요하다. 예를 들어 은행과 운송 체계는 프레드 스미스에 의해 관찰되고 개념적으로 섞이기 전까지는 아무 관련성이 없었다.

다음은 숫자 패턴과 관련한 실험이다. 이 문제를 풀기 위해 당신은 전후 맥락 속에서 숫자들을 살펴보아야 한다.

> 당신은 이 패턴을 이해하고 숫자들의 마지막 줄을 채울 수 있겠는가?
>
> 1
> 1 1
> 2 1
> 1 2 1 1
> 1 1 1 2 2 1
> 3 1 2 2 1 1
> 1 3 1 1 2 2 2 1
> 1 1 1 3 2 1 3 2 1 1
> ? ? ? ? ? ? ? ? ? ?
>
> 해답은 154쪽에 있다.

## 물리학자와 무용수는 어떤 공통점이 있을까?

물리학에서 초전도성이라는 현상의 본질은 움직임이다. 물리학자 마빈 코헨은 움직임과 움직임을 포함한 다른 과정들에 대해 생각해보았다. 그의 호기심을 자극한 것은 잘 짜인 안무에서 나타난 움직임이었다. 그는 안무가 데이비드 우드와 함께 초전도성을 모델로 삼은 '커런

츠(Currents)'라는 춤을 고안했다. 무용수들은 코헨이 요구하는 대로 표현하는 새로운 동작을 몇 가지 생각해냈다. 새로운 통찰을 눈에 보이는 현상으로 만들어낸 것이다.

이후 더 많은 무용수들과 과학자들이 공동 작업을 하게 되었다. 스코틀랜드의 성 안드레아 대학교에서 열린 댄스 페스티벌의 주최자들은 뛰어난 생체의학 연구원들과 무용수들을 초대해 협동하도록 했다. 안무가 트리시아 앤더슨과 생리학자 마크 에번스가 '어떻게 무용수가 복잡한 과학적 개념에 접근할 수 있을까?'와 '어떻게 과학자가 과학적인 통찰을 움직임, 빛 그리고 소리를 통해 형상화할 수 있을까?'에 대해 고민한 끝에 '댄스 스파크(Dance Spark)'[2]라는 아이디어를 생각해냈다. 춤추는 과정과 과학을 개념적으로 섞음으로써 흥미로운 새 돌파구를 만든 것이다.

프랫 인스티튜트의 마틴 스칼스키는 학생들에게 개념화를 연습시키는 것으로 유명하다.[3] 예를 들어 자동차를 디자인하는 학생들에게 먼저 '운동 중에 있는 것'의 추상적인 구도를 그려보라고 한 뒤 자동차를 디자인하는 동안 상상력을 자극하는 데 그 그림들을 사용하라고 지시한다. 스칼스키의 다른 제자들은 비행기의 효율성을 높이는 일을 연구했다. 그들은 이미 존재하는 디자인을 향상시키려고 노력하는 대신 '어떻게 물체가 항력을 줄이는가?'를 분석했다. 인과관계에 대해 기계적으로 생각하기보다는 대상들 간의 상호관계를 모색한 것이다.

대상들 간의 상호관계를 모색할 때 그것들이 가진 진정한 의미의 본질을 발견하게 된다. 예를 들어 무지개를 떠올려보자. 무지개는 색깔이 칠해진 둥근 모양의 대상처럼 보인다. 만약 무지개를 하나의 대상으로 생각하고 그쪽으로 다가가면 무지개를 찾을 수 없다. 대신에 떨어지는 물방울과 햇살을 발견할 것이다. 만약 빗방울과 햇빛을 각각 분리된 현상으로 연구한다면 무지개를 이해할 수 없을 것이다. 하지만 빛과 물방울 사이의 연관성을 살핀다면, 무지개의 본질이 떨어지는 비와 그 비를 굴절시키는 빛을 혼합해 나타나는 현상임을 발견할 것이다. 그것은 하나의 과정이지 하나의 대상이 아니다.

세균이 모이고 흩어지는 것과 자석의 원자 사이에 어떤 유사점이 있을까? 부다페스트에 있는 외트뵈시 대학교의 물리학자 타마스 비첵[4]은 세균의 회전하는 무리(rotating colony)들이 자석의 원자들처럼 줄지어 늘어선다는 것을 발견했다. 자석 가운데 선에 있는 원자들은 선에서 벗어나면 스스로 제 위치로 돌아가는 놀라운 능력을 가지고 있었다. 세균과 원자가 모이고 흩어지는 원리를 이용하면 언젠가 고속도로와 운동경기장을 위한 새로운 디자인이 만들어질 것이다.


## 왜 그 생각을 못했지?

태양이 목성을 끌어당기는 작용과 목성이 태양을 끌어당기는 작용이 따로 있는 것이 아니다. 한 작용으로 인해 태양과 목성은 서로를 끌어당긴다. 중요한 것은 목성과 태양의 관계다. 창의성도 마찬가지다. 대상 자체보다는 대상들 사이의 관계를 관찰하고 그 사이에서 추상적인 연관성을 만들어내는 것에서 창의성이 생겨난다.

새로운 아이디어나 과정을 보고 '왜 그 생각을 못했지?' 하고 뒤늦게 무릎을 친 경험이 있을 것이다. 하지만 일단 그 연관성을 발견하고 나면 좀 더 실질적인 아이디어를 이끌어낼 수 있다. 질레트가 일회용 면도기를 소개했을 때 얼마나 많은 사업가와 발명가들이 스스로를 책망했을지 상상해보라.

질레트 사는 킹 캠프 질레트라는 사람에 의해 설립되었다. 그는 하루에 한 번 사용하고 버리는 물건을 만들겠다는 아이디어를 갖고 있었다. 그는 알파벳을 통해 체계적으로 연구했다. A, B, C 순으로 각 글자로 시작하는 물건들을 떠올리면서 모든 발명의 가능성을 적어 내려갔다. 하지만 이런 시도는 시간 낭비였다. 안전한 면도기에 대한 아이디어는 면도기가 하나의 대상이 아닌 '날카로운 끝'이라는 것을 깨달은 통찰의 순간에 떠올랐기 때문이다. 그는 논리보다는 이미지로 일회용 면도기를 떠올렸다고 했다.

또 다른 예를 들어보자. 질레트 사의 연구개발진은 새로운 칫솔을 개발하고자 했다. 그들은 칫솔에 초점을 맞추는 대신 '닦는 것'에 집중했다. 그들의 고민은 이랬다.

- 세차는 어떤 방식으로 이루어지는 걸까?

- 머리는 어떻게 감지?
- 옷은 어떻게 세탁될까?
- 동맥이 깨끗해지려면 어떻게 해야 하는가?
- 손톱을 깨끗하게 하려면?
- 수로를 청소하려면?

그들은 세차가 어떻게 이루어지는지 살펴보고는 영감을 얻었다. 사방에서 거품과 솔이 나와 차를 닦는 방식이었다. 연구자들은 차와 치아 사이의 관계를 살펴보고 사방에서 차를 닦아주는 다양한 브러시들의 원리를 오랄비 전동칫솔에 적용했다. 이 칫솔은 세계에서 가장 많이 팔리는 칫솔이 되었다.

우리의 특별한 재능은 두 개의 관련 없는 경험의 영역들 사이에서 보편적인 연관성을 찾아내는 것이다. 예를 들어 다음의 실험에서 '말루마'와 '투카티'라는 말도 안 되는 두 단어를 그림 A와 B에 연결해보자. 어떤 것이 '말루마'이고, 어떤 것이 '투카티'일까?

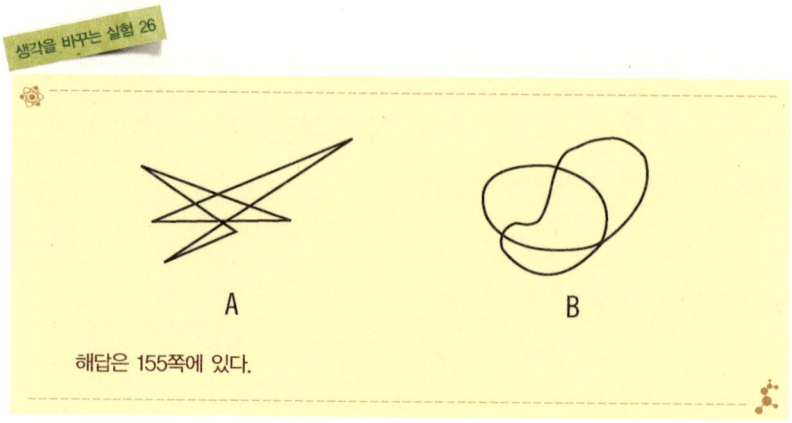

해답은 155쪽에 있다.

테네시의 오크리지 국립연구소에서 일하는 샤오후이 쿠이는 인터넷에서 정보가 어떻게 모이고 흩어지는지와, 같은 종의 새들이 어떻게 모이고 흩어지는지 사이의 연관성을 만듦으로써 인터넷에서 정보를 더 잘 정리할 수 있는 아이디어를 고안했다.[5]

그는 같은 종의 새들이 비행하는 동안 모여 있는 방식을 따라했다. 그는 가상의 '새' 무리를 만들고, 각각의 새가 일련의 숫자가 입력된 문서를 옮기도록 했다. 비슷한 단어들로 이루어진 문서들은 같은 길이의 일련의 숫자들도 가지고 있다. 가상의 새들은 자신과 같은 '종'의 새들하고만 비행을 하듯, 이 경우에는 같은 길이의 숫자들을 가진 문서들만 가지고 비행을 할 것이다. 인터넷에서 새로운 기사가 뜨면 소프트웨어는 기존의 기사들에 포함된 것과 비슷한 단어들을 찾아 그 서류를 기존의 무리들 속에 보관하거나 새로운 무리를 만든다.

이 새로운 자료 정리 도구(웹피드)는 인터넷을 할 때마다 즐겨 찾는 웹사이트에서 새로운 기사를 찾아 브라우저에 자동으로 업데이트해 준다. 마치 새로운 과학 논문이 전문 과학저널에 올라오는 것과 같이 말이다.

생각을 바꾸는 실험 27

시에서는 속도위반을 한 운전자를 단속하는 대신에 번잡한 교차로에 다다르면 사람들이 속도를 낮출 수 있도록 당신에게 아이디어를 만들어달라고 요청한다. 교통경찰, 레이더, 경고 표지판, 더 많은 횡단보도, 과속 방지턱 등 모든 방책을 이미 다 검토한 상태다.

이 문제의 본질은 '어떻게 사물들의 속력을 낮추도록 만드느냐' 하는 것이다.
우선, 어떻게 그리고 왜 사물들이 속도를 낮추는지에 대해 관찰한 것을 가능한 한 많이 기록해보라. 몇 가지 예가 있다.

- 수도꼭지를 돌리면 수돗물이 느리게 떨어진다.
- 바이러스가 컴퓨터를 느리게 한다.
- 사람들은 멋지거나 아름다운 것을 볼 때 속도를 늦춘다.
- 쉬는 동안에 심장 박동이 느려진다.
- 동물들은 놀라면 속도를 늦춘다.
- 축구에서 공격수는 상대 골문을 향해 가면서 수비수보다 앞서 나갈 때 속도를 늦춘다.
- 비행기는 착륙할 때 날개를 접으며 속도를 늦춘다.

다음으로 넘어가기 전에 시간을 갖고 어떻게, 그리고 왜 사물들이 속도를 늦추는지에 대해 당신이 작성한 목록의 다른 예들을 살펴보자. 당신은 그 예들을 사용해 새로운 아이디어들을 만들어낼 수 있다. 당신이 만들어낸 아이디어들을 적어보라.

그 도시의 사람들은 속도를 늦출 방법을 생각했다. 어떤 사람이 LA 시내를 운전하던 중 한 창고에 있는 아름다운 벽화를 발견하고 자동차 속도를 줄였던 것을 기억해냈다. 그래서 차의 속도를 줄이게 하려면 아름답거나 특이한 무언가를 만들어내야겠다는 아이디어를 떠올렸다. 시에서는 지역 화가들을 고용했고 3차원의 그림을 만들어내는 트롱프뢰유 기법을 이용하여 거대한 구멍을 그리게 했다. 교차로 위에 거대한 3D 구멍 그림이 완성되었다. 운전자들은 길 위에 뭔가 있는 것을 발견하자 순간 혼란을 느끼고 자동으로 속도를 늦추었다. 그러고 나서 운전자들은 평평한 길이 계속 이어진다는 것을 알게 되었다. 감시요원들은 자동차들의 평균 시속이 60~80킬로미터였던 구간에서 평균 40킬로미터로 속력이 줄었다고 말했다.

본질과 원리에 따라 생각한다면 당신의 상상력은 단어, 꼬리표 그리고 범주로부터 자유로워질 것이다. 당신이 토마토를 감자라 믿고, 감자를 토마토라 믿고 자랐다고 생각해보자. 그리고 당신을 제외한 모든 사람들이 이 식품들에 대한 진실을 알고 있다고 생각해보자. 당신은 감자를 먹고 있다고 생각할 때 사실은 토마토를 먹고 있는 것이고, 반대의 경우에도 마찬가지다. 전반적으로 균형 잡힌 식단을 섭취하고 있다면 당신이 감자를 토마토로 착각하고 있다고 해서 삶이 크게 달라지지는 않는다. 토마토와 감자의 진짜 특징을 가지고 사람들과 끊임없이 논쟁해야 하는 것을 제외하면 말이다.

만약 당신이 토마토와 감자라 생각했던 것들이 완전히 다른 식품이었다고 가정해보자. 사실은 오렌지와 무였다고 쳐보자. 그런데 그게 중요한가? 그렇지 않을 것이다. 당신이 먹는 식품들의 본래 특징을 이해하고 있든 아니든 여전히 먹어야 한다.

이와 같은 맥락으로 인터넷에서 정보를 찾을 수 있는 새로운 방법을 떠올리려고 할 때 기존의 검색엔진에만 집중한다면 별다른 진전이 없을 것이다. 하지만 기존의 범주로부터 상상력을 자유롭게 풀어놓는다면, 그리고 '찾는 것'에 집중한다면, 다른 사람들과 다른 생물이 어떻게 무언가를 찾는지를 상상해본다면, 당신은 개미가 어떻게 먹이를 찾는지를 생각해보게 될 것이다.

개미와 검색엔진이 무슨 관련이 있을까? 러트거스 뉴저지 주립대학교의 폴 칸터 교수는 국방부를 위한 서버를 개발 중인데, 이 서버는 개미가 다른 개미들이 남긴 페로몬 흔적을 따라가 먹이를 발견하는 것과 같은 방법으로 인터넷에서 정보를 찾을 수 있도록 하고 있다. 인터넷에서 정보를 찾는 개개인이 일종의 '디지털 정보 페로몬' 길을 만들어내 같은 정보를 찾는 사람들이 그 길을 따라 갈 수 있도록 한 것이다.

어니스트 헤밍웨이는 한때 과감히 여섯 단어로 이루어진 소설을 썼다. 소설의 내용은 이렇다.
"For sale: baby shoes, never worn(판매: 아기 신발 한 켤레, 새것임)."
이 소설은 여섯 글자로 삶의 본질을 묘사하는 수많은 회고록을 탄생시켰다. 여기 예들이 있다.

- "Never should have bought that ring(그 반지를 절대 사지 말았어야 했는

데)."
- "I still make coffee for two(나는 여전히 두 사람을 위한 커피를 탄다)."
- "Boy, if I had a hammer(아, 내가 그 해머를 가졌더라면)."

당신이 보기에 창의적으로 생각하는 것의 본질을 묘사하는 말들은 무엇인가? 여섯 글자로 묘사해보자. 여기 두 가지 예가 있다. "Do what is impossible to do(할 수 없다고 생각되는 것을 하라)." "Tombstone won't say: Never made mistakes('실수하지 마라'는 묘비명은 없다)." "At night all cats are gray(밤에는 모든 고양이가 회색으로 보인다)."
이것들은 내가 만든 것이다. 당신은 어떤 말을 생각해냈는가?

## 스스로 문제가 돼라

근대미술의 아버지인 프랑스 화가 폴 세잔은 화가와 소재가 하나여야 한다고 주장하며 19세기 회화의 전통적인 가치를 변화시켰다. 그는 풍경화는 사색적이고 인간적이며 화가를 통해 풍경화 스스로가 생각한다고 믿었다. 풍경화와 세잔 자신을 개념적으로 뒤섞자, 세잔은 풍경화의 주관적인 의식이 되고 그림은 객관적인 의식이 되었다고 했다.

대상과 뒤섞거나 하나가 되는 것은 우리에게 특정한 통찰과 새로운 발견을 가져다준다. 당신은 자기 자신과 문제를 개념적으로 섞을 수 있겠는가? 당신은 문제와 하나가 될 수 있겠는가?

노벨 물리학상 수상자인 리처드 파인만의 동료 교수는 노크 없이 교수실 문을 열고 들어섰다가 파인만이 바닥에서 구르고 있는 것을 발견했다. 한참 후에야 파인만은 그가 온 것을 알아차렸다. 동료 교수는 도대체 뭘 하고 있는 거냐고 파인만에게 물었다. 어디가 아팠을까? 미쳤을까? 파인만은 자신이 전자(electron)라면 어떨지 상상해보고 있었다고 대답했다.

한번은 파인만이 한창 실험에 열중해 있었다. 쥐가 먹이가 있는 곳으로 어떻게 돌아가는지 알아내려는 실험이었다. 그는 자신이 쥐라고 상상하고 몇 번이나 연구실 문을 지나다니면서 그 주변을 돌아다녔다. 그러다 갑자기 자신만의 가설을 세우게 되었다. 그는 쥐들이 먹이가 있는 곳으로 되돌아가도록 만드는 신호들 중 하나가 소리라고 했다. 쥐들은 돌아다닐 때 바닥에서 나는 소리를 듣고 먹이가 있는 곳을 제대로 찾아가고 있는지 아닌지를 구별할 수 있었다.

대상과 하나가 된 또 다른 예를 보자. 텍사스 공익 기업(TXU: Texas Utility Company)에서는 수도의 장비 비용을 절감하려고 했다. 터빈, 발전기, 보일러와 같은 거대한 동력 기계들의 평균 수명은 약 35년이었다. 이처럼 규모가 큰 장비를 바꾸려면 수천 달러가 들었다.

관리팀은 자신들이 회사의 다양한 화석연료와 원자력 시스템 안에 흐르는 전류라고 상상했다. 3개월 동안 그들은 과정의 각 단계를 상상 속에서 경험하고 다녔다. 시스템 내에서 복잡하고 다양한 내구성의 정도를 이해하기 시작했을 때 드디어 활용 방안을 생각해냈다.

시스템 전체를 바꾸는 대신 핵심 부품을 교체하기로 한 것이다. 이 관리 계획 덕분에 회사의 장비 비용은 10배 혹은 그 이상으로 줄어들게 된다.

당신 스스로를 어떤 대상이나 그 대상의 어떤 부분이라고 생각하고 그 관점에서 상황을 바라보려고 노력해보라. 이것은 제너럴일렉트릭(GE)의 유명한 발명가인 T. A. 리치가 가장 좋아하는 기술이다. 당신이 수영장을 짓고 있다고 생각해보자. 당신 자신이 수영장이라고 상상할 수 있겠는가? 수영장이라면 이 건설에 대해 어떤 입장을 취할까? 어떤 제안을 할까?

무거운 상자는 옮기기 힘들다. 들고 다니다가 떨어뜨리기도 하고 잘못해서 벽에 흠집을 내기도 한다. 그만큼 다루기가 어렵다. 카트를 이용해서 옮길 수는 있겠지만, 비싼 카트는 상자를 옮기는 데는 잘 사용하지 않는다.

당신이 종이 상자라고 생각해보자. 큰 상자가 된다면 어떨까? 작은 상자라면? 비어 있다면 어떨까? 가득 채워져 있다면 어떨까? 가볍게 채워졌다면? 무거운 물건으로 채워졌다면? 그 무거운 상자가 생각하고 말할 수 있다면 당신에게 뭐라고 말할까? 무슨 문제가 있을까? 상자를 더 쉽게 옮길 수 있도록 하기 위해 어떤 조언을 해줄까? 상자가 스스로를 어떻게 다시 디자인할까?

계속 읽기 전에 잠시 멈추고 당신의 아이디어를 나열해보자.

어떻게 됐는가? 상자를 좀 더 쉽게, 안전하게, 경제적으로 옮기는 것에 대한 아이디어를 생각해냈는가?

데이비드 그레이엄은 'Move-it Kit'라는 해결책을 만들어냈다.[6] 이 도구는 접착제를 바른 판지 바퀴와 손잡이가 한 세트인데 어떤 상자에도 붙일 수 있고, 붙이는 즉시 즉석 카트가 된다. 집에서는 바퀴를 포함한 모든 장치가 재활용될 수 있고, 바퀴와 손잡이를 떼어내 다른 상자에 다시 사용할 수도 있다.

한 가지 실험을 더 살펴보자.

태양광 전지는 태양 에너지를 전기로 전환시킨다. 하지만 불행히도 태양광 전지는 각 전지에 사용되는 물질 때문에 많은 햇빛을 낭비한다. 그 물질은 스펙트럼의 특정 부분에만 반응한다. 다른 색을 내는 빛은 낭비된다는 말이다.

당신이 태양광 전지라고 생각해보자. 태양광 전지의 입장에서 생각해보면 낭비되는 햇빛의 양을 없애거나 줄일 수 있겠는가?

당신 자신이 태양광 전지가 되어 햇빛을 낭비하는 대신 모든 빛을 포착해서 통과시키는 방법을 찾아보라. 이러한 관점으로 MIT 대학원생이 각 전지들 간에 사용되지 않는 햇빛을 통과시키는 방법을 발견했다.[7] 다양한 종류의 전지들을 모아 사용할 수 있는 부분을 빼고는 모든 빛을 차단한 각각의 전지들 앞에 굴절 필터를 놓고 그 전지들을 거울 같은 부분 속에 놓는다. 그 안에서 빛은 그 빛을 사용할 다른 전지에 흡수될 때까지 튀어오른다.

이 장에서는 다른 영역에 있는 대상들 사이에서 패턴을 찾는 것이 중요함을 강조했다. 자연이 새로운 종을 만들어내는 법과 인간이 아이디어를 만들어내는 법 사이에는 어떤 패턴들이 있을까?

## 자연을 통해 배우다

가장 창의적인 힘은 자연에 있다. 우리가 자연을 통해 처음 배운 것은 놀라운 생산력이다. 자연은 보이지 않는 시행착오를 거쳐 다양한 종들을 만들어내고 자연선택을 통해 어떤 종이 생존할지 결정하도록 했다. 자연에서 새로운 종의 95퍼센트가 생존에 실패한다. 시간이 흐르면서 생존한 종의 유전자들이 자리를 잡고 번식하지만 결국 변화가 생겨날 것이 틀림없다. 자연에서 변화하지 못하는 유전자는 새로운 환경에 적응하지 못해 종의 생존에 치명적인 결과를 가져온다. 유전적으로 암호화된 생존의 지혜가 역설적이게도 치명적인 약점이 되는 것이다.

자연은 생존에 필요한 변화들을 제공하기 위해 유전적 돌연변이들을 만들어낸다. 유전적 돌연변이는 부모의 염색체에 포함된 전통적인 지혜를 무시하고 우연하게 만들어진 변형이다. 자연선택의 과정은 어떤 종이 생존하고 번식할지 결정한다.

비슷한 과정이 우리에게도 일어난다. 우리 모두는 기존에 생각하던 패턴을 기반으로 아이디어를 창출할 능력을 가지고 있다. 하지만 변화에 대한 준비가 없다면 정체되고 만다. 늘 생각해온 대로만 생각한다면 늘 얻던 것만 얻게 될 것이다. 똑같은 낡은 생각들 말이다.

다음 장에서는 어떤 대상이나 사건을 당신이 생각하는 대상과 무작위로 섞어 '생각 돌연변이'나 '기회'를 만들어내는 방법을 알려주려고 한다. 이러한 생각 돌연변이들은 독창적인 아이디어를 만들어내는 데 필요한 생각의 패턴 변화를 제공할 것이다.

---

**생각을 바꾸는 실험 25의 해답:**

31131211131221

각 줄의 숫자들은 그 위의 줄을 설명한다.

첫 번째 줄: 1

두 번째 줄: 1 1(1이 1개 있다)

세 번째 줄: 2 1(2개의 1이 있다)

네 번째 줄: 1 2 1 1(1개의 2가 있고, 1개의 1이 있다)

다섯 번째 줄: 1 1 1 2 2 1(1개의 1이 있고, 1개의 2가 있고, 2개의 1이 있다)

**생각을 바꾸는 실험 26의 해답:**

대부분의 사람들은 A를 '투카티'로, B를 '말루마'로 알아본다. 우리는 이처럼 단어와 관련이 없는 그림에서조차 일반적인 비유적 연관성을 만드는 재능이 있다.

CREATIVE
THINKERING

6

# 레오나르도 다 빈치의
# 비밀

레오나르도 다 빈치처럼 생각하라.

 의도적으로 우연한 사건을 끌어들이는 것은 생각 패턴에 변화를 주는 좋은 방법이다. 이 방법의 중요성에 대해 처음으로 기록을 남긴 사람이 바로 레오나르도 다 빈치다.
 그는 우리가 고민하는 문제와 임의의 대상을 개념적으로 적당히 뒤섞을 수 있다면, 놀라운 아이디어를 발견할 수 있다고 말했다. 그는 벽에 있는 얼룩이나 불타고 남은 재나 구름의 모양이나 진흙의 패턴 또는 비슷한 장소들을 가만히 응시했다. 그는 나무, 전쟁, 풍경, 생생한 순간의 모습을 보고 있다고 생각하며 자신이 가진 문제와 자신이 상상한 대상과 사건들을 개념적으로 뒤섞어 아이디어를 자극했다. 때

로는 물감을 흠뻑 머금은 스펀지를 벽에다 던져 아무렇게나 만들어진 얼룩을 들여다보며 그것이 무엇을 나타내는지 생각하기도 했다.

다음 실험을 보자. 잠시 당신이 레오나르도 다 빈치가 되어 다음의 그림을 보라. 어떤 생각이 드는가?

생각을 바꾸는 실험 31

이 그림은 흩어져 있는 불규칙한 모양들을 모아둔 것이다. 분명하게 무엇을 나타내는지 알 수 없다. 하지만 어떤 사람들은 말을 탄 사람이 보인다고 생각한다. 말이 안 되는 것을 이해하려 하는 것은 당신의 마음이다.

이제 레오나르도가 사람들이 이동하는 새로운 방법에 대해 생각하고 있다고 가정해보자. 저 모양들을 보고 어떤 이들은 말 타는 사람을 보았지만, 레오나르도는 아랫부분에서 두 개의 바퀴를 인식했을지도 모른다. 이제는 바퀴 위에 앉아 있는 사람처럼 보인다. 바퀴와 운송을 개념적으로 뒤섞어 그는 말과 비슷한 모양의 뼈대에 바퀴를 달면 사람들이 타고 이동할 수 있음을 깨달았을 것이다. 이렇게 해서 그는 자전거를 발명했다.

그는 책으로 배운 지식이 거의 없었다. 다만 완전히 다른 두 체계를 포함해 서로 동떨어진 것들 사이를 연결하고자 하는 생각의 자유를 즐겼다. 그는 물의 움직임과 사람 머리카락의 움직임을 관련지어 움직이고 있는 물의 보이지 않는 많은 세부 요소들을 놀랍도록 세심하게 그려냈다. 관찰을 통해 '연속성의 법칙'이라는 자연의 실상을 발견할 수 있었다. 그는 역사상 최초로 공기와 물이 어떻게 서로 섞일 수 있는지를 알아본 사람이었다. 그는 "모든 움직임에서 물은 공기를 따른다"[1]고 적었다.

당신이 생각하고 있는 문제와 관련짓기 위해 다른 세계를 들여다보는 것을 습관화해보라. 어떻게 할 수 있을지에 대한 예로 몇십 년 전에 하향 곡선을 그리기 시작해 점점 몰락의 길을 걸은 전통적인 서커스를 살펴보자.

광대, 불 뿜는 사람, 저글링 하는 사람 등으로 이루어진 한 무리의 젊은 엔터테이너들은 퀘벡에서 축제를 열고 아이디어와 재능을 나눌 것을 결심했다. 목표는 어떻게든 전통적인 서커스를 부활시키고 개선해나가는 것이었다. 엔터테이너들뿐 아니라 작가, 가수, 작사가, 극작가, 연기자들도 끌어모았다. 그들의 다양한 기술과 재능은 관객이 서커스 공연에서 볼 것이라고 예상했던 것과는 매우 달랐다.

그들의 다양한 재능 덕분에 엔터테이너들은 서커스에 대한 새로운 아이디어들을 생각해낼 수 있었다. 그들의 마지막 아이디어는 모든 다양한 공연자들의 재능을 뒤섞어 순회공연 서커스처럼 대형 천막 아래서 함께 선보이는 것이었다. 서커스라는 이름은 유지하되 그에 대한 개념은 바꾸기로 했다. 예를 들어 서커스에 동물은 출연하지 않는다. 서커스의 기술, 거리 연주자들의 기술, 무대공연의 기술들을 뒤섞은 결과 서커스 같은 분위기를 유지하면서도 독창적인 음악과 이야기가 있는 공연이 탄생했다. 이 공연을 태양의 서커스(Cirque du Soleil)라 이름 붙이고 전 세계를 순회하며 다양한 주제의 공연을 선보이기 시작했다.

## 모든 것 사이에는 연관성이 있다

사람의 뇌는 겉보기에는 아무런 관련이 없어 보이는 것들이라도 두 개의 다른 대상들 사이의 연관성을 만들 수 있다. 아이작 뉴턴은 사과가 떨어지는 것을 보면서 동시에 하늘에 달이 떠 있는 것을 보고 만유인력의 법칙을 발견했다. 사과와 달이 동시에 떠올랐을 때, 그는 떨어지는 사과와 지구의 궤도를 도는 달이 같은 규칙에 의해 통제되는 것인지에 대해 생각해보게 되었다. 결국 그는 역학의 법칙들을 만들어냈고, 과학과 공학의 원리를 기반으로 수학적 분석을 성립시켰다.

뉴턴의 개념적인 조합은 새로운 과학을 탄생시켰다. 같은 과정을 이용해 당신은 비즈니스에서 필요한 아이디어를 얻을 수 있을 것이다. 라이트솔루션(Rite-Solution)의 공동 설립자인 제임스 라보이와 조셉 마리노는 기술자, 회계사, 판매원, 영업부 직원 그리고 모든 행정팀을 포함해 전 직원들로부터 아이디어를 구하는 직원 제안 시스템이 필요했을 때 이 과정을 이용했다.

그들은 직원들이 좀 더 창의적으로 회사에 투자할 수 있도록 동기를 부여할 필요가 있었다. '투자'라는 단어가 그들이 투자할 방법을 찾도록 해주었다. 한 가지 연관성은 뉴욕증권거래소에 있었다.

당신이 해야 할 일은 내부 제안제도와 증권거래소를 개념적으로 결합시켜 직원들의 제안제도를 만들어내는 것이다. 우리는 어떤 아이디어를 떠올릴 수 있을까? 다음과 같은 순서로 생각을 펼쳐보자.

1. 먼저 증권거래소의 특징을 나열해보라.
2. 증권거래소에 대해 떠오르는 생각을 모두 나열해보라. 사람들은 어떻게 투자를 할까? 왜 투자를 할까? 자신이 투자한 것을 어떻게 모니터할까? 투자자들이 할 수 있는 일은 무엇인가? (주식을 사고팔거나 그냥 보유하고 있는 것 등) 회사는 어떻게 투자자들을 끌어모을까? 주가 변동은 왜 생기며 어떻게 생기는 것일까?
3. 증권거래소의 구조는 어떤가? 주식 교환구조의 어떤 부분을 활용해야 직원들이 새로운 상품이나 서비스에 대한 의견을 내는 데 관심을 갖게 할 수 있을까? 그렇게 함으로써 그들에게도 보상이 가도록 할 수 있는 방법은 무엇일까?

라이트솔루션이라는 회사는 증권거래소의 주식 교환 방식과 회사 내부의 제안제도를 결합해 '아이디어 주식 교환소'를 만들었다. 이 회사의 내부에서 이루어지는 아이디어 제안제도를 '뮤추얼 펀(Mutual Fun, 뮤추얼펀드에서 이름을 따온 것이다 – 옮긴이)'이라고 부른다. 이 아이디어 제안제도에서는 직원이면 누구나 새로운 제품이나 파생 효과를 만들어내기 위해 또는 문제를 해결하기 위해 새로운 기술이나 단체를 만들어내는 등 여러 가지 제안을 할 수 있다. 직원들의 제안은 주식처럼 다루어지며, 주식코드처럼 고유 코드를 부여받는다.

〈뉴욕 타임스〉에 다음과 같은 기사가 실렸다. "55개의 주식이 회사 내부의 증권거래소에 등록되어 있다. 각각의 주식에는 자세한 소개가 달려 있고 10달러부터 교환할 수 있다. 모든 직원은 가상의 금액 1만 달러를 받았고, 그 돈을 각 제안들에 투자해야 했다. 직원들은 그 돈으로 주식을 매입하거나 그 프로젝트에 자발적으로 참여함으로써 그들의 열정을 드러낸다."[2]

결과는 성공적이었다. 회사의 핵심 기술 중에는 카지노에서 사용되는 전자게임 시스템은 물론 군사 프로그램에도 사용되는 패턴 인식 알고리즘이 있었다. 기술에 대한 전문지식이 없는 행정팀 여직원이 그 기술을 다른 곳에 활용할 수 있을지 생각했다. 그래서 떠올린 방법이 교육이었다. 그녀는 이 기술이 학교에서 아이들이 역사와 수학을 즐겁게 배우도록 하는 데 사용될 수 있을 거라고 제안했다. 그녀의 제안은 WPL(win/play/learn)이라는 고유 코드를 부여받아 주식처럼 거래되기 시작했고, 이것은 회사 내 기술자들에게 커다란 관심을 불러일으켰다. 그들은 열광적으로 그녀의 주식을 샀고, 함께 연구에 참여해서 그 아이디어를 쓸 수 있는 새로운 제품으로 탄생시켰다. 한 직원의 새로운 제안 시스템 덕분에 예상 밖의 놀라운 아이디어가 나온 것이다. 뉴턴이 떨어지는 사과와 달의 이미지를 결합해 통찰을 얻은 것처럼 뉴욕증권거래소와 직원 제안제도의 개념을 조합함으로써 혁신적인 직원 제안 시스템을 만들어냈다.

다음의 실험은 무작위로 단어를 투입하여 예측할 수 없는 수많은 생각들을 만들어내는 방법을 소개한다. 166~179쪽의 '무작위 단어'에는 당신이 이 방법에서 사용할 무작위 단어 목록이 있다. 단어들은 간단하고 시각적이고 풍부한 연관성을 가지고 있어 더 많은 연관성을 이끌어내는 데 도움이 된다. 단어들은 다섯 개씩 묶여 그룹을 이루고 있다. 임의로 한 그룹을 선택해 실험을 할 때 그 그룹에 속한 다섯 개의 단어를 모두 사용해보길 바란다.

서던캘리포니아에디슨(Southern California Edison) 사의 마크 마르티네스[3]는 우리가 에너지를 눈으로 직접 볼 수 없기 때문에 일어나는 일련의 문제에 대해 깊은 관심을 가졌다. 우리는 집에서 에너지를 얼마나 사용하는지, 또 낭비되는 에너지가 얼마나 되는지에 대해 그다지 관심이 없다. 여기서 잠깐, 지금 이 순간 충전기, 냉장고, 세탁기, 컴퓨터 등 집에 꽂혀 있는 모든 전자제품에 대해 생각해보자. 전자제품을 쓸 때, 전력을 많이 사용할수록 더 많은 금액을 내는 누진체계로 설계되었다는 것을 생각하는 사람은 그다지 많지 않다. 일정한 전력량 이상을 사용하게 되면 더 높은 단가가 적용된다. 하지만 얼마만큼의 전력을 썼는지 볼 수 없기 때문에 더 높은 단가의 전력이 적용될 때까지 얼마나 남았는지 알 수 없다. 그렇다면 문제는 에너지 사용량을 눈에 보이게 만드는 방법을 개발해 사람들이 에너지를 절약하도록 하는 것이다.

눈을 감고 '무작위 단어'에 있는 단어 목록에서 한 단어를 아무거나 가리켜보자. 지금 사례로 사용할 무작위 단어는 '공(Ball)'이다.
공을 머릿속에서 떠올려보고 공의 특징을 모두 나열해보자. 그다음에는 공이 아닌 공과 관련된 다양한 것들을 연상해보고 각각 나열해보자. 여기 예가 있다.

특징:
- 공은 다양한 크기와 색깔이 있다.
- 공은 운동할 때 사용한다.
- 공은 재미를 위해 만들어진 장난감이다.

연상:
- 공을 주시하라.
- 공을 가지고 노는 것은 사람들과 소통하기 위한 좋은 방법이다.
- 단체들은 자선무도회를 연다('ball'에는 무도회라는 뜻도 있다 – 옮긴이).

관련짓기:
각 '연상'과 '특징' 사이에 연관성을 만들어 당신이 가지고 있는 과제를 풀어보자. 다음과 같은 질문을 할 수 있다.
- 공이 다양한 크기와 색깔이 있는 것처럼 전력량의 문제도 다양한 요소가 있지 않

을까?
- 에너지 절약을 스포츠로 만들면 어떨까?
- 어떻게 에너지 절약을 재미있게 할 수 있을까?
- 어떻게 하면 전 세계 사람들이 소통할 수 있는 무언가를 만들어낼 수 있을까?
- 자선무도회에 참여하는 사람들을 기쁘게 해줄 만한 것으로 무엇이 있을까?

**예:** 한 공학자가 자선무도회에서 회전하는 커다란 공을 보았다. 그 공은 은색의 사각형들로 뒤덮여 무도장의 온갖 색깔과 이미지를 반사했다. 이 행사 주최자는 색깔이 있는 빛을 이용해 은은한 분위기를 조성했다. 빠른 춤에는 빨간색 빛을, 느린 춤에는 부드러운 파란색과 분홍색, 그리고 노란색의 빛을 비추었다.

**본질:** 공학자는 은은한 빛이라는 아이디어가 마음에 들었다. 왜냐하면 그 빛이 춤추는 사람들의 마음과 분위기를 바꿔놓았기 때문이다. 그는 분위기라는 아이디어에 호기심을 가졌다. 또한 어떻게 하면 에너지 사용에도 분위기 있는 환경을 만들어줄 수 있을지 궁금했다.

그는 몇 가지 기구들을 만들었지만 그중에서도 재무 포트폴리오를 검토하는 데 쓰는 장치에 관심을 가졌다. 당신은 거기에 색깔을 선택해 원하는 정도의 밝기로 빛을 내도록 프로그램을 짤 수 있다. 예를 들어 당신의 주식이 올라가면 초록색으로 은은히 빛나고, 주식이 떨어지면 분홍색이나 빨간색이 깜박일 것이다.

'공' 이라는 아이디어와 '분위기' 라는 아이디어를 개념적으로 섞은 공학자는 단가가 달라지는 전력 사용 구간마다 색깔이 달라지는 공을 만들어냄으로써 에너지를 눈에 보이게 할 수 있는 아이디어를 얻었다. 공은 '전력 사용량이 적을 때' 또는 낮은 단가가 적용되는 구간에 있을 때는 초록빛을 내고, 그 구간을 넘어서 돈을 더 내야 할 때는 빨간 빛을 밝혀 전력 단가의 변화를 나타낸다.
에너지를 절약하는 것은 하나의 게임이 될 것이며, 수치화된 개인의 최고 기록을 경신해나감으로써 이 자체가 재미있는 도전거리가 될 것이다.

클리브 톰슨은 다음과 같이 기술했다. "당신의 하루 소비량이 페이스북의 한 켠에 표시된다고 생각해보라. 그것이 당신의 친구들에게 알려질 것이다. 그리고 그 때문에 당신은 에너지 절약에 더욱 신경 쓰게 될 것이다."[4]

이제 당신이 가지고 있는 과제와 문제에 대해 생각해보라. 그 과제의 구조를 짜라. 그런 다음 눈을 감고 '무작위 단어' 목록에서 한 단어나 다섯 단어로 이루어진 한 그룹을 선택하라. 이 실험에서 나타난 것과 같은 과정을 따라하면서 어떤 생각이 떠오르는지 시도해보라.

### 무작위로 뽑은 단어들

다음은 무작위로 뽑은 단어 목록을 사용하는 기법이다. 단어들은 간단하고, 비주얼하고, 서로 밀접하게 연관되어 있다.

잠시 눈을 감고 무작위로 한 개의 (혹은 두 개 이상의) 단어를 선택하라. 그런 다음 그 목록에 있는 단어의 특징과 다른 단어들과의 연관성을 생각하라.

| | | |
|---|---|---|
| 의자 | 갈고리 | 국자 |
| 봉투 | 문 | 곤충 |
| 빗자루 | 창문 | 장미 |
| 라디오 | 지붕 | 파리 |
| 주인 | 연못 | 화석 |
| | | |
| 계산원 | 바이올린 | 버터 |
| 토스트 | 사탕 | 견과 |
| 수프 | 도랑 | 가지 |
| 염색약 | 컴퓨터 | 새 |
| 맥주 | 페인트 | 칼 |
| | | |
| 북 | 남자 | 모터 |
| 달걀 | 풀 | 괴물 |
| 고기 | 물 | 개 |
| 컵 | 병 | 들판 |
| 우산 | 네온불빛 | 총 |

| | | |
|---|---|---|
| 신맛 | 박물관 | 암 |
| 우표 | 그림 | 비행기 |
| 풍뎅이 | 모래 | 약 |
| 태양 | 메뉴 | 차표 |
| 여름 | 목록 | 연장 |
| | | |
| 얼음 | 책 | 망치 |
| 먼지 | 재떨이 | 원 |
| 성경 | 라이터 | 바늘 |
| 신발 | 엉덩이 | 걸레 |
| 안개 | 쥐 | 연기 |
| | | |
| 축구 | 포스터 | 심판 |
| 다리 | 통로 | 하늘 |
| 밧줄 | 우유 | 바다 |
| 도르래 | 말 | 후추 |
| 발가락 | 흐름 | 밸브 |
| | | |
| 여자 | 매듭 | 트라이앵글 |
| 쟁기 | 씨앗 | 자동 온도 조절기 |
| 매트리스 | 잡초 | 튜브 |
| 석양 | 상처 | 문어 |
| 문 | 화장실 | 연기 |
| | | |
| 시계 | 벽장 | 갈고리 |
| 두드러기 | 셔츠 | 자석 |
| 차 | 주머니 | 스파게티 |
| 길 | 파이프 | 디스코 |
| 동물원 | 고무 | 압정 |

| | | |
|---|---|---|
| 타이 | 여행가방 | 돈 |
| 싱크대 | 물고기 | 잡지 |
| 이중 초점 렌즈 | 램프 | 나사 돌리개 |
| 텔레비전 | 도서관 | 비디오 |
| 과일 젤리 | 대학교 | 스테레오 |
| | | |
| 눈 | 주차장 | 잉크 |
| 솥 | 폐 | 배수구 |
| 결혼반지 | 연설 | 면도기 |
| 와인 | 수학 | 차(마시는) |
| 순서 | 전쟁 | 점안기 |
| | | |
| 돼지 | 브런치 | 배우 |
| 괭이 | 범선 | 거지 |
| 쥐 | 거울 | 여왕 |
| 중국 냄비 | 우엉 | 예술가 |
| 곤돌라 | 진흙 | 폭풍 |
| | | |
| 코코넛 | 휴지통 | 인디언 |
| 전화 | 시계 | 뱀 |
| 진눈깨비 | 깃발 | 여우 |
| 통행료 | 안전모 | 바닷가재 |
| 노트북 | 선인장 | 사탄 |
| | | |
| 사전 | 카우보이 | 풍선 |
| 파일 | 선술집 | 양념 |
| 로비 | 나비 | 여드름 |
| 구름 | 정육면체 | 크리스털 |
| 화산 | 엑스레이 | 새우 |

| | | |
|---|---|---|
| 군대 | 활주로 | 소총 |
| 사탕무 | 플라밍고(홍학) | 도넛 |
| 벽돌 | 경찰 | 미치광이 |
| 매춘부 | 백악관 | 땅콩 |
| 케첩 | 용암 | 춤 |
| | | |
| 폭발물 | 열대우림 | 노래 |
| 다이아몬드 | 섬 | 의회 |
| 낙타 | 일출 | 화살 |
| 나뭇잎 | 플라스틱 | 꿀 |
| 기차 | 힌두교 신자 | 목욕 |
| | | |
| 다진 고기 | 점토 | 이글루 |
| 독한 술 | 미식가 | 욕조 |
| 비행사 | 구운 고기 | 통치자 |
| 립스틱 | 열기 | 유목민 |
| 캐비어 | 리무진 | 지하철 |
| | | |
| 향수 | 캠프파이어 | 대중 |
| 껌 | 불꽃놀이 | 단절 고리 |
| 치즈 | 토마토 | 맥락 |
| 불꽃 | 혀 | 화물차 |
| 과일 | 골절 | 수도사 |
| | | |
| 소년 성가대원 | 수박 | 저녁식사 |
| 애완동물 | 성탄절 | 상표 |
| 청진기 | 정치가 | 실험실 |
| 지우개 | 메추라기 | 사포 |
| 비키니 | 핸드볼 | 쐐기 |

| | | |
|---|---|---|
| 해시계 | 올리브 | 판다 |
| 다람쥐 | 지도 | 위 |
| 콧수염 | 쿠폰 | 솔 |
| 오르간 | 거품 | 샘 |
| 어금니 | 코피 | 창자 |

| | | |
|---|---|---|
| 빈민가 | 버섯 | 바퀴벌레 |
| 여자 부랑자 | 가솔린 | 박람회 |
| 귀신 | 음악 | 유대인 학살 |
| 운동선수 | 휴식 | 세금 |
| 양치기 | 비 | 어린 양 |

| | | |
|---|---|---|
| 피리 | 하키 | 초인종 |
| 로드(1로드는 5미터) | 뱀장어 | 대리석 |
| 규약 | 로켓 | 매듭 |
| 손수건 | 바지선 | 양수기 |
| 열쇠 | 쓰레기 | 심판 |

| | | |
|---|---|---|
| 용 | 피라미드 | 상어 |
| 거북 | 둥근 지붕 | 양파 |
| 해초 | 예배당 | 차고 |
| 굴라시(헝가리 전통 수프) | 천둥 | 술 |
| 진흙 | 애벌레 | 다락방 |

| | | |
|---|---|---|
| 벌레 | 재규어 | 벽난로 |
| 행성 | 반딧불이 | 식품 |
| 오페라 | 말벌 | 배낭 |
| 카멜레온 | 달 | 곡예 |
| 사마귀 | 이끼 | 개미 |

| | | |
|---|---|---|
| 집게 | 장례식 | 북마크 |
| 너트를 죄는 공구 | 톱니바퀴 | 횃불 |
| 엉덩이 | 카펫 | 무덤 |
| 소프트웨어 | 윈드서퍼 | 통조림 |
| 별 | 샴페인 | 금 |
| | | |
| 왕관 | 연어 | 귀 |
| 재갈 | 속옷 | 콩 |
| 지문 | 기저귀 | 점화 플러그 |
| 게릴라 | 귀 | 박쥐 |
| 요오드 | 확성기 | 잔디 깎는 기계 |
| | | |
| 잼 | 복사기 | 깊은 구멍 |
| 은 | 책상 | 책버팀 |
| 현미경 | 진동기 | 날개 |
| 손톱 | 귀고리 | 소맷부리 단추 |
| 피스톤 | 소나기 | 허리띠 |
| | | |
| 성직자 | 정지신호 | 타일 |
| 의사 | 고백 | 피아노 |
| 소금 | 룰렛 | 지평선 |
| 입 | 우주선 | 계곡 |
| 수평선 | 판사 | 눈(雪) |
| | | |
| 프라이팬 | 비누 | 생물학 |
| 양초 | 주사위 | 소 |
| 삽 | 전기 콘센트 | 붕대 |
| 개미핥기 | 코 | 달력 |
| 천막 | 아폴로 13호 | 계산기 |

| | | |
|---|---|---|
| 케이크 | 연못 | 조끼 |
| 담장 | 꿈 | 게 |
| 칫솔 | 연필 | 복권 |
| 무지개 | 스테이크 | 갈퀴 |
| 아파트 | 모형 | 병사 |
| | | |
| 배달용 트럭 | 나침반 | 음반 |
| 돋보기 | 문신 | 목걸이 |
| 철사 | 단열재 | 플래시 |
| 부두 | 다리 | 기념비 |
| 바위 | 밀 | 댐 |
| | | |
| 정상 | 빵 | 선생님 |
| 커서 | 종이 | 은행 |
| 타이어 | 소다 | 중국 |
| 서랍 | 보험 | 선풍기 |
| 양말 | 우승기 | 핸들 |
| | | |
| 택시 | 서양 장기 | 비단 |
| 얼룩말 | 찌개 | 지진 |
| 승강기 | 웨이터 | 슈퍼마켓 |
| 계단 | 거위 | 가죽끈 |
| 지점 | 샌드위치 | 티백 |
| | | |
| 사다리 | 비열한 사람 | 라면 |
| 버스 | 의자 | 극장 |
| 장난감 | 도랑 | 돛대 |
| 머리카락 | 지퍼 | 오두막집 |
| 고무 밴드 | 구인광고 | 뼈 |

| | | |
|---|---|---|
| 버펄로 | 눈 가리는 천 | 바람 |
| 솔개 | 치아 | 만화 |
| 굴렁쇠 | 꽃 | 굴림대 |
| 궁수 | 고래 | 돗자리 |
| 사냥꾼 | 초콜릿 | 폴크스바겐 |

| | | |
|---|---|---|
| 발레 | 망토 | 탐험 여행 |
| 엽총 | 볼 베어링 | 번개 |
| 먼지 | 자물쇠 | 조각품 |
| 크림 | 테러리스트 | 판자 |
| 피부 | 식기 세척기 | 키보드 |

| | | |
|---|---|---|
| 숟가락 | 세탁물 | 무화과 |
| 스윙 | 연장통 | 막대기 |
| 스케이트 | 젓가락 | 임해지 |
| 커튼 | 목욕 가운 | 연립 주택 |
| 왁스 | 양심 | 천사 |

| | | |
|---|---|---|
| 호스 | 분필 | 훈련 |
| 골프 | 당구대 | 오렌지 |
| 점치는 과자 | 항아리 | 담배 |
| 변화 | 팔찌 | 신화 |
| 지도책 | 인공위성 | 여행 |

| | | |
|---|---|---|
| 전화번호부 | 장화 | 아이 |
| 소맷부리 | 헬리콥터 | 독수리 |
| 진공 | 낚싯대 | 복장 |
| 법원 | 쌀 | 천국 |
| 얄팍한 감자튀김 | 물웅덩이 | 뇌 |

작은 물고기
사회
시험
창세기
피부

죄악
그림자
세포
손
성(性)

불
시(詩)
피
성(性)
심리학

성배
상징
지구
건초 더미
교차

교차점
부모
청사진
숲
임시로 세운 큰 건물

빙산
달팽이
정글
통나무집
시럽

낙하산
푸딩
파슬리
유인원
인도

보드카
자살
하녀
빗
그림

액자
지프
롤렉스
우편함
샴푸

펜던트
철로
확성기
마천루
지평선

증기
접시
브로드웨이
리모컨
십자가

권투 장갑
올가미
바지
안테나
크레용

파이프 청소기
리본
연필깎이
건전지
허리

휠
지휘봉
오케스트라
멜빵
브래지어

트랙터
촛대
신문
비서
세일즈맨

| | | |
|---|---|---|
| 벽지 | 엄지손가락 | 표백제 |
| 탑 | 바구니 | 끈 |
| 부엌 | 돈지갑 | 펜치 |
| 확대경 | 아치 | 마술사 |
| 정원 | 망토 | 수도꼭지 |
| | | |
| 장군 | 블록 | 벽돌공 |
| 눈썹 | 칸막이 | 보석 |
| 챕터 | 꽃병 | 무릎 |
| 목록 | 지하실 | 스웨터 |
| 보닛 | 로고 | 악단 |
| | | |
| 도살자 | 고기 완자 | 서리 |
| 간이식당 | 테이프 | 거들 |
| 침대 | 관 | 난로 |
| 냉동창고 | 목초지 | 호텔 |
| 교수 | 사이클론 | 젖꼭지 |
| | | |
| 곡물 | 입술 | 여가용 차 |
| 면화 | 수박 | 대형 괘종시계 |
| 소책자 | 무릎 | 순항선 |
| 마임 | 늪 | 무대 |
| 팔꿈치 | 아궁이 | 쌍안경 |
| | | |
| 메달 | 빙고 | 청중 |
| 분수 | 잡초 | 모피 |
| 손톱 | 종이 | 주스 |
| 턱수염 | 스튜디오 | 뷔페 |
| 학생 | 헝겊 조각 | 남편 |

| | | |
|---|---|---|
| 박테리아 | 뾰루지 | 상인 |
| 정신 | 피자 가게 | 상자 |
| 사우나 | 발코니 | 버드나무 |
| 독점 | 공산주의자 | 막대 |
| 틀 | 울타리 | 매점 |
| | | |
| 지옥 | 사전 | 박과 열매 |
| 기적 | 워크숍 | 폴리에스테르 |
| 야자나무 | 치즈케이크 | 카우보이 모자 |
| 성가대 | 강도 | 잠깐 |
| 프랑크푸르트 소시지 | 선반 | 아일랜드 공화국 군대 |
| | | |
| 하찮은 | 유명인사 | 사무실 |
| 껍질 | 가죽 | 지휘봉 |
| 오아시스 | 눈송이 | 그래프 |
| 개울 | 샐러드 | 증폭기 |
| 인질 | 상원의원 | 선 |
| | | |
| 비듬 | 폭탄 | 도넛 롤빵 |
| 갈비 | 공 | 고기 |
| 요크셔 푸딩 | 옥수수 가루 | 바닥 |
| 마약 | 옥수숫대 | 헛간 |
| 개구리 | 거름 | 돌고래 |
| | | |
| 조종사 | 트럼펫 | 항공모함 |
| 밀크쉐이크 | 원뿔 | 잠수함 |
| 외바퀴 손수레 | 온도 | 암초 |
| 수준 | 곡사포 | 카지노 |
| 이모 | 대회 | 혁명 |

| | | |
|---|---|---|
| 인사 | 예보 | 화장 |
| 무릎받이 | 석쇠 | 통신망 |
| 보르시치 | 청어 | 성서 |
| 우비 | 전사 | 닻 |
| 새벽 | 오컬트 | 양배추꽃 |
| | | |
| 증기기관 | 퍼터 | 산림쥐 |
| 절벽 | 덤불 | 추종 |
| 솔기 | 예인선 | 10센트 동전 |
| 종양 | 채권 | 로봇공학 |
| 지역 | 장갑 | 기술자 |
| | | |
| 사무실 | 가발 | 타르 |
| 심리학 | 방취제 | 단풍나무 |
| 부활절 | 뉴스 | 학급 |
| 흉터 | 전시 | 교황 |
| 댄서 | 인터넷 | 통계학자 |
| | | |
| 영웅 | 표범 | 폭격기 |
| 공포 | 팀 | 교과서 |
| 햄버거 | 꺽쇠 | 국경 |
| 복지 | 보청기 | 산쑥 |
| 바셀린 | 고속도로 | 알루미늄 |
| | | |
| 매체 | 산들바람 | 덧문 |
| 웃음 | 엽서 | 안전핀 |
| 교장 | 근대 | 화물 |
| 대본 | 사진 | 레몬 |
| 계약 | 두피 | 고무 밴드 |

| | | |
|---|---|---|
| 겨자씨 | 누드 | CIA(미국중앙정보부) |
| 상징 | 실험 | 모기 |
| 로고 | 여행자 | 체리 |
| 연방국가 | 분수 | 방울뱀 |
| 문법 | 소시지 | 색소폰 |
| | | |
| 비료 | 헤드헌터 | 초단파 |
| 축제 | 성냥개비 | 코뿔소 |
| 시가 | 지방 | 마시멜로 |
| 장식 | 토끼 | 허수아비 |
| 질병 | 오리 | 광선 |
| | | |
| 양귀비속 식물 | 단어 | 달걀 껍데기 |
| 고추냉이 | 탄약통 | 평화봉사단 |
| 집단 | 난쟁이 | 도망자 |
| 벗기다 | 우주왕복선 | 도랑 |
| 시금치 | DC-10(항공기 이름) | 하와이 |
| | | |
| 배당금 | 뉴스 단신 | 랜턴 |
| 병원 | 매화 | 유황 |
| 탱크 | 수표 | 악어 |
| 수중음파 탐지기 | 현금출납원 | 코브라 |
| 정어리 새끼 | FAA(미연방항공국) | 마리화나 |
| | | |
| 말린 자두 | 포르노 | 기린 |
| 포커 | 매립지 | 목장 |
| 육즙 | 임금 | 흡혈귀 |
| 뿌리덮개 | 휴가 | 에메랄드 |
| 시 | 다이얼 | 연합 |

요람    타조
알파벳   텐트
상추    금
순록    재
화필    DNA

다이너마이트
광선
초대형 유조선
아스트로돔
치타

올림픽
송어
가위
모래언덕
이마

예루살렘
목도리
이력서
길바닥의 구멍
해파리

앵무새
돼지 발목
배설물
옷
현미경

# 두 가지 이상을
# 뒤섞어 새로운 의미를 만들다

개념을 뒤섞는 것은 너무나 자연스러운 일이어서 이 방법이 얼마나 멋진 것인가를 간과하기 쉽다. 다음과 같은 예가 그 좋은 예다. "그들은 재정적인 면에서 무덤을 파고 있다"와 같은 문장을 보면 당신은 즉시 의미를 이해한다. 실제로는 무덤을 파는 것과 돈을 투자하는 것 사이에는 아무런 관련이 없다. 논리적인 생각으로는 무덤과 돈을 연결시킬 길이 없다. 그런데 어떻게 그 의미를 이해할 수 있었을까?

머릿속으로 '무덤을 파는 것'이라는 하나의 입력(input)과 '재정적인 투자'라는 또 다른 입력을 받아들이고 개념적으로 그것들을 뒤섞는다. 하지만 한 가지 입력으로는 의미를 이해할 수 없다. 의미는 두 가지가 합쳐졌을 때 비로소 이해가 가능해진다.

두 가지가 뒤섞이기 시작하면 우리는 의식적이든 무의식적이든 새로운 의미를 만들어내기 시작한다. 기존의 입력들이 가지고 있지 않은 새로운 의미를 만드는 것이다.

코코넛과 센서, 그리고 비행기 소음을 어떻게 뒤섞을 수 있을까? 평소 과학기술과 예술을 접목하는 일을 하고, 열혈 행동가인 한 연구원은 도시 위로 날아가는 비행기 소음에 짜증이 났다. 그는 이 세 가지를 근사하게 뒤섞어 비행기와 도시 사이의 관계를 알려주는 경보기 역할을 하는 설치 미술품을 만들었다. 코코넛 안에 소음 감지 센서를 넣어 시내 가로수에 걸어둔 것이다. 비행기 소음이 심해지면 센서가 감지한 후 작동해서 주민들 대신 공항의 고객센터로 항의 전화를 걸도록 말이다.

### 흥미로운 물건을 수집하라

양자론의 창시자인 막스 플랑크는 흥미로운 광고, 인용구, 기사, 디자인, 아이디어, 질문, 만화, 그림, 낙서, 시, 재미있는 말 그리고 자신의 상상력을 자극해 연상을 통해 아이디어를 떠올리게 해줄 흥미로운 것들을 수집하곤 했다.

창의적으로 생각하는 사람들은 흥미로운 것을 수집하고 저장하며 무작위로 선택한 아이템들을 이용해 아이디어 발상 연습을 한다. 어느 회사의 CEO가 조직의 가치관을 명확하게 하고 조직의 규칙을 견고히 할 아이디어를 찾고 있었다. 그는 '흥미로운' 물건들을 책상 서랍에 보관하고 그 서랍을 '아이디어 서랍'이라고 불렀다. 어느 날 그는 우연히 아이디어 서랍에서 DNA에 대한 기사와 핵산을 찍은 사진을 꺼내보게 되었다. 그런 다음 세포에 유전 정보를 전달하는 핵산인 DNA의 특징과 속성에 대해 생각해보았고, DNA와 기업 조직 사이의 유사점을 만들어보았다.

그의 아이디어는 DNA와 같은 조직적 암호였다. 그는 아들의 과학교사와 함께 DNA 같은 조직적 암호를 사용해 사업의 가치관과 목표를 작성하는 방법을 만들어냈다. DNA가 아주 단단하게 압축되어 마치 수학 공식처럼 기능하는 특징에 착안한 것이다. 그것은 조직에 가치관과 행동 규범을 심어주어 다른 경쟁자들과는 뚜렷하게 다른 차별점을 만들어냈다. 직원들은 무엇이 암호이고 무엇이 규칙인지를 쉽게 이해했고, 판매사원들은 잠재 고객에게 자랑스럽게 자기 회사의 DNA를 보여주었다.

## 사진과 삽화를 활용하라

그림과 사진, 삽화는 관련이 전혀 없는 경우가 많기 때문에 더 큰 자극을 이끌어낼 수 있는 매우 훌륭한 아이디어의 원천이다. 당신이 해결하고자 하는 문제와 전혀 관련이 없는 흥미로운 그림을 2~3개 골라보라. 그 그림들 중 하나를 자세히 묘사해보라. 자신이 묘사한 설명에 사용된 단어들의 목록을 작성해보자. 이미지, 느낌, 단어, 문장 등 머릿속에 떠오르는 대로 모두 나열해본다. 터무니없는 내용이어도 상관없다. 이제 묘사한 것들과 당신이 해결하고자 하는 과제를 개념적으로 뒤섞어보라.

다음은 어느 제약회사의 판매부장이 실제로 이 방법을 시도해본 내용이다. 그녀는 사무실 벽 전체를 흥미로운 풍경, 제품, 사람, 동물,

기호들의 그림으로 가득 채웠다. 뭔가 흥미로운 것을 발견할 때마다 벽에 붙여놓았다. 어느 날 그녀는 경쟁자들과는 완전히 차별화된 자신만의 명함을 만들고 싶었다.

그녀는 벽에 붙어 있는 그림을 보았다. 하나는 해바라기 들판 사이로 나 있는 시골길 풍경이었고, 다른 하나는 꽃밭 너머로 지는 저녁노을을 그린 그림이었다. 그녀는 길, 저녁노을, 그리고 꽃에 대해 머릿속에 떠오르는 단어를 모두 적었다. 꽃밭을 묘사하는 단어 중 하나는 '씨앗'이었다. 그녀는 명함이 미래의 사업을 위한 씨앗이라고 생각했기 때문에 '씨앗'이라는 아이디어가 무척 흥미롭게 느껴졌다.

그 후 몇 시간 동안 그녀는 씨앗과 명함에 대해 동시에 생각했고 그 두 가지를 개념적으로 섞어 기발한 아이디어를 만들어냈다. 그녀는 회사 명함에 꽃씨를 넣어두었다. 명함을 받은 고객은 꽃씨를 물이 담긴 잔이나 화분의 흙 속에 넣는다. 그리고 며칠 뒤 싹이 트고 잎이 나기 시작한다. 이제 그 명함은 꽃이 되고, 고객은 꽃을 볼 때마다 그 회사를 떠올리게 될 것이다. 꽃이 피는 명함, 이것은 논리적 사고로는 결코 나올 수 없는 아이디어다.

심리학자들은 사람들에게 전혀 관계가 없는 것들 사이에 연관성을 만들어내는 재능이 있다는 것을 알아냈다. 무작위로 깜박이는 전구들이 달린 신기한 기계가 있는 방에 사람들을 들어가게 하면 얼마 뒤 그들은 전구가 어떤 방식으로 깜박이는지 그 패턴을 재빨리 파악한다. 그리고 다음에 어떤 전구가 깜박일지 예측하는 이론을 만들어낸다는 것이다. 인간으로서 우리가 가진 천재성은 패턴을 떠올리고 새로운 연관성을 만들어내기 위해 상상 속에서 정교한 건축물을 지어내는 능력에 있다.

## 상상력을 이용하라

상상력을 이용해서 생각에 자극을 줄 수 있는 무언가를 찾아보자. 예를 들어 잡지, 신문, 책, 그림, 전화번호부, 사전, 또는 그 밖에 다른 것들을 집어보라. 눈을 감고 페이지의 한 부분을 손가락으로 짚어보라. 손가락에서 가장 가까운 명사나 그림을 택하라. 이제 박물관, 미술관 또는 쇼핑몰에 가서 흥미를 끄는 대상을 목록에 나열해보라. 그런 다음 잡지를 이용한 실험을 해보자.

1. 삽화가 많이 들어 있는 잡지를 5~6개 구하라.
2. 다양한 잡지들의 페이지 수를 정하라(162, 180, 234 등).
3. 1에서 234(또는 몇이 됐든 그 잡지의 최대 쪽수) 사이의 수 중 다섯 가지 숫자를 무작위로 고르라.
4. 이 숫자들을 페이지 숫자라고 생각하라. 그리고 그 숫자들 중 하나를 그 잡지에서 찾아라(그 숫자에 해당하는 잡지의 페이지를 펼쳐라. 예를 들어 44쪽). 그 페

> 이지에 광고나 그림이 있다면 그 위에 포스트잇을 붙이고, 그림이 없다면 거기서 가장 가까운 그림이 있는 페이지 위에 붙여라.
> 5. 그 광고나 그림이 당신의 문제와 어떤 관련이 있는지를 생각해보고 잡지 속에 나타난 모습, 이미지, 내용, 또는 사물에 대한 표현을 바탕으로 각 잡지마다 한두 가지 아이디어를 떠올려보라.

마케팅 부서의 중역으로 일하다가 직장을 잃게 된 사람이 새로운 창업 아이디어를 구상하고 있었다. 그는 다섯 종류의 잡지를 모아 다섯 개의 사진과 광고를 무작위로 골랐다. 웹사이트 디자이너 광고, 전화 시스템 광고, 폰섹스에 대한 논문, 방송인 러시 림보의 사진, 깊은 바다에서 물고기를 잡는 어부의 사진이었다. 이것들을 본 그는 전화를 이용해 돈을 버는 것, 림보처럼 자신의 이름을 내걸고 카운슬링을 하는 것, 어부처럼 미끼를 사용하는 것, 인터넷을 이용해 광고하기와 같은 생각들을 떠올렸다. 그런 다음 이것들을 개념적으로 뒤섞어 '솔브(SOLVE)'라는 회사에 대한 아이디어를 떠올렸다.

솔브는 등록한 사람들이 전화를 이용해서 판매를 할 수 있도록 하는 새로운 서비스를 제공한다. 솔브는 1-888-SOLVE97이라는 전화번호와 함께 이용자에게 8자리 고유 번호를 제공한다. 고객들의 전화는 자동으로 서비스 이용자의 방, 집, 회사 등의 전화번호로 연결된다. 서비스 이용자는 솔브가 고객의 전화를 연결해주는 시간만 설정하면 된다.

서비스 이용자들은 시간당 요금을 낸다. 1시간에 75달러, 한 통화당 30달러, 15분에 15달러 하는 식으로 말이다. 이용자 요금을 미리 결제했을 때만 고객들의 전화가 연결된다. 솔브는 상품 판매에 따른 모든 대금 청구서 발부와 납부 과정을 대행해주고 15퍼센트의 수수료를 챙긴다. 솔브 서비스 이용자들이 하는 것은 (많은 사람들이 웹사이트에서 하듯이) 자신들의 전문지식을 팔고 사람들에게 제공하는 것이 무엇인지 알려주고 특정 1-888전화번호를 가르쳐주는 것이다. 기업 컨설턴트, 인생 상담 코치, 법률과 세금 자문, 작가, 심리학자, 점성술사 등이 솔브 서비스를 이용한다. 서로 관련이 없는 광고와 그림에서 새로운 회사가 탄생한 것이다.

다음 그림을 보고 A에 나타난 형태들이 두 개의 관련 없는 대상들의 특징(각과 불완전한 원)을 나타낸다고 생각해보자. 이러한 형태들이 정보와 생각의 패턴을 나타낸다고 생각해보자. 이제 잠시 A의 형태들을 개념적으로 뒤섞어 B에 있는 이미지로 탄생시킨다고 생각해보자. 하얀 정삼각형 하나가 나올 것이다. 실제 삼각형은 없지만 당신은 삼각형이라고 인식한다. 그리고 삼각형의 하얀 정도가 배경보다 더 밝게 느껴진다. 삼각형은 두 패턴을 조합해 나온 것이다. 그 패턴들은 문장 속의 단어처럼 서로 조화된다. 문장은 부분들을 단순히 합친 것이 아니라 구문의 배열에 달려 있다. '개가 남자를 문다'는 '남자가 개를 문다'와 전혀 다르다. 이처럼 창의적인 아이디어는 뒤섞인 생각들의 합이 아니라 그것들을 어떻게 해석하느냐에 달려 있다.

A                    B

양자물리학은 양자의 세계에서 사물들이 다양한 상태로 존재한다는 것을 보여준다.[5] 1951년에 출간된 《양자론Quantum Theory》이라는 책에서 물리학자 데이비드 봄이 처음 관찰했다. 그 후 옥스퍼드 대학의 로저 펜로즈 교수를 포함한 수많은 물리학자들이 사물의 상태를 설명할 때, 직접적인 결과가 나오기 전까지는 파동 함수를 이용하여 확률의 개념을 도입하여 설명했다. 예를 들어 원자는 관찰자와 어떤 형태의 상호작용이 있을 때까지 열린 확률의 장으로 남아 있다. 원자 또는 전자는 하나의 상태에 머무르지 않고 계속해서 움직이려고 한다.

창의적인 사람의 머릿속에서도 이런 일이 일어난다. 생각은 의식과 무의식에서 다양한 상태로 존재한다. 다른 생각들과의 상호작용이 이루어지면서 어떤 방향으로 접어들 때까지 가능성의 장에서 모든 것이 떠다닌다. 여기가 '임의의' 자극들이 활동하기 시작하는 지점이다.

창의적으로 생각하는 것은 흥미로운 생각들을 개념적으로 뒤섞으며 그것들이 논리적으로도 확고해질 때까지 다양한 방법과 결과를 시험해보는 것이다. 그리고 그런 과정을 거쳐 비로소 하나의 아이디어가 탄생하게 된다.

또 다른 예가 있다. 비가 추적추적 내리는 어느 날 어떤 디자이너가 우산을 쓰고 걸어가고 있었다. 그는 비옷, 방수 모자, 그리고 우산에 대해 생각하고 있었다. 그는 악기를 판매하는 가게 앞에서 멈춰 섰다. 진열대에는 드럼 세트가 있었다. 드럼과 비를 연결하자 음악 우산이라는 아이디어가 떠올랐다.

음악 우산[6]은 우산 꼭대기에 손잡이와 연결되는 패널들이 있다. 이 패널들은 빗방울이 떨어질 때 제각각 다른 드럼 소리를 낸다. 우산은 다양한 탄력성을 가진 다섯 개의 서로 다른 방수섬유로 만들어져 있어 떨어지는 빗방울의 크기나 속도에 따라 다양한 소리와 빠르기를 낸다. 디자이너가 우연히 악기 가게 앞에 멈춰 선 것이 드럼이라는 임의의 자극을 제공해 독특한 아이디어가 탄생한 것이다.

## 걸어다니는 생각

집 근처, 동네, 아니면 일터나 당신의 주변을 걸어보라. 집에 와서 줄넘기를 하는 아이들, 조약돌, 젤리 한 봉지, 분수식 식수대 등 걸어다니는 동안 당신의 흥미를 끌었던 대상을 4~5개 떠올려보자. 그 대상들의 특징을 나열해보라. 그런 다음 앞에서 소개했던 무작위 단어 실험(166~179쪽) 과정을 이용해 아이디어를 떠올리기 위한 브레인스토밍을 해보자.

어떤 소프트웨어 공학자는 새로운 무선장치를 발명해 그것을 생산하고 판매하는 사업을 하고 싶었다. 그는 목적 없이 길을 걸어다니다 특별한 이유 없이 관심을 끄는 것들을 적어두었다. 그렇게 걷던 어느 날 하늘은 푸르고 태양은 눈부셨다. 그는 투명한 커버의 우산을 보고 재치 있다고 생각했다. 며칠 후 하늘이 어두워지고 비가 내렸다. 갑작스러운 비에 그는 흠뻑 젖어 돌아왔다. 그는 색깔이 바뀌는 하늘, 우산, 무선기술에 대해 생각했고 그것들을 개념적으로 뒤섞어 새로운 아이디어를 만들었다. 손잡이에 다른 색깔의 빛을 냄으로써 날씨를 알려주는 우산을 발명한 것이다. 색을 내는 빛의 패턴은 비, 보슬비, 눈, 폭풍우를 표시한다. 그 손잡이는 기상청으로부터 무선으로 지역의 날씨 정보를 받는다.

## 진퇴양난에서의 돌파구

레오나르도 다 빈치의 기술을 이용해 책을 출판한 어떤 저자가 있다. 저자나 출판사를 밝히지는 않겠다. 그가 출판사에 자신의 원고를 출간하고 싶다고 의뢰했을 때, 출판사는 출판 에이전시를 통한 것이 아니라면 원고를 검토할 수 없다고 대답했다. 출판 에이전시에서는 출간 경력이 없는 저자의 원고는 취급하지 않는다고 말했다. 그에게는 진퇴양난이었다.

그는 출판 에이전시를 찾기 위해 온갖 노력을 기울였지만 구할 수 없었다. 그는 어떻게든 출판 에이전시를 구할 수 있는 방법을 생각해내야 했다. 그에게는 어떤 생각이나 연상을 떠올리기 위해 종종 사용하는 한 묶음의 타로카드가 있었다. 그는 카드들을 섞고 눈을 감은 채 카드 한 장을 뽑았다. 그가 뽑은 카드는 '죽음'을 나타내는 카드였다. 흥미진진해진 그는 죽는 것과 출판사가 자신의 원고를 읽도록 만드는 것 사이에 어떤 연관성이 있을지 궁금하게 여겼다. 죽음과 출판 사이에 어떤 관련이 있을까?

그는 죽음과 관련한 것들을 생각했다. 즉 사망 원인, 비통한 울음

소리, 매장, 동물들과 새가 어떻게 죽는지, 물고기가 어떻게 죽는지, 의식, 장례식, 장의사, 부패, 문화적 태도, 부활, 매장을 위한 준비, 묘비명, 묘비, 추도 연설, 사망 기사 등을 떠올렸다. 어느 날 그는 죽음의 본질이 궁금해졌다. 죽음이 의미하는 것은 무엇일까? 그러자 죽음은 사랑하는 이들과 친구들을 뒤로하고 떠나는 것을 의미한다는 생각이 들었다. 갑자기 아이디어가 떠올랐다. 그는 도서관에 가서 출판 정보지 〈퍼블리셔스 위클리〉를 살펴보았다. 그러다 인사 및 부고란을 보게 되었다. 거기에는 'A출판사의 편집자 X씨가 E출판사로 옮겨 편집장이 되었다'와 같이 출판계 동향이 실려 있었다. 그는 A출판사의 편집장에게 편지를 썼다.

친애하는 편집장님께.
귀사의 편집자 X씨에게 찬사를 받았던 저의 원고가 마침내 마무리되었습니다. 하지만 편집자 X씨와 연락이 되지 않았습니다. 그러던 중 그분이 더 이상 귀사에서 일하지 않는다는 소식을 들었습니다. 부디 제가 어디로 연락을 취해야 원고를 그에게 전해줄 수 있을지 알려주시기 바랍니다.

전임자가 찬사를 했던 원고라는 사실만으로도 편지를 받은 편집자는 그 원고에 호기심을 가졌고, 그가 쓴 원고를 보여달라고 했다. 다소 교묘하다고 생각되는 이 방법으로 그는 자신의 원고를 출판하는 데 성공했다.

## 생각하고 또 생각하고

토머스 에디슨의 연구실은 진행 중인 각각의 프로젝트들이 작업대 위에 늘어서 있는 커다란 창고다.[7] 그는 한동안 이 프로젝트를 하다가 저 프로젝트를 연구하는 식으로 일했다. 그의 연구실은 한 프로젝트가 주변의 다른 프로젝트에 영향을 미칠 수 있도록 배치되어 있어 한곳에서 움직임이 생기면 그 움직임이 다른 곳에서도 시험되었다. 이런 연구 방식 덕분에 그는 프로젝트를 바라보는 시선을 끊임없이 다시 생각하게 되었다.

당신도 에디슨이 연구실에서 했던 것을 공책에다 할 수 있다. 두 개 또는 그 이상의 서로 관련이 없는 문제들을 나란히 나열해보자. 한 문제가 잘 안 풀릴 때는 다음 문제로 넘어가라. 어떤 문제에 효과가 있는 생각이나 변화가 떠오른다면 그 아이디어들이나 관련된 아이디어들을 다른 문제에도 적용해보라. 예를 들어 당신이 사무실에서 신상품 디자인을 고민하고 있다면, 또 의용 소방대를 위한 기금모금 활동을 계획하고 있다면, 두 가지를 동시에 해보라.

잭슨 폴록과 초현실주의 화가들이 작은 모임을 만들어 돌아가면서 주어진 문장에 단어를 덧붙여나갔다. 명사, 동사, 형용사, 부사 등 어떤 형태든 떠오르는 단어를 앞사람이 쓴 것에 덧붙였다. 그런 다음 그 단어들을 다양한 방법으로 배열해 얼마나 많은 조합이 만들어질 수 있는지 보았다. 마지막으로 만든 문장은 개념적인 조합이 되었고, 그 개념의 조합들을 연구하고 새로운 통찰이나 좀 더 깊은 의미를 엿보기 위해 해석했다. 이때 처음으로 만들어진 문장이 '우아한 시체'였다. 그래서 이를 '우아한 시체(The Exquisite Corpse)' 기술이라고 불렀다.

동료들과 이 기술을 시도해보라. 색다르게 생각하기 패턴을 만들어냄으로써 당신의 상상력이 얼마나 자극되는지를 경험하게 될 것이다.

알츠하이머 기구의 이사회는 조직의 자금 마련을 위한 경매를 기획했다. 그들은 정교하고 세련된 야간행사가 될 것이라고 기대하며 경매에 부칠 수 있는 특이한 물건들을 찾았다. 그들은 브레인스토밍 시간에 '우아한 시체' 기술을 시도했다. 참가자들은 각자 떠오르는 단어 하나를 카드에 적었다. 그런 다음 그 단어들을 조합해 한 문장을 만들었다.

그들은 사람들, 유람선, 창의적인, 가구, 자선기금, 디자이너, 고객, 미술, 알려지지 않은 장소, 유명인사 같은 단어들을 떠올렸고, 그것들을 뒤섞어 새로운 아이디어를 탄생시켰다. 다름 아니라 아직 존재하지 않는 미술 작품에 대한 아이디어를 팔겠다는 것이었다. 그들은 지역의 예술가들에게 미술 작품을 위한 아이디어를 내달라고 요청했다. 아직 존재하지 않는 작품에 대한 아이디어는 봉투에 담긴 채 700달러에 낙찰되었다. 법률상의 소유를 증명하는 문서가 들어 있고, 미술 작품은 초록색 색연필로 그릴 것이라는 사실이 명시되었다.

## 자극이 생각을 만든다

임의의 대상을 당신이 가진 문제에 대입했을 때 그것은 뇌세포를 자극할 것이다. 자극은 당신의 상상력과 결합하여 하나의 생각이 될 수도 있다. 생각은 하나의 뇌세포를 자극하게 되고, 그 자극은 또 다른 주변의 세포를 자극하게 된다. 이렇게 자극이 파도치듯 연속적으로 일어나서 뇌세포의 작은 망들을 가로질러 퍼져나가게 된다. 당신의 생각이 구축되어 임계점에 다다르면 그것들은 스스로 새로운 아이디어를 만들어낼 것이다.

다음은 당신의 상상력을 자극하기 위해 임의의 것들을 사용하는 더 일반적인 방법이다.

**임의의 대상들**: 무작위로 20개의 대상을 선택하라. 집에서, 직장에서, 그리고 길을 걷다가도 그 대상들을 발견할 수 있다. 아니면 자신이 과학기술 박물관에 있거나, 워싱턴 D. C.의 스미스소니언 협회 내부를 걷고 있거나, 전자제품 가게를 둘러보고 있다고 상상해보자. 열 개의 대상에 각각 두 개씩의 목록을 만들어라. 하나는 종이 왼쪽에, 하나는 종이 오른쪽에 만들어보라. 왼쪽에서 하나를 골라 오른쪽에 있는 한

대상과 섞어라. 그 대상들을 가지고 놀다가 가능성 있는 새로운 조합을 발견하면 그것을 다듬어 새로운 발명으로 탄생시켜라.

**예**: 한 사람이 핫소스와 태닝로션을 결합해보았다. 이 조합은 사용자가 태닝의 강도를 선택할 수 있도록 하는 즉석 태닝 펌프(instant tanning pump) 방식을 연상시켰다. 여기에서 사용자가 뚜껑을 돌려 약간 매운맛에서 아주 매운맛으로 조절하는 펌프스프레이 핫소스라는 아이디어가 생겨났다.

또 다른 예가 있다. 고무젖꼭지와 구강 체온계의 조합에서 탄생한 온도계가 내장된 치열 교정 실리콘 젖꼭지. 이것은 온도 읽기가 끝나면 삐―소리가 난다. 또한 보다 빠른 조치를 위해 강한 '발열' 경고등을 밝힐 화면을 가지고 있다.

조직에서 브레인스토밍을 한다면 각 참가자들에게 포스트잇에 한 가지 대상의 이름을 쓰고 그것을 각자의 이마에 붙이도록 하라. 그런 다음 한 명씩 돌아가며 다른 사람의 이마에 붙은 것과 주제를 개념적으로 뒤섞어 브레인스토밍 이슈에 대한 아이디어를 발견하게 해보라.

**하나의 단어**: 임의의 단어, 기호 또는 그림을 선택하여 커다란 종이 한 장의 정가운데에 쓰거나 그려라. 그런 다음 그 단어나 그림을 중심으로 하여 5분 동안 가능한 한 많은 연상들을 적어라.

**임의의 책**: 어떤 문제에 봉착할 때마다 문제와는 전혀 관련이 없는 책 하나를 집어 들어라. 당신이 고민하는 문제와 관련이 있거나 같은 종류의 아이디어만을 찾으며 빠르게 통독해보라. 만약 에너지를 보존할 방법을 찾고 있다면 새에 관한 책에서 혁신적인 아이디어를 발견하게 될지도 모른다. 예를 들어 비행 중인 새들은 V자 대형으로 날아 에너지를 아낀다. 즉 25마리의 새들이 일정한 형태를 유지하며 날아가는 동안 그들은 71퍼센트의 에너지만 사용해도 된다고 한다.
이제 그 개념을 받아들여 상업용 비행기 또는 군용 비행기에 적용한다고 해보자. 이것은 장거리 비행을 위해 상업용 제트기들이 V자 대형으로 날게 하는 아이디어

에 영감을 준다. 공학자들은 현재 이용 가능한 과학기술을 이용해 이 개념에 대해 연구하고 있다.

책의 제목이 무엇인지는 중요하지 않다. 선택한 주제를 머릿속에 담고 글을 읽으면 아이디어들이 그 문제에 도움이 되도록 고개를 내밀 것이다. 물론 이 아이디어는 책이나 글로 쓰인 작품에만 적용되지 않는다. 더욱이 혁신을 위한 가장 큰 기회는 보통 당신이 생각하는 주제와 관련이 없는 곳에 있다.

**장난감:** 여러 가지 생각의 패턴을 유발하기 위해 장난감들을 가지고 놀아라. 생각에 잠겨 있을 때 장난감을 가지고 놀면 생각을 시각화하는 데 도움이 된다. 맥주회사 판매부장은 직원들에게 레고를 이용해 다양한 것을 만들라고 주문했다. 어떤 이들은 건물, 다리, 기호들을 조립한 반면, 다른 이들은 레고와 맥주를 판매하는 것 사이에 물리적 비유를 만들어내려고 노력했다. 한 판매원이 헬리콥터를 조립해 온 나라를 날아다니며 맥주를 파는 것을 상상했다. 그 결과 전국 방방곡곡을 돌아다니며 호텔 바텐더들에게 '최상'의 맥주를 만드는 방법을 가르쳐주는 맥주 아카데미에 대한 아이디어가 생겨났다(맥주회사에서 실제로 활용한 아이디어다). 참가자들이 자신이 일하는 바의 벽에 붙일 수 있도록 맥주 수료증을 발급해주고 재미있는 물건들도 나눠준다. 맥주 아카데미 캠페인은 전에 없던 맥주회사 최고의 캠페인이 되었다. 아이디어를 떠올린 판매원은 자신의 아이디어를 비유적으로 설명하기 위해 장난감을 사용한 것을 창피하게 생각하지 않았다.

**임의의 수집:** 약 50가지 물건을 임의로 수집해서 판자나 나무 상자 안에 집어넣어라. 그중 아무 물건이나 꺼내보라. 그 물건을 보면 무엇이 연상되는가? 되도록 첫 번째 떠오른 생각을 기억하라. 물건들을 잘 살펴 그 제안을 다른 물건에 연결시켜라. 두 번째 물건에서는 어떤 새로운 연상이 떠오르는가? 이 연상을 세 번째 물건과 연결시키고, 다른 물건들이 모두 연결될 때까지 이런 식으로 계속해나간다. 이때 해당하는 물건을 상자에서 꺼내어 테이블 위에 나열하라. 같은 물건들을 순서를 바꿔 3번 반복하며 다른 연관성들을 만들어보라.

**임의의 그림:** 무작위로 단어 하나를 선택하여 그것을 시각화하라. 그것을 머릿속에서 분리시킨 후 다양한 부분들을 당신이 알고 있는 문제와 조합시켜라. 마음을 편안히 가져라. 이제 눈을 감고 빈 종이 한 장에 그림을 그려본다. 눈을 감은 채로 그저 그림을 그려라. 아무렇게나 낙서하듯 선을 그리고, 원하는 만큼 마음껏 종이들을 쓸 수 있다. 스스로 충분하다고 느낄 때까지 계속해서 그림을 그려라. 그리기가 끝나면 그린 그림을 보며 떠오르는 이미지, 패턴, 물건, 장소, 사람, 단어, 생각들을 유심히 살펴보라. 당신이 그린 그림과 당신이 안고 있는 문제 사이에 가능한 한 많은 연상과 연관성을 만들어보라.

**예:** 한 인기 있는 요트 경기에 25만 명의 관중이 몰려들었다. 이 경기의 광고판은 아주 비싼 가격에 팔렸다. 어느 작은 회사가 여기에 회사 웹사이트를 광고하고 싶었지만 광고비가 별로 없었다. 그 회사의 사장은 임의의 단어 기술을 이용해 '긴급'이라는 단어를 그렸다. 그 단어를 여러 가지 방법으로 낙서하고 그리자, 그 단어와 주의를 끌기 위해 SOS 신호를 보내며 도움을 요청하는 무일푼인 사람들 사이에 한 가지 연상이 만들어졌다.

그 사장은 전문대학 학생들을 고용했다. 그리고 여러 장의 티셔츠와 코치용 호루라기를 하나 샀다. 각 티셔츠에는 셔츠를 거의 덮을 만큼 커다란 글자가 하나씩 적혀 있었다. 티셔츠를 입은 학생들이 강을 따라 관중들 사이를 걷기 시작했을 때 어딘가에서 호루라기 소리가 들려왔다. 학생들이 차례차례 줄지어 서자 마침내 회사의 웹 주소가 나타났다. 그들은 인간 광고판이 된 것이다.

잠시 후 학생들은 글자가 적힌 셔츠 위에 평범한 어두운 색 티셔츠를 덧입고 군중들 속으로 사라졌다. 시간이 지나고 호루라기 소리가 또다시 들리자 학생들은 덧입었던 어두운 색 티셔츠를 벗었고, 그로 인해 또 다른 장소에서 인간 광고판이 만들어졌다. 이 광고는 큰 인기를 끌었다.

**아이디어 뒤섞기:** 당신의 아이디어들을 모아 그 아이디어들을 A칸, B칸 이렇게 두 칸에 나눠 적어라. 종이 위에 나열하거나 카드 위에 써서 그것들을 두 파일에 집어넣거나 두 칸으로 나누어 벽에 붙여보라. A칸에서 나온 아이디어 하나와 B칸에서

나온 아이디어 하나를 임의로 연결시켜라. 두 가지를 뒤섞어 하나의 아이디어를 만들어보라. 이제 얼마나 많은 유용한 조합들을 만들어낼 수 있는지 보라.

**우뇌를 더 많이 쓰는 사람과 좌뇌를 더 많이 쓰는 사람들을 조합하기:** 한 그룹을 두 팀으로 나누어라. 한 팀에게는 가장 기발하고 희망적인 아이디어들을 떠올리게 해보자. 다른 팀에게는 희망적이고 논리적인 아이디어들을 떠올리게 하라. 그런 다음 한쪽은 우뇌를 더 많이 쓰는 사람들을 위해, 반대쪽은 좌뇌를 더 많이 쓰는 사람들을 위해 양쪽을 섞어라. 두 팀이 내놓은 아이디어들을 임의로 연결시켜보자.

**고정된 요소와 임의의 요소를 결합하기:** 문제의 특정한 요소를 선택해 그것에 '고정된 요소'라고 이름 붙여보자. 이제 고정된 요소와 뒤섞을 수 있는 임의의 자극을 자유연상법을 통해 선택해보자. 이것들을 직접 문제에 대입할 수도 있고 더 많은 아이디어를 만들어내기 위해 그 자체에서 두 요소를 조합해 사용할 수도 있다. 이제 새로운 임의의 자극을 선택해 같은 '고정된 요소'로 과정을 반복하고, 이 과정을 몇 번 반복한 후엔 새로운 고정된 요소를 골라 그 과정을 반복한다.

**예:** 어떤 디자이너가 전력 소모를 줄이는 가로등을 만드는 문제에 몰두하고 있었다. 그는 '희미한 것'을 고정된 요소라고 판단했다. 그리고 빛을 희미하게 하는 것과 가로등 불빛이 언제 희미해지는지를 생각했다. 그런 다음 달이라는 단어를 임의로 선택했다. '달'이 임의의 요소가 된 것이다. 둘을 합치면 '희미한 달'이 된다. 이것에서 영감을 얻어 달의 상태에 따라 가로등 불빛 산출량을 조절하는 아이디어가 탄생했다. 그가 디자인한 가로등에는 달의 밝기를 감지하여 가로등 불빛을 조절할 수 있는 섬세한 빛 감지기가 부착되어 있다.

**아이디어 통합하기:** SIL은 '문제 요소들의 연속적인 통합(successive integration of problem elements)'을 의미하는 독일어 약자다. 독일 프랑크푸르트의 바텔 연구소에서 개발했다. 이 과정은 우선 침묵으로 시작한다. 이때 미리 정해진 문제에 대한 아이디어들을 개별적으로 생각한다. 아이디어들이 계속해서 이전의 아이디어

들과 합쳐지면서 생겨난다는 점에서 다른 방법과 차별화된다.
1. 한 명이 조용히 개별적으로 아이디어들을 쓴다.
2. 두 명이 각자 자신의 아이디어 중 하나를 크게 읽는다.
3. 남아 있는 사람들은 그 아이디어들을 합쳐 한 가지 아이디어를 만들어내려고 노력한다.
4. 세 번째 사람이 한 아이디어를 읽은 다음 3번에서 만들어진 아이디어와 합친다.
5. 아이디어들을 읽고 합치는 이 과정은 모든 아이디어들을 합쳐 최종 해결책이 나올 때까지 계속된다.

**예:** 대만에 있는 식품화학자들은 식품 냉동에 관한 다양한 문제를 해결하기 위해 브레인스토밍을 했다. 그들은 여러 가지 아이디어를 합쳐 산소와 결합할수록 빨강에서 주황으로, 베이지로, 투명하게 색이 바래는 새로운 잉크를 개발하는 데 착수했다. 음식 라벨의 맨 위에 있는 필름의 두께를 다르게 하여 유통기한을 서로 다르게 표시했다.

**세 가지 아이디어:** '창의적으로 생각하기' 워크숍을 진행하는 기업 트레이너들로 구성된 한 팀이 호기심을 극대화하고 아이디어의 인지적 조합을 장려하기 위해 다음의 훈련들을 구상했다.

참가자들은 각자 색인 카드 한 장에 6개의 아이디어를 쓴다. 진행자는 카드를 모아 섞은 후 각 참가자에게 3장씩을 나누어준다(진행자가 작성한 카드는 없다). 남아 있는 카드는 참가자들 앞에 아이디어가 보이게 놓는다. 각 참가자는 자신이 받은 카드를 남아 있는 카드와 교환할 수 있다. 돌아가면서 최소한 한 장의 카드를 다른 사람이 가진 카드와 교환해야 한다.

이제 그룹을 팀으로 나눈다. 각 팀은 아이디어 카드들을 분류해 마지막 세 개를 고른다. 세 개 중 한 개는 떠오르는 새로운 아이디어로 교체할 수 있다. 끝으로, 각 팀은 세 가지 아이디어를 팔 수 있도록 창의적인 프레젠테이션을 준비한다.

인식은 수동적이 아닌 능동적인 과정이다. 당신은 여러 관점에서 문제를 바라봄으로써 창의적으로 생각하기를 발전시킨다. 각각의 새로운 관점으로 당신의 이해력과 창의적인 가능성은 더욱 커진다. 레오나르도 다 빈치는 이러한 생각 전략을 '사페르 베데레(saper vedere)'라고 불렀다. '보는 방법을 아는 것'이라는 의미다.

다음 장에서는 사물을 바라보는 방법을 변화시킬 수단과 기술을 알려줄 것이다.

CREATIVE
THINKERING

7

# 다른 방법으로 보라,
# 그러면 다른 것이 보인다

사물을 있는 그대로 봐야 할까?
아니면 우리의 관점으로 사물을 봐야 할까?

아래의 두 그림은 화가 났을 때의 표정과 평온한 상태의 표정이다. 이제 책을 세우고 뒤로 물러서 그림을 바라보자. 그림과의 거리가 어느 정도인지에 따라, 그리고 눈높이에 따라 그림이 다르게 보인다. 그림 속의 얼굴은 어느 순간 화난 표정이 평온한 표정으로, 평온한 표정이 화난 표정으로 바뀐다. 다시 가까이에서 그림을 보면 처음과 같은 그림으로 보일 것이다.

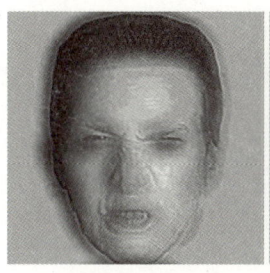 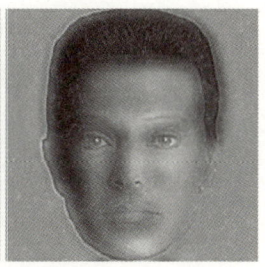

다른 방법으로 보라, 그러면 다른 것이 보인다 ••• 201

MIT 대학의 오드 올리비바 박사의 연구가 이 현상을 설명해준다. 물체를 바라볼 때 우리는 보통 대략적인 것과 세밀한 세부 사항을 모두 본다. 하지만 가까이 다가가면 세부적인 것이 지배적이고, 멀리 물러나면 세밀한 사항은 안 보이고 대략적인 부분만 보인다. 보는 방법을 바꾸면 우리가 보고 있는 삽화도 바뀐다.

대부분의 사람들은 인식이 수동적인 과정이라고 생각한다.[1] 우리는 감각으로 외부 자극을 보고 듣고 냄새 맡고 맛보고 느낀다고 생각한다. 실제로 거기에 있는 것을 기록한다고 생각한다. 하지만 과학자들과 심리학자들은 인식이 수동적이라기보다는 능동적이라는 것을 입증해왔다. 그것은 '현실'을 기록하는 것이 아니라 구성한다.

당신은 이 두 얼굴을 어떻게 볼 것인지를 선택해 구성한다.

그랜드캐니언으로 알려진 대상은 무엇인가? 그랜드캐니언을 보고 온 성직자는 그것을 신이 만들어놓은 웅장한 수공예품이라고 표현한다. 카우보이는 그곳이 소떼를 몰기에 끔찍한 장소라고 본다. 화가는 그곳을 그림을 그리기에 더없이 훌륭한 풍경으로 볼 것이다. 지리학자는 그랜드캐니언을 암석 형성을 연구하기에 완벽한 장소라고 여길 것이다. 암벽 등반가는 그곳을 오르고 극복해야 하는 도전 과제로 볼 것이다. 인류학자는 그랜드캐니언을 고대문명으로부터 온 귀중한 인공 유물로 여길 것이다. 물불을 가리지 않는 스턴트맨은 그곳을 오토바이를 타고 여기저기를 뛰어넘으며 지금까지 해본 적 없던 최고의 스턴트를 할 수 있는 무대로 볼 것이다. 사업가는 거기에서 엄청난 사업 기회를 발견하고 땅을 매입해 관광객을 위한 호텔, 음식점, 클럽을 짓는 것을 상상할 것이다. 초등학교 교사는 그랜드캐니언을 자연 환경의 교훈을 배울 야외 수업 장소로 생각할 것이다.

이처럼 관찰자의 인식은 관찰자 자신의 해석에 달려 있다. 우리는 각자 완전히 다른 것을 경험한다고 말하려는 것이 아니다. 사물의 다양한 양상을 경험한다고 말하는 것이 더 정확하다. 힌두교 신자가 소를 보는 관점이 정육업자나 농부의 관점과 일치할 리 없다. 이스탄불에서는 돼지를 소시지로 만드는 대신에 동물원에 잘 모셔둔다.

우리는 우리의 현실을 구성한다. 우리의 마음속에는 우리가 고른 색깔의 제품들이 있다. 빈센트 반 고흐는 동생에게 자신이 스물일곱 가지 다양한 명암의 회색을 볼 수 있다고 말했다. 내 빨간색이 당신의 빨간색과 같은 빨간색이라고 누가 장담하겠는가? 세상에서 가장 뛰어난 색채 전문가 두 명에게 산타클로스 옷을 입으라고 하고, 한 명에게는 코트를, 다른 한 명에게는 바지를 골라오라고 하면, 그들이 골라 온 상의와 하의는 색깔이 정확히 같지는 않을 것이다.

파블로 피카소에 관해 자주 인용되는 이야기가 있다. 피카소가 파리에서 열린 자신의 전시회에서 서성이고 있었다. 한 남자가 피카소에게 다가와 왜 사람들을 보이는 그대로 그리지 않느냐고 물었다. "사람들이 어떻게 보입니까?" 하고 피카소가 물었다. 남자는 지갑에서 아내의 사진을 꺼내 피카소에게 내밀었다. 사진을 들여다본 피카소는 이렇게 말했다. "엄청나게 작네요. 그리고 납작하고요. 그렇죠?" **우리**

는 우리에게 진짜처럼 보이는 것의 대부분이 우리의 주관적인 인식에 의해 지배받는다는 사실을 받아들여야 한다.

## 우리는 보고 싶은 것만 본다

틀에 박힌 생각은 명백한 비전을 가로막고 상상력을 몰아낸다. 아무런 경고신호도 없이 일어나기 때문에 우리는 이 일이 발생하고 있다는 것조차 알아차리지 못한다. 얼마 전 워싱턴의 지하철역에서 한 남자가 바이올린을 연주하기 시작했다.[2] 1월의 추운 아침이었다. 그는 약 45분 동안 바흐의 곡을 연주했다. 출근 시간이라 수많은 사람들이 역을 오갔다.

한 남자가 잠깐 멈춰 듣고 서둘러 떠났다. 잠시 후 한 여자가 걸으면서 1달러를 던져 넣었다. 가장 관심을 보인 사람은 세 살짜리 꼬마였다. 엄마가 잡아끌자 아이는 할 수 없이 가던 길을 갔지만, 내내 고개를 돌려 연주자를 돌아보았다. 몇몇 아이들도 같은 행동을 했다. 음악가가 연주하는 45분 동안 오직 아이들만이 길을 멈추고 듣고 싶어 하는 듯 보였다.

마침내 연주가 끝나고 조용해졌을 때 박수를 치는 사람은 한 명도 없었다. 당시에는 아무도 몰랐지만 그는 세계적으로 유명한 최고의 바이올리니스트 조슈아 벨이었다. 그는 350만 달러짜리 바이올린으로 가장 정교한 바이올린 연주곡 중 하나를 연주하고 있었다. 지하철 공연 이틀 전 조슈아 벨의 보스턴 연주회의 입장표는 매진되었고 장당 100달러 혹은 그 이상의 값으로 팔렸다.

조슈아 벨이 지하철역에서 익명으로 한 이 연주는 사회적 실험의 하나로서 〈워싱턴 포스트〉에 의해 구상되었다. 단지 지하철역에서 연주한다는 이유로 사람들은 그를 거리의 악사쯤으로 여기고 그의 음악에는 관심을 갖지 않았던 것이다. 사람들은 거리의 음악가에게서 으레 기대되는 것만을 보고 들었다.

자신이 대단한 음악을 듣고 있다는 것을 알아차린 아이들에게 엄지손가락을 치켜세우고 싶다.

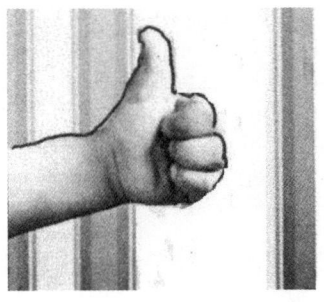

우리는 매일 보고 들은 것에 입각해서 즉각적인 판단을 한다. 그런데 그것들은 모두 과거의 경험에 의해 색깔이 입혀진다. 예를 들어 위의 그림에서 이상한 점이 없는가? (답은 223쪽에 있다.)

수학 문제를 푸는 데도 같은 원리가 적용된다. 우리의 첫 번째 접근법은 배운 방식대로 문제를 푸는 것이다. 예를 들어 다음 숫자들의 합을 계산해보라. 398, 395, 396, 399.

당신의 머릿속에 있는 기존의 방법으로 숫자들을 더한다면 계산하기가 어려울 것이다. 더 쉬운 방법이 없을까?

모든 숫자들이 400에 가깝다는 것을 눈여겨보라. 빼기를 사용해 다른 방법으로 계산해볼 수 있다. 예를 들어 '400−2', '400−5', 400−4', '400−1'과 같은 방법이다. 이제 합이 1600−12, 즉 1588이라는 것을 쉽게 알 수 있다. 문제를 다른 관점에서 보고 다른 방법으로 접근할 때 정답을 찾기가 쉬워진다.

## 사물을 바라보는 방법

나는 항상 우리가 얼마나 쉽게 사물을 바라보는 방법을 변화시킬 수 있는지에 대해 매료되어왔다. 심리학자 지그문트 프로이트를 유명하게 만든 것은 잠재의식에 대한 새로운 과학의 발견이 아니라 새로운 방법으로 문제를 해결한 것이었다. 프로이트는 의미를 변화시키기 위해 그 대상을 다시 구성했다. 즉 대상을 이전에 인식되어온 것과 다른 틀이나 맥락 속에 집어넣는 것이다. 예를 들어 프로이트는 무의식을 어린아이와 같은 모습의 일부로 재구성했다. 그것을 통하여 환자들에게 자신의 상황을 인식하게 했고, 환자들이 자신의 행동에 대해 생각하고 반응하는 방법을 준비할 수 있게 도왔다.

네덜란드의 네이메헌 대학교의 심리학자 아프 데익스터후이스와 아트 판 크니펜베르흐[3]는 실험 참가자들 중 절반에게는 전형적인 대학교수를 상상하게 한 다음 간단한 지적 훈련을 시켰다. 나머지 참가자들에게는 축구 훌리건을 상상하게 했다. 그런 다음 그들 모두에게 일반상식 문제를 풀도록 했다. 대학교수를 상상한 그룹은 60퍼센트 정도의 정답률을 보였다. 하지만 훌리건을 상상한 그룹의 정답률은 46퍼센트에 그쳤다.

뉴욕 대학교의 존 바그와 그의 동료들은 정신보다는 육체에 초점을 맞추어 지원자들에게 '주름진', '회색' 같은 노년과 관련된 단어들이 담긴 지적 과제를 풀어보라고 했다. 두 번째 그룹에게는 나이 드는 것과 관련 없는 단어들을 제시했다. 연구원들은 이제 실험이 끝났다고 말한 뒤 참가자들이 긴 복도를 지나 출구까지 나가는 시간을 몰래 기록했다. 노년에 대한 생각을 떠올렸던 사람들은 복도를 걸어 나가는 시간이 유난히 오래 걸렸다. 이 실험은 생각하는 시간을 조금이라도 갖는 것이 정신적 또는 육체적 과제의 수행에 영향을 준다는 것을 보여준다.[4]

다음 실험에서 보여주듯 바라보는 방법을 바꿈으로써 당신은 고통까지도 줄일 수 있다.

> 생각을 바꾸는 실험 37

옥스퍼드 대학교의 연구원들은 고통과 상처가 부풀어오르는 것을 가라앉히기 위해 쌍안경을 거꾸로 사용하는 방법을 발견했다. 놀랍게도 쌍안경을 거꾸로 들고 상처를 보았을 때 상처가 훨씬 작게 인식되었다. 이 인식이 진통제처럼 작용해 고통을 줄여주었다. 연구원들은 이것이 기본적인 신체 감각조차 인식의 통제를 받는다는 것을 증명한다고 말한다.

쌓인 눈 삽으로 퍼내기, 울타리의 가지치기, 정원의 잡초 뽑기, 파티가 끝난 후 설거지를 하는 것과 같이 귀찮고 하기 싫은 일에 직면했을 때 당신의 쌍안경을 거꾸로 들어 그 일들을 바라보라. 그 일을 다른 방법으로 바라봄으로써 당신의 인식이 얼마나 변화하는지를 알면 놀라게 될 것이다. 사물을 바라보는 방법을 바꾸면 당신이 바라보는 사물도 바뀔 것이다.


## 생 각  회 로 를  차 단 하 는  첫 인 상

삶을 좀 더 수월하게 살아가기 위해 시도하는 방법 중 하나는 첫인상을 이용하는 것이다. 첫인상은 우리의 생각 과정을 닻을 내리는 것처럼 고정시키고 편견을 갖게 한다. 여기 '닻 효과(anchoring effect)'의 힘을 증명하는 실험이 있다.

다음은 일련의 숫자들이다. 누군가에게 계산이 아닌 추측으로 5초 안에 답을 말해보라고 하자.

A.
8×7×6×5×4×3×2×1

여기 또 다른 일련의 숫자가 있다. 이제 다른 사람에게 다음 문제의 답을 추측해 5초 안에 말해보라고 하자.

B.
1×2×3×4×5×6×7×8

십중팔구 두 번째 사람이 첫 번째 사람보다 더 작은 수를 대답하고, 두 사람 모두 실제 답인 40,320보다 훨씬 작은 수를 제시할 것이다.

이것은 첫 번째 일련의 숫자가 그 사람에게 편견을 갖게 한 결과다. 이 숫자는 사람의 생각 과정을 고정시켜 그의 추측에 지나치게 영향을 미쳤다. 첫 번째 일련의 수는 더 높은 숫자인 8로 시작한다. 이 실험에서 첫 번째 일련의 수에 대한 평균 추측은 3200인 데 비해 두 번째는 300에 그쳤다. 두 일련의 수들 모두 작은 숫자들로 이루어져 있고, 이것이 사람들에게 편견을 주어 정답보다 훨씬 작은 수를 추측하도록 했다. 결국 양쪽의 추측은 모두 정답에 훨씬 못 미쳤다.

실제로 당신은 문제와 전혀 관련이 없는 것을 상대방의 머릿속에 고정시킴으로써 한 사람의 추론에 편견을 심어줄 수 있다. 한 사람에게 전화번호 끝 세 자리를 물어보자. 그 숫자에 400을 더하라고 하고, 이렇게 물어보라. "아틸라의 훈족이 유럽에서 X시기 이전에 패배했다고 생각하나요, X시기 이후에 패배했다고 생각하나요?" (X는 전화번호에 400을 더해 얻은 수다.) 맞았는지 틀렸는지 말해주지 말고(451년에 패배했다), 계속해서 이렇게 물어보라. "언제 아틸라 훈족이 패배했다고 생각하나요?" 그 사람의 전화번호에 400을 더함으로써 당신이 얻은 첫 번째 숫자에 따라 다양한 대답이 나올 것이다.

우리가 대상을 바라보는 방법을 적극적으로 바꾸지 않는 한 의식적으로든 무의식적으로든 우리의 첫인상은 고정된다. 체스터 칼슨은 1938년에 제로그래피(전자 사진 복사)를 발명했다. 그는 미국에 있는 모든 대기업에 자신의 전자복사기를 팔려고 했지만 번번이 거절당했다. 기업들은 하나같이 가격이 월등히 싼 카본지가 있기 때문에 아무도 그 비싼 복사기를 사지 않을 거라고 말했다. 그들의 생각하기 과정은 카본지에 비해 복사기의 값이 너무 비싸다는 첫인상에 의해 고정되었다. 이 첫인상은 다른 생각의 회로를 모두 차단했다. 결국 복사기를 임대함으로써 비용에 대한 인식을 바꾼 것은 신생 기업 제록스였다.

## 인식을 바꾸는 방법

당신이 100달러를 주고 산 티켓을 가지고 브로드웨이 연극을 보러 가는 길인데, 그만 티켓을 잃어버렸다고 생각해보자. 또다시 100달러를 주고 살 것인가? 이제 다른 시나리오를 생각해보자. 당신은 티켓을 사러 공연장으로 향했다. 그런데 공연장에 도착하자마자 현금 100달러를 잃어버렸다는 것을 알게 되었다. 당신은 공연을 보기 위해 티켓을 사겠는가? 객관적으로 보면 똑같은 상황이다. 두 상황 모두에서 100달러가 없어졌기 때문이다.

그럼에도 불구하고 대부분의 사람들은 티켓을 잃어버렸을 때보다 돈을 잃어버렸을 때 티켓을 다시 사겠다고 말한다. 같은 손실도 다른 관점에서 보면 다르게 보인다. 현금의 손실은 티켓을 사느냐 마느냐에 상대적으로 영향을 덜 미친다. 반면에 잃어버린 티켓의 비용은 그 공연을 2배의 값을 지불하고 본다는 인식을 준다. 많은 사람들이 그것을 끔찍하게 받아들이는 것이다.

우리의 인식 상태는 우리가 사물을 바라보는 방법을 결정한다. 여배우 셸리 윈터스의 말을 들어보자. "나는 나체로 연기하는 것은 역겹고 수치스러우며 모든 미국적인 것에 해를 끼친다고 생각해요. 하지만 내가 스물두 살의 아름다운 몸을 가졌다면 그건 예술적이고 세련되고 애국적이며 혁신적인 종교적 경험이 될 거예요."

인식을 바꾸는 한 가지 방법은 다른 사람의 관점에서 그 문제를 바라보려고 노력하는 것이다. 19세기의 덴마크 철학자 쇠렌 키르케고르는 이런 식으로 생각하는 법을 '순환 방식(rotation method)'이라고 불렀다. 그는 관점에 대해 생각하는 동시에 농작물에 대해 생각하고 있었다. 같은 밭에 옥수수를 무한정으로 기를 수 없다. 언젠가는 흙을 재생시키기 위해 건초를 심어야 할 것이다. 이처럼 다른 관점을 기르기 위해서는 당신의 창의적인 의식을 넓혀줄 다른 역할을 선택해보는 것이 도움이 된다.

조금만 생각하면 다른 역할을 선택함으로써 우리의 관점을 쉽게 찾을 수 있다. 한 헬스클럽 운영자가 더 많은 고객을 확보하기 위한 창의적인 방법을 찾고 있었다. 그는 판사, 로지 오도넬, 코미디언, 파블로 피카소를 포함해 다양한 역할들을 선택했다. 피카소를 생각하다가 화가들과 그들의 작품에 대해 떠올렸고, 동시에 아이디어가 샘솟았다. 그는 캐리커처 화가를 고용해 헬스클럽 앞에 앉혀놓고 '5분 내에 오시면 캐리커처가 무료'라는 안내문을 내걸었다. 화가는 헬스클럽을 배경으로 멋진 근육을 가진 모델의 모습을 그려주었다. 캐리커처의 모델이 된 사람들은 소책자와 명함도 가져갔다. 헬스클럽 사업은 날로 번창했다.

생각을 바꾸는 실험 39

병원은 수많은 감염과 오진, 투약상의 실수, 그리고 다른 복잡한 문제들을 포함해 당신의 건강에 해로운 것들로 가득 차 있다.[5] 병원에서의 이 같은 실수는 거의 피할 수 없는 것처럼 보인다. 어떻게 한 사람이 또는 몇몇 사람들로 이루어진 한 팀이 모든 일을 실수 없이 완벽하게 처리하고 매 순간 만일의 사태에 대비할 수 있을까?

병원이 당신을 고용해 이 같은 실수를 최소화하기 위한 아이디어를 제공해주길 원한다고 생각해보자. 다음 중 어떤 역할이든 가정해보라.

- 신부
- 비행기 조종사
- 교도소장
- 중학교 교장
- 축구 코치

이 역할들로 어떤 아이디어를 만들 수 있을까?

볼티모어의 존스홉킨스 메디컬센터의 의사인 피터 프로노보스트는 비행기 조종사의 관점을 택했다.[6] 그는 조종사들이 비행 전에 사용하는 체크리스트의 개념을 빌렸다. 실험에서 프로노보스트는 중환자실에서 일어나는 공통적인 문제에 대처하기 위해 체크리스트 전략을 사용했다. 문제는 정맥주사를 맞는 환자들의 감염이었다. 체크리스트에는 반드시 해야 하지만, 자주 잊게 되는 뻔한 단계들을 적었다.

병원 관리자들은 이 체크리스트를 중환자실에 있는 간호사들에게 전했고, 프로노보스트는 간호사들에게 의사가 정맥주사를 놓을 때 각 사항들을 반드시 체크해달라고 부탁했다. 만약 의사가 모든 단계를 따르지 않으면 간호사가 의사의 의료 행위에 개입할 수 있도록 했다. 간호사들은 꼼꼼하게 체크리스트를 점검했고 의사들은 이를 잘 따랐다. 그 결과 1년 이내에 존스홉킨스 메디컬센터의 정맥주사 감염 비율은 11퍼센트에서 0퍼센트로 떨어졌다.

## 관점을 바꾸면 보인다

레오나르도 다 빈치는 문제 해결을 위해서 가장 먼저 해야 할 일은 다양한 관점에서 문제를 재구성해보는 것이라고 생각했다. 그는 한 관점에서 그것을 바라보고 또 다른 관점으로 옮겨가고 계속해서 다른 관점으로 옮겨가 문제를 바라보는 식으로 문제를 재구성하곤 했다. 관점을 바꿀 때마다 문제를 더 잘 이해하게 되었다. 앞에서도 언급했듯이 다 빈치는 이러한 생각하기 전략을 '사페르 베데레', 혹은 '보는 방법을 아는 것'이라 불렀다.

같은 개 그림을 그리고 있는 세 명의 화가를 상상해보자. 그들은 각자 다양한 관점과 스타일로 그림을 그리면서 개의 특징을 포착해낼 것이다. 세 화가가 그린 각기 다른 세 가지 그림을 종합해볼 때 당신은 개에 대한 새로운 인식과 깊은 이해를 느낀다. 당신은 다음의 그림을 어떻게 설명하겠는가?

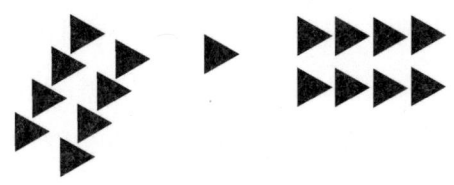

특정한 규칙성을 가지고 배열된 삼각형 17개의 의미는 이들을 어떻게 결합하고 바라보느냐에 달려 있다. 당신은 이 삼각형들을 수동적으로 보지 않고 어떤 의미를 부여하고 함께 모아 더 복잡한 구조로 만들 필요를 느낀다. 대부분의 사람들은 이것을 여덟 개의 삼각형으로 이루어진 두 그룹과 가운데 하나의 삼각형이 있는 그림으로 본다. 한 그룹은 왼쪽 바닥을 가리키고, 다른 하나는 오른쪽을 가리킨다. 가운데 있는 삼각형은 어떤 그룹에도 속할 수 있다. 왜냐하면 이 삼각형은 당신이 어떻게 보느냐에 따라 오른쪽을 가리킬 수도 왼쪽 바닥을 가리킬 수도 있기 때문이다. 혹은 왼쪽 위가 될 수도 있다. 하지만 이 삼각형들을 다른 방법으로 분류할 수도 있다. 당신은 이 삼각형들이 모두 오른쪽을 가리키고 있다고 보거나, 모두 왼쪽 바닥을 가리키고 있다고 볼 수 있다. 사실 삼각형들을 시각화하는 방법은 당신이 어떻게 보느냐에 따라 다양해진다.

이것은 우리의 인식이 건설적이고 활동적인 과정이라는 것을 설명한다. 또한 모든 인지 행위가 주관적이고 개인적인 경험이라는 것을 보여준다.

삼각형들을 보는 방법은 당신의 관점에 달려 있다. 알베르트 아인슈타인은 물질과 에너지 사이의 차이점도 관점에 따라 다르게 볼 수 있다고 말했다. 한 관점에서는 바다처럼 보이는 것이 다른 관점에서는 티끌처럼 보일 수도 있다. 한 관점에서는 입자인 것이 다른 관점에서는 파동일 수도 있다.

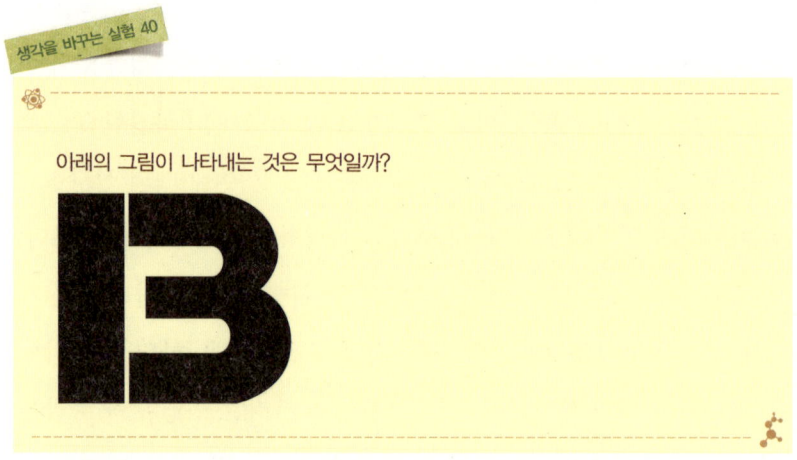

위 그림은 분명히 B나 13으로 보인다. 코넬 대학교의 사회심리학자 데이비드 더닝은 실험 참가자들에게 위의 이미지를 컴퓨터 화면에 잠깐 보여주고 바로 사라지게 했다. 참가자들이 본 것이 무엇이냐에 따라 갓 짜낸 오렌지주스를 마시게 될지, 맛없는 스무디를 먹게 될지가 정해진다고 알려주었다. 문자를 보면 오렌지주스를 마실 것이라고 들은 참가자들은 B를 보았다고 했고, 숫자를 보면 오렌지주스를 마실 것이라고 들은 지원자들은 13을 보았다고 했다.

이와 같은 심리학 실험들은 우리의 생각에 영향을 미치는 눈과 의식 사이에서 우리의 뇌가 세상을 해석하고 있다는 것을 암시한다. 뇌는 우리가 보고 싶은 것에는 줄을 서고, 우리가 보고 싶지 않은 것은 차단하며 세상을 해석한다. 몇몇 전문가들은 이것이 어떤 분야의 전문가들이 항상 그들 자신의 이론과 믿음에 치우치는 이유가 된다고 말한다. 편견을 없애기 위해서는 항상 사물들을 다양한 방법으로 보아야 한다.

다양한 관점을 사용할 때 창의적인 생각을 갖게 되고 가능성을 넓힐 수 있다. 본질적으로 서로 다른 관점 사이의 상호작용을 묘사하는 아인슈타인의 상대성 이론도 그렇게 해서 나올 수 있었다. 그의 천재성은 아무도 선택한 적이 없는 관점을 찾아내는 데 있었다.

교육심리학자들은 다양한 관점을 갖는 것이 인식과 창의성을 열어준다는 것을 설명하는 많은 실험들을 진행했다. 예를 들어 이런 실험이다. 캔자스 네브래스카 법(Kansas-Nebraska Act)과 같은 특정한 주제에 관한 지문을 두 그룹에 나눠준다. 한 그룹에게는 다양한 관점(자신의 관점뿐 아니라 참가자들의 관점)으로 그 지문을 읽을 것과 그때 무엇을 느끼고 생각했는지에 호기심을 가져볼 것을 요구했다. 다양한 관점을 가지고 지문을 검토한 그룹이 '기존의' 학습 방법을 사용한 그룹보다 더 뛰어난 성과를 보였다.

### 생각을 바꾸는 실험 41

> 한 대학이 캠퍼스 내의 부족한 주차 공간 문제를 해결해야 했다. 행정직원, 학생, 학부모, 교수, 지역 주민 등 여러 관점에서 그 문제를 바라보라. 에너지 위기도 고려하라. 그 후 다양한 관점들을 합쳐 주차 공간 부족 문제를 해결하기 위한 한 가지 아이디어를 만들어보라.

　최근 위스콘신의 리펀 대학 행정부는 이와 유사한 주차 문제에 부딪혔다. 행정 관리자들은 학생, 학부모, 교직원, 그리고 지역사회 관점에서 문제를 바라보았고 에너지 위기도 고려했다. 그들은 모든 다양한 관점들을 종합해 독창적인 '무료 자전거' 프로그램을 만들었다.[7]

　200여 가지의 산악자전거, 헬멧, 자물쇠 등을 사들였고, 그 프로그램에 등록한 신입생들에게 나눠주었다. 대학 총장인 데이비드 조이스는 다양한 관점이 주차 문제에 대한 해결책보다 훨씬 많은 해결책을 내놓는 기회를 주었다고 말했다. 자전거 프로그램은 대학의 교통문화를 바꿔놓았다. 이 프로그램은 크게 성공했고, 다른 대학들도 리펀 대학의 프로그램을 앞다투어 모방하기 시작했다.

　또 다른 예가 있다. 고속도로 기술자들이 운전자에게 더 안전한 도로를 만들기 위해 아이디어를 떠올리려 애쓰고 있었다. 특히 아주 추운 날씨일 때 말이다. 그들은 운전자, 자동차 제조회사, 도로건설회사, 도로정비사, 일기 예보자, 그리고 고속도로 순찰대들의 관점에서 문제를 바라보았다.

일기 예보자들의 관점에서 생각하자 봄에는 비, 여름에는 태양, 가을에는 단풍, 겨울에는 얼음, 눈과 같은 계절적인 변화들이 떠올랐다. 특히 잎사귀들이 색깔을 바꿔 추운 날씨가 다가오는 것을 알린다는 관찰이 흥미로웠다. 궂은 날씨나 몹시 추운 날씨를 경고하기 위해 색깔을 바꾸는 도로는 어떨까?

기술자들은 '열을 감지하는 색소를 포함한 폴리머로 만든 광택제'를 발견했다.[8] 같은 타입의 코팅이 욕조 온도계와 온도 변화에 반응하는 냉동식품 포장을 만들기 위해 사용된다. 광택제는 평소에는 투명한 상태를 유지하다가 온도가 빙점 이하로 내려가면 분홍색으로 바뀐다. 온도가 빙점 이상으로 올라가면 코팅은 다시 투명해진다. 그들이 찾아낸 해결책은 광택제를 바른 선을 도로에 적용하는 것이었다. 도로에 그려진 선들은 날씨가 얼음이 얼 정도로 추워지면 분홍색이 되고 온도가 빙점 이상일 때는 다시 투명해진다.

또 다른 예로 프랑스의 화가 폴 세잔과 그의 작품에 영향을 받은 미래파 예술가들은 다양한 관점을 합치는 것에 기반을 둔 예술 탐구의 새로운 노선을 만들어냈다. 미래파 예술가들은 평소 따로 작업하다가 특별한 프로젝트가 있으면 공동으로 작업하기도 했다. 공동 작업으로 완성된 그림은 누가 어떤 부분을 그렸는지 구별할 수 없었다.

여러 가지 관점을 섞자 완전히 새로운 것이 창조되었다. 이처럼 협동 작업은 한 대상에 대한 다른 이해를 만들어낸다.

## 비유해서 생각해보라

통찰력과 아이디어의 핵심은 대상을 무언가에 비유할 때 발견되곤 한다. 예를 들어 찰스 다윈은 진화와 여러 종의 흥망성쇠를 가지를 뻗은 나무에 비유하여 생각했다.

양자역학의 아버지인 닐스 보어는 언젠가 잘못을 저지른 친구에 대해 생각하다가 그 친구를 '사랑의 관점'과 '정의의 관점'에서 동시에 바라볼 수 없다는 것을 깨달았다. 그 둘은 서로 양립할 수 없는 것이었다. 그는 물리학에도 두 가지 다른 관점으로 동시에 바라볼 수 없는 비슷한 대상이 있을 것이라는 데 생각이 미쳤다. 이 통찰은 '상보성의 원리'를 발견하는 토대가 되었다.

사람을 무엇인가에 비유하는 것도 재미있다. 예를 들어 많은 사람이 유전자, 가족, 교육, 환경이 자신의 운명을 결정짓는다고 믿는다. 변화가 가능하다는 것을 믿지 못한 채 헨리 데이비드 소로가 말한 '조용한 절망의 삶'을 살아간다.

나는 그런 사람을 '진흙 웅덩이'라고 비유한다. 진흙 웅덩이들은 아침에 일어나 이렇게 말한다. "여긴 참 재미있는 세상이야. 나는 이 웅덩이가 나한테 완벽하게 들어맞는다는 걸 알았어. 사실 너무 잘 맞아서 지금까지 여기에 있을 수밖에 없었던 거야. 모든 게 다 좋아. 나는 뭔가 변화하는 것에 대해 걱정할 필요가 전혀 없어." 낮이 되고 하늘에 태양이 높이 떠오르고 공기가 더워질수록 웅덩이는 점점 더 작아진다. 그런데도 웅덩이는 모든 게 괜찮을 거라는 생각에 빠져 있다. 왜냐하면 세상이 자기를 이곳에 살도록 만들었다고 믿기 때문이다. 하지만 웅덩이가 사라지는 순간 문득 진실을 깨닫게 된다.

종종 개인의 가장 중요한 통찰력과 아이디어들은 어떤 대상을 비유로 바꿔볼 때 발견된다. 이것이 얼마나 쉬운 일인지 알려면 다음의 활동을 해보고, 자신의 어떤 새로운 특징이나 특성을 발견할 수 있는지 살펴보라.

소금통이랑 케첩통을 놓고 둘 중 어떤 것이 당신과 당신이 원하는 것을 비유하는가? 어떤 것이 당신의 약점과 행복, 당신의 취약점과 강점 등을 반영하는가? 좋고 싫은 것이나 디자인이 저게 더 낫다거나 또는 어떤 것이 더 미적 감각이 있는지 따위는 잊어버려라. 어떤 것이 당신을 표현하고, 당신이 원하는 것을 잘 나타내는지가 분명해질 때까지 그저 바라보기만 하라. 만약 당신이 둘 중 하나로 태어난다면 어떤 것으로 태어나는 게 더 낫겠는가?

이번 장에서 소개할 실험이 하나 더 있는데, 이는 500년도 넘게 거슬러 올라가는 실험이다.

이 실험은 이그나티우스 로욜라가 제안한 아이디어를 따른다. 그는 어떤 결정을 해야 할 때 상상력을 이용해 임종의 순간에 당신의 삶을 되돌아볼 것을 권했다.

조용한 분위기에서 편안하게 시작하라. 그런 다음 유아기를 상상하라. 당신이 특정한 환경에서 태어난 작고 자기 힘으로는 아무것도 할 수 없는 갓난아기라고 생각해보자.

이제 다섯 살이 되었다고 생각해보라. 다섯 살이 되니 어떤가? 그때의 이미지와 기억들을 떠올릴 수 있겠는가?

몇 분 후에 당신의 상상력을 열두 살 때의 모습으로 투영해보자. 걱정이 있었는가? 당신에게 중요한 것은 무엇이었는가? 당신의 세계는 어떠했는가? 포부는 무엇이었는가? 친구들은 어땠는가? 같은 생각의 기법을 사용하여 25세, 40세, 65세의 자신에게 같은 질문을 던져보자.

이번에는 나이가 아주 많이 들었다고 상상해보자. 거울 속을 바라보고 있다. 무엇이 보이는가? 자신이 어떻게 느껴지는가? 당신은 누구인가? 전체의 삶을 돌아보라. 무엇이 진짜 중요했는가? 다르게 해보고 싶었던 것은 무엇인가? 죽을 준비는 되었는가?

당신의 죽음을 상상해보라. 자신이 죽는다고 상상하면 어떤 생각이 드는가? 가장 가까운 친구들이나 친척들을 상상해보라. 그들이 당신에 대해 어떻게 생각할까? 당

> 신을 어떻게 기억해줄까?
>
> 당신이 다시 태어난다고 상상해보자. 눈을 감아보라. 언제 어디서든 원하는 어떤 것으로도 다시 태어날 수 있다. 무엇을 선택하겠는가? 눈을 뜰 준비가 되었을 때 모든 것을 처음 보는 사람처럼 주변을 천천히 둘러보라.

다음 장에서는 관점을 전환하고 모순되는 아이디어들을 합침으로써 사물을 바라보는 관점을 변화시키는 방법에 대해 알아보겠다.

답: 삽화에서 손가락은 네 개뿐이다.

CREATIVE
THINKERING

**8**

# 존재하면서
# 동시에 존재하지 않는

증거가 없다는 것이
없다는 것의 증거일까?

 정반대의 모순되는 아이디어와 이미지들을 개념적으로 뒤섞어 동시에 존재하도록 상상하는 것은 단순한 생각 너머의 지성을 작동하게 해 새로운 생각을 창조하도록 한다. 정반대의 것들이 움직이는 소용돌이는 당신의 마음에서 새로운 관점이 자유롭게 끓어 넘치게 한다. 존재하면서 동시에 존재하지 않는 당신의 애완동물을 상상해보라. 또는 당신의 어머니가 젊은 여자이면서 동시에 노파로 존재하는 것을 상상할 수 있겠는가?
 목걸이를 하고 있는 젊은 여자, 혹은 머리를 숙인 노파로 보일 수 있는 유명한 그림이 있다. 물론 그림 자체는 단순히 선들과 어둡고 밝

은 부분들로 이루어져 있다. 젊은 여자 혹은 노파의 이미지는 사실 종이 위에 있는 것이 아니라, 당신의 머릿속에 있다. 상상력을 이용하면 노파와 젊은 여자를 동시에 볼 수 있다.

아인슈타인, 모차르트, 에디슨, 반 고흐, 조지프 콘래드, 피카소는 모두 반대의 것들을 동시에 보는 능력을 가진 사람들이었다. 반 고흐는 그의 그림 〈아를의 방〉에서 어떻게 동시에 두 관점으로 볼 수 있는지를 보여준다. 피카소는 사물들을 머릿속에서 분리시켜 열두 개의 관점에서 동시에 그것들이 나타나도록 요소들을 재배열하며 입체적인 관점을 이루어냈다. 그의 걸작인 〈아비뇽의 처녀들〉은 한 번에 모든 관점을 이용해 그린 서양 미술 최초의 그림일 것이다. 그림을 감상하는 사람은 모든 독창적인 시점을 동시에 재구성해야 한다. 다시 말해서 피카소가 동시성의 아름다움을 보여주기 위해 작품을 만들었던 것과 똑같은 방법으로 대상을 보아야 한다.

루이 파스퇴르는 역설을 밝혀냄으로써 면역학의 원리를 발견했다. 몇몇 닭들이 콜레라균에 감염되었다가 회복했다. 그는 한 번 감염된 적이 있는 닭들과 감염된 적이 없는 닭들에게 독성이 있는 새로운 배양균을 접종시켰다. 그런데 뜻밖에도 감염 경험이 없는 닭들은 죽고, 감염된 적이 있던 닭들은 살아남았다. 예상치 못한 결과를 통해 파스퇴르는 자신이 발견하고자 하는 어떤 원리의 중요한 단서를 깨달았다. 그는 살아남은 동물들이 병에 걸렸으면서도 동시에 병에 걸리지 않았다는 개념을 만들어냈다. 즉 한 번 감염되었던 경험이 닭들을 질병으로부터 자유롭게 했고, 더 큰 감염으로부터 보호한 것이다. 질병이 질병을 예방할 수 있다는 이 역설적인 아이디어가 면역학의 기반이 되었다.

하지만 대부분의 역설들은 불안정하고 불확실한 느낌을 준다. 왜냐하면 우리는 반대되는 것은 분리하라고 배웠기 때문이다. 우리는 곡선과 직선 같은 형태들을 분리된 별개의 것이라고 생각한다. 우리는 관련이 있는 것들과 서로 반대인 것들을 구별하도록 배웠다.

## 무한한 원은 직선이다

15세기의 수학자 니콜라우스 쿠사누스는 무한한 원의 형태에 대해 다음과 같은 관찰을 했다.[1] 원주의 곡률은 원의 크기가 커질수록 줄어든다. 예를 들어 지구 표면의 곡률은 너무나 미미해 평평해 보인다. 곡률이 감소할 수 있는 한계는 직선이다. 따라서 무한한 원의 곡률은 직선이다! 우리는 지극히 합리적인 생각으로 이와 같이 정리했다. 합리적인 생각은 이렇게 정반대의 것들이 동시에 발생할 수도 있다는 것을 인정한다.

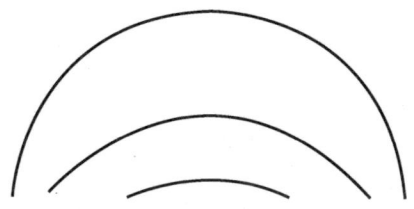

삶의 다른 곳에서도 마찬가지다. 다르게 이해하기 위해서는 생각을 전환해 새로운 관계들이 생겨나는 것을 보아야 한다. 예를 들어 많은 유명한 예술가들이 지갑이나 티셔츠, 가방 등을 디자인하여 큰 이익을 남기고 판매했다. 이름 없는 예술가들은 이런 기회를 얻지 못했다. 왜냐하면 이름이 알려지지 않았으니 아무도 그들의 예술품을 사지 않기 때문이다.

샌프란시스코에 있는 어떤 예술가들의 모임에서는 이러한 공식을 흥미로운 방법으로 전환시켰다. 즉 '유명한 예술가의 명성이 상품의 판매를 촉진한다면, 반대로 상품을 많이 팔아서 무명 예술가를 유명해지게 할 수 있지 않을까?' 하는 생각이었다.

예술가들은 화랑을 열었고 그림뿐만 아니라 지갑도 팔았다. 열두 개의 지갑에 각자의 디자인을 새겨놓고 개당 25달러에 팔았다. 지갑들은 이윤을 냈고, 무명의 예술가들을 위한 홍보 상품이 되었다. 무명의 예술가들은 대중들에게 자신의 작품을 노출하는 매개물로 지갑을 선택한 것이다.

지갑이 많이 팔리는 것은 유명세 때문이다. 다른 한편으로는 많이 팔리기 때문에 유명해지는 것이다. 그것은 아래 그림의 착시와 같다. 한편에서 보면 이 그림은 토끼다. 하지만 또 다른 한편에서 보면 오리다. 어떻게 보든 같은 그림인데 말이다.

## 정반대의 것들 결합하기

발명 전문가들은 '역전된 발견(inverse heuristic)'을 사용해 사물들을 결합함으로써 실용적인 발명품을 만들어낸다. 이 방법에 따르면, 어떤 사물이 한 가지 기능을 한다면 그 사물과 반대의 기능을 하는 사물을 결합시킴으로써 새로운 제품이 탄생할 수 있다. 연필과 지우개가 한 예이고, 망치 또한 그렇다. 탄산소다가 빠져나가는 것을 막기 위해 아래쪽을 고무로 두른 작은 뚜껑 밑에는 고리로 잡아당겨 따는 식의 레버가 있다. 레버를 뒤로 젖히면 뚜껑이 완전히 열리는 것이다.

다음 실험에서 어떻게 할 것인지 생각해보자.

홍수 피해가 우려되자 사람들은 둑을 쌓기 위해 삽으로 모래를 퍼서, 포대 속에 담았다. 그들이 삽을 채우기도 하고 비우기도 해야 한다는 사실을 고려해보라. 어떻게 비우고 채워지는지를 역설적으로 생각해보면, 이 과정을 더 빠르게 처리할 뭔가를 발명할 수 있지 않을까?

어떻게 했는가? 한 가지 아이디어는 손잡이 안이 비어 있는 삽을 만들어서, 삽이 모래로 가득 채워졌을 때 삽을 기울이면 모래가 손잡이를 통해 포대로 들어가는 것이다.

## 살아 있는 것을 보존하려면 방부 처리를 해야 할까?

시신을 보존하기 위한 방부 처리에 대해 생각해보자. 죽음의 반대는 삶이다. 방부 처리하는 것이 죽은 것뿐만 아니라 살아 있는 것을 보존하기 위해서도 사용될 수 있을까? 이것은 스페인의 사라고사 대학교의 연구원들이 탐구했던 역설이다. 방부 처리의 여러 과정을 연구하는 동안 그들은 고대 이집트인들이 시신을 보존하기 위해 계피를 사용했음을 발견했다. 처음에 연구원들은 시신이 부패할 때 나는 냄새를 막기 위해 계피가 사용되었다고 믿었다.

연구 결과 계피는 달콤한 향기를 가졌을 뿐 아니라 세균을 죽이기도 한다는 것을 알아냈다.[2] 스페인의 연구원들은 이 특성을 이용해 곰팡이 방지용 파라핀 종이 포장지를 개발했다. 빵 주변을 일부러 곰팡이로 오염시켰을 때도 6퍼센트의 계피 오일이 들어간 파라핀 종이는 신선함이 열흘 동안 유지되며 곰팡이의 증식을 96퍼센트나 억제했다 (일반적인 파라핀 종이는 곰팡이의 증식을 전혀 늦추지 못했다). 게다가 그 포장지는 과일, 야채, 고기를 신선하게 유지하는 데도 효과적이라는 것을 입증했다. 연구원들은 계피 파라핀 종이가 안전하고 친환경적이라고 말했다.

주조소에서 만들어지는 금속 부품들은 모래를 뿌려서 깨끗하게 씻어낸다. 그러나 불행히도 모래는 금속에 작은 구멍을 만들고, 모래를 씻어내려면 시간도 많이 걸리고 비싸다. 여기에서의 역설은 금속 부품을 깨끗이 하기 위해서는 모래 입자들이 '단단해야' 하고, 동시에 쉽게 제거되려면 '단단하지 않아야' 한다는 것이다. 기술자들은 모래를 대체할 이상적인 물질이 '사라지는 단단함'이라는 특징을 가진 것이어야 한다고 생각했다. 그들은 단단하면서도 사라지는 것들에 대해 생각하기 시작했다. 이 두 개념을 조합한 결과 얼음을 떠올렸다. 얼음은 딱딱하지만 녹으면 사라진다. 녹아 사라진다는 독특한 특징이 있는 것이다. 주조소는 문제 해결책으로 드라이아이스의 입자들을 금속 부품에 뿌렸다. 드라이아이스는 부품들을 깨끗하게 만들었고 나중에 가스가 되어 증발했다.

### 생각을 바꾸는 실험 44

두 가지 상반되는 개념들은 '돈을 버는 것'과 '공익을 행하는 것'이다. 다음의 예를 살펴보며, 또 다른 것을 만들어낼 수 있을지 생각해보자.

**문제:** 개인적인 사업과 공익적인 사회운동을 결합시킬 방법은?

**역설:** 사회에서 개인적인 사업과 공익적인 사회운동의 영역은 분리되어 있고, 다른 목표를 가진다. 개인적인 사업 영역은 이익을 추구한다. 반면 사회운동의 영역은 공익을 추구한다.

**역설:** 사업이 공익을 달성하면서도 개인적인 이윤을 낼 수 있다.

**결합:** 문제의 본질과 역설을 몇 개 단어로 요약하라. 이 결합은 2~5개 단어여야 한다. 여기 요약된 역설의 몇 가지 예가 있다.

- 판매 목표 – 집중적인 욕구
- 다양한 수준의 직원들 – 균형 잡힌 혼란
- 계절적 매출 주기 – 연속적인 중단
- 산아제한 – 믿을 수 있는 간헐성
- 자연 – 이성적 충동

역설을 두 단어의 '책 제목'처럼 줄이면 이해하고 적용하기가 더 쉬울 것이다.

**예:** 조합은 '사회적 기업가 정신'이다.

**유사점:** 역설의 본질을 반영하는 유사점을 찾아라. 가능한 한 많은 유사점을 생각해보고 가장 적당한 것을 선택하라.

**예:** 선택된 유사점은 예수회. 예수회는 매우 효율적인 세계적 봉사기관이다.

**독특한 점:** 이 유사점의 독특한 점이나 활동은 무엇일까? 창의적인 생각을 하려면 한 대상에서 독특한 점들을 선택하여 또 다른 것에 그 특징들을 적용할 필요가 있다.

**예:** 예수회는 교회를 위한 일과 사람들을 위한 일을 통합한 혼합 가치사슬(hybrid-value chain)을 가지고 있다. 세계의 한 지역에서 어떤 문제에 대한 혁신적인 해결책을 찾을 때 그들은 그 해결책을 다른 문제에도 적용한다.

**등가물(가치가 같은 사물):** 이 독특한 특징의 등가물은 사회운동과 사업의 통합일 것이다. 독특한 특징의 등가물을 새로운 아이디어를 떠올리는 데 사용해보라. 사업이 '교회'일 것이고 사회운동이 '사람들을 위한 일'이 될 것이다.

**새로운 아이디어로 구축하기:** 공익을 위한 아이디어와 이윤을 내는 것을 결합해 한 조직을 만들고, 지역적인 것에서 세계적인 것으로 뻗어나가게 하는 방법으로 아이디어를 포장해보자.

한 가지 사례가 잡지 〈패스트컴퍼니〉에 실렸다. 멕시코의 대형 시멘트 제조사인 시멕스[3]는 도시 빈민가의 가족들이 집수리에 들어갈 시멘트를 사도록 하기 위해서 절약을 장려할 방법을 찾아냈다. 지역 사회운동가들은 그것이 비좁은 집안에서 발생하는 가정 폭력을 줄이는 데 도움이 될 수 있기 때문에 그 계획을 반기는 입장이다. 그리고 시멕스의 입장에서도 새로운 시장을 만들어내기 때문에 좋은 일이다.

다음 단계는 시멕스와 멕시코에서 성교육 및 에이즈 방지 교육을 제공하는 조직을 설립한 에이즈 운동가들이 협력하는 것이다.
그 전략은 시멕스가 에이즈 활동가들의 조직체계를 이용한다. 성교육 강사들이 시멘트 고객을 소개하면 그들에게 수수료를 지급하는 것이다.

협력 결과 운동가들은 많은 사람들의 삶의 질을 높여줄 수 있었고, 동시에 사업에서 수익을 낼 새로운 방법을 찾을 수 있었다. 끝으로 시멕스는 멕시코와 남미 전역에서 비슷한 사회운동 단체와 연계할 계획이다.

이윤과 사회사업을 같은 정신적 공간에서 개념적으로 뒤섞은 덕분에 사업을 바라보는 새로운 방법이 생겨났다.

공익을 행하면서 동시에 돈을 버는 또 다른 예는 인도에서도 찾아볼 수 있다. 한 가족이 운영하는 이 비영리조직은 최저 빈곤층의 사람들을 고용해 델리의 길거리에서 잡동사니들을 모아오게 하고 그것을 재활용하는 사업을 한다. 일한 사람들에게는 보답으로 음식을 제공한다. 이것은 분명 공익이지만, 그 가족은 가난한 이들에게 조건 없는 자선을 베푸는 대신 잡동사니로부터 이윤을 만들어내고 있다.

그 가족은 디자이너들과 함께 일을 해 길거리에서 모은 가방과 신문으로 지갑과 같은 독창적인 제품을 만들었다. 그 지갑은 필수품을 담기에 충분한 공간이 있었고, 매력적인 미니멀리스트(최소한의 것들을 모두 담는 것) 디자인을 특징으로 한다. 색칠된 광고, 만화, 신문의 표제, 스포츠 면, 그리고 주제별로 분류된 면으로 만들어진 지갑은 패턴과 스타일이 독특하다.

이 지갑의 제작은 가난한 사람들에게 일자리를 제공하고 그들이 의료 서비스와 교육을 받을 수 있도록 보조금을 지원함과 동시에 델리의 쓰레기를 줄이는 데 도움을 주었다. 비영리조직은 공익을 행함으로써 이윤을 창출했고 더 많은 사회사업을 하기 위해 그 이윤을 사용했다. 역설적이게도 '이익이 되는' 비영리가 되었다고 할 수 있다.

## 더 느린 것이 더 빠르다

스위스 취리히 연방공과대학의 물리학자 더크 헬빙은 사람들과 시스템의 움직임을 연구하는 동안 많은 사람들이 무리 지어 출입구를 통해 방을 빠져나가려고 할 때 느린 것이 더 빠르다는 것을 발견했다.[4] 열린 문 앞에 놓인 장애물은 인파의 유동성을 유지하는 데 도움을 주었기 때문에 사람들이 더 빨리 빠져나갈 수 있도록 했다. 사람들이 상황에 적응한 것이 그 이유였다. 양쪽으로 사람들이 쏟아져 나오면, 그들은 한쪽에서 한 사람이 먼저 나가고 그다음에 다른 쪽에서 한 사람이 빠져나가도록 준비한다. 물리학자가 실험실에서 액체와 기체를 억지로 줄 맞추는 것처럼 사람들도 똑같은 방법으로 스스로를 준비시킨다는 것을 발견한 것이다.

역설적으로 생각하는 것은 과학의 세계에서 점점 더 흔해지고 있다. 소립자물리학의 세계는 모순처럼 보이는 것들이 동시에 성립되기도 하는 역설들로 가득 차 있다. 알다시피 과학에는 빛에 관한 두 가지 이론이 있다. 하나는 빛은 입자라는 것이고, 또 하나는 빛은 파동이라는 것이다. 등식 또는 실험을 개발해나가면서 과학자들은 때로는 입자설을 이용하고 때로는 파동설을 이용한다. 둘 다 기능적으로는 정확하지만 논리적으로는 양립하지 않는다.

역설적으로 생각하기의 또 다른 예는 의학의 세계에 있다. 〈타임〉지에서 보고된 것처럼 브라질 쿠리치바의 의사 란다스 바티스타는 울혈성 심부전증으로 죽어가는 많은 환자들을 치료했다.[5] 우리 몸은 심장이 약해지면 심장의 근육을 팽창시켜 심장이 뛰는 것을 돕는다. 하지만 심장 근육을 팽창시켜 심실이 확장된 상태가 계속되면, 혈액을 펌프질해 체내로 돌게 하는 효율을 떨어뜨린다. 바티스타 박사에게는 약물 치료나 심장이식과 같은 미국의 표준 치료법을 쓸 만한 재료들이 없었다. 그는 극단적인 해결책을 떠올렸다. 그의 해결책은 심장의 일부를 잘라 심장을 더 작게, 동시에 더 강하게 만드는 것이었다.

심장의 일부를 잘라내어 심장을 더 강하게 만든다는 그의 해결책은 역설적이었다. 전 세계의 외과의사들이 깜짝 놀랐다. 바티스타 박사가 이렇게 놀라운 치료법을 고안하기까지 그들은 울혈성 심부전증에 대한 기존의 생각에 갇혀 있었다. 지금까지 배운 것 이상을 생각하는 것은 그들에게 매우 어려운 일이었다.

바티스타 박사의 생각은 극단적이었다. 다음은 극단적인 생각의 요소들을 결합시키도록 하는 실험이다.

두 가지 반대되는 극단적인 아이디어를 만들어내라. 예를 들어 만약 당신이 사람, 돈, 시간 등 세상의 모든 자원을 다 가졌다면 어떤 아이디어를 만들어낼지 고민해보라. 그런 다음 만약 아무런 자원도 없다면 어떤 아이디어를 낼 수 있을지 스스로에게 물어보라. 이제 두 아이디어를 결합해 뭔가 실용적인 것을 만들어보라. 또한 극단적인 아이디어들의 각각의 특징을 목록으로 만들고, 두 목록 사이에서 어떤 연

> 관관계를 만들어보라.
> 예를 들어 생산성을 증진시킬 아이디어를 제공한 직원에게 보상하고 싶다고 생각해보자. 한 가지는 각 직원에게 아이디어 하나당 100만 달러를 주는 것이고, 또 다른 하나는 각 직원에게 1센트를 주는 것이다. 당신은 이 두 가지 극단적인 방법을 결합해 실용적인 아이디어를 만들어낼 수 있겠는가?

당신은 두 극단적인 방법을 결합해 '아이디어를 위한 동전' 캠페인을 생각해냈을지도 모른다. 풍선껌 자판기를 사서 그 안을 알록달록한 색깔의 풍선껌들로 채우고 당신의 사무실에 갖다놓아라. 그리고 아이디어를 낸 사람에게는 자판기를 사용할 수 있도록 1센트를 준다. 1센트를 받을 수 있는 아이디어 개수는 몇 개든 상관없다. 나오는 풍선껌의 색깔에 따라 상금을 주면 어떨까? 예를 들어 초록색은 2달러, 노란색은 5달러, 빨간색은 100달러 등으로 말이다.

## 플라시보 효과

최근에 인터넷을 검색하다가 이 이야기를 우연히 알게 되었다. "몇 년 전 펜실베이니아의 철강 산업이 쇠퇴했을 무렵 나는 많은 건물들이 텅텅 비어 있는 채로 남아 있는 작은 마을 피닉스빌에 있었다. 그런데 버려진 공장 중에서 한 곳만이 번창하고 있었다. 그들이 생산하고 있는 제품은 플라시보(placebo: 가짜 약)였다. 그들은 시중에서 판매하는 약의 비활성 복제품을 만들어내고 있었다. 예를 들어 둥근 분홍색 알약, 삼각형의 붉은색 알약, 파란 타원형, 노란색 알약 등 종류도 다양했다. 일반적으로 제약회사들은 새로운 제품을 만들기 위해 연구소를 연달아 짓는다. 하지만 플라시보는 연구소도 변호사도 필요 없기에 버려진 공장에서 만들어지고 있었다. 왜냐하면 플라시보는 색이나 모양만 다를 뿐 부작용도 특허도 없는 한 가지 제품이었기 때문이다."[6] 플라시보는 원래 그 자리를 대신해야 했던 진짜 약처럼 많은 사람들에게 효과가 있었다.

역설의 우아함을 상상해보라. 처방된 약이라고 사람들이 믿으면 약이 아닌 것도 약처럼 작용할 수 있다. 플라시보가 어떻게 효과가 가능한지는 아직도 수수께끼다.

케네스 톰슨이 제안한 비즈니스의 역설[7]은 이런 식으로 언급될지도 모른다. "최고의 통제력은 통제하지 않는 것으로부터 나온다."

월마트의 창업자인 샘 월튼은 이 모순에 대한 살아 있는 증거였다. 월튼은 보통 금요일이나 토요일 정오 개장 시간에만 사무실에 나왔다. 그럼에도 월마트는 엄격하게 운영되는 조직으로 평가된다.

누군가 월튼에게 많은 시간을 사무실 밖에서 보내는데도 어떻게 월마트가 운영될 수 있는지 물었다. 그의 대답은 간단했다. 그것이 고객 중심 조직을 운영하는 유일한 방법이라는 것이다. 그는 월요일에서 목요일까지는 현장에서 고객 및 직원들과 직접 소통하면서 경쟁력을 높이려면 어떻게 해야 하는지 살펴본다. 월튼이 살아 있는 동안 월마트에는 경영자를 위한 사무실이 없었다. 월튼은 경영자가 할 일은 밖으로 나가 고객 및 직원들과 어울리는 것이라고 믿었다.

## 미켈란젤로의 역설

우리는 특정 현상을 이해하기 위해 몇 번이고 우리의 심리를 변화시켜야 한다. 미켈란젤로가 세계에서 가장 유명한 다비드상을 조각했을 때를 생각해보자. 그는 무언가를 '짓는 것'에 대해 생각하지 않았고, 원래 있던 것에서 무언가를 '치우는 것'을 생각했다. 그는 이렇게 말하곤 했다. "더 많은 대리석을 깎아낼수록, 더 많은 조각상이 생긴다."

거울을 이해하기 위해서도 우리의 심리를 변화시켜야만 한다. 왜 거울은 위아래가 아닌 좌우가 뒤바뀌어 보이는 것일까? 다시 말해 거울 앞에서 책을 펼치면 왜 글자들이 아래위로 뒤바뀌지 않고 옆에서 거꾸로 보이며, 왼손은 오른편에, 오른손은 왼편에 보이는 것일까?

거울 속을 들여다보면서 우리는 스스로가 왼쪽에서 오른쪽으로 바뀌었다고 상상한다. 유리창 반대편에서 걸어다니다 그 안을 들여다보는 것처럼 말이다. 이러한 기존의 관점으로는 거울에서 일어나는 일을 이해할 수 없다. 거울의 이미지를 이해하기 위해서는 당신이 이미지를 인식하는 방법을 심리적으로 뒤바꿔야 한다. 당신이 앞뒤로

'찌그러져서' 뒤바뀌었다고 상상해보자. 한쪽 손으로는 동쪽을 가리키고 다른 한쪽으로는 서쪽을 가리키며 거울 앞에 서보자. 동쪽 손을 흔들어보라. 거울의 이미지에서 거울의 동쪽 손이 손을 흔든다. 서쪽 손은 서쪽으로 가만히 놓여 있다. 거울의 머리는 위이고 발은 아래다. 일단 이러한 관점으로 거울을 보면, 당신의 몸이 회전하는 축이 있는 것과 마찬가지로 거울에도 가상의 선인 거울의 축이 있음을 이해할 수 있게 된다.

우리의 관점을 변화시키지 않는 한 거울을 이해하기 쉽지 않다. 마찬가지로 우리의 심리를 바꿔야 아이디어를 수월하게 떠올릴 수 있다. 초기 유목사회는 '물을 얻는 것'에 초점을 맞췄다. 하지만 '어떻게 하면 물이 우리에게로 오게 할 수 있을까?'로 생각을 바꾸자 비로소 문명이 번창하기 시작했다.

문제에 직면했을 때 당신의 생각 패턴을 바꾸기 위한 쉬운 방법은 우선 그 문제에 대한 모든 가정을 나열하는 것이다. 그런 다음 그 가정들을 전환해 행동에 옮겨보라.

다음은 매장 운영 방침을 바꾸는 것에 대한 실험이다. 문제를 읽고, 더 읽어나가기 전에 아이디어를 떠올려보자.

>
> 한 의류 소매상이 고객의 환불 비율에 대해 걱정한다. 매장 운영 방침에 따르면, 옷을 돈으로 환불해달라고 요구하는 손님에게는 현금으로 환불한다. 이 방침에 대해 이렇게 바꿔 말해보자. "손님이 환불을 원해도 가게는 현금으로 환불해줄 필요가 없다."
>
> 당신은 이를 실용적인 해결책으로 만들기 위한 아이디어를 떠올릴 수 있겠는가?

가게가 손님에게 환불 대신에 해줄 수 있는 것은 무엇일까? 한 가지 아이디어는 옷 가격의 110퍼센트에 상당하는 상품권을 제공하는 것이다. 사실상 환불 손님에게 10퍼센트 보상을 해주는 것이다.

이 전략을 도입하자 가게는 대부분의 현금을 지킬 수 있었고, 손님도 그 보상에 만족했다. 100달러짜리 옷을 환불하는 손님은 110달러에 해당하는 상품권을 받게 된다. 심리학은 손님이 그 가게를 다시 찾을 때 더 비싼 옷을 고를 것이라고 예측한다. 예를 들어 100달러짜리 옷 대신 200달러짜리 옷에 끌린다는 것이다. 왜냐하면 그가 생각하기에 200달러짜리를 사도 90달러만 내면 되기 때문이다.

이번 장에서는 사물을 다른 시각으로 바라봄으로써 생각 패턴을 전환하는 방법을 보여주었다. 다음 장에서는 우리가 갖고 있는 기존의 생각 패턴을 끊기 위해 말도 안 되고 터무니없는 것들을 상상함으로써 사물을 바라보는 또 다른 방법을 제공할 것이다.

CREATIVE
THINKERING

## 9

# 생각할 수 없는 것
# 생각하기

당신의 아이디어가 애초에 우스꽝스럽지 않다면,
그것은 희망이 없는 아이디어다.
— 아인슈타인

친구에게 태양계에 있는 다른 행성에 사는 생명체를 상상하게 해보라. 그런 다음 그가 상상한 생명체의 그림을 그려보게 하라. 대부분의 사람들은 우리가 이해하는 것과 비슷한 것, 즉 보고, 듣고, 냄새 맡을 수 있는 감각기관과 좌우 대칭되는 팔다리를 가진 생명체를 그릴 것이다. 아무런 제약 없이 자유롭게 상상하라고 해도 마찬가지다.

이런 현상을 '구조화된 상상력'이라고 부른다. 새로운 아이디어를 내기 위해 상상력을 동원할 때조차, 우리의 아이디어는 기존의 개념, 범주, 그리고 고정관념에 따라 예측 가능한 방식으로 엄격하게 구조화된다. 화가나 작가, 과학자, 디자이너, 사업가도, 단순히 더 나은 삶

을 꿈꾸는 사람들도 모두 비슷하다.

우리가 전형적인 개념의 예를 덜 전형적인 것보다 더 빨리 떠올린다는 것은 여러 연구를 통해 확인할 수 있다. 즉흥적으로 새 이름을 다섯 개 말해보라. 당신은 아마 비둘기, 까치, 까마귀, 참새와 같은 전형적인 새들을 말했을 것이다. 닭, 오리, 펠리컨, 타조, 펭귄과 같은 특이한 새들은 별로 없었을 것이다. 전형적인 개념의 예들이 처음에 머릿속에서 떠오르기 때문에, 우리는 자연스럽게 새로운 아이디어를 떠올릴 때 시작점으로써 그것들을 이용하려는 경향이 있다. 그리고 가장 전형적인 범주의 요소들은 모든 핵심적 특성을 가지고 있기 때문에 혁신에서 더 멀어지게 할 뿐이다. 이것에 대한 좋은 예가 철로다.

학창시절 어느 여름날 나는 학비 마련을 위해 철로에서 일을 했다. 낡은 레일을 새것으로 갈아 끼우는 일이었다. 두 레일 사이의 폭은 1.45미터였다. 상사에게 이 이상한 치수에 대해 물어보자 그는 본사에서 만든 표준 규격이라고 했다. 철로 건설을 연구하는 공학자들과 물리학자들이 1.45미터가 완벽한 폭이라고 결론지었다고 말했다.

몇 해가 흘러 나는 초기 레일에 대한 이야기를 다양한 출처를 통해 읽게 되었다. 대부분의 이야기가 영국을 정복한 로마인들이 영국에 만들어놓은 최초의 장거리 도로의 역사에서 시작했다. 로마의 이륜전차가 길에 최초의 바퀴 자국을 새겨놓은 것이다. 이륜전차는 로마에서 만들어졌고 모든 전차의 바퀴 폭은 1.45미터였다.[1] 두 마리의 말 뒤에 마차를 연결하기에 충분한 길이였다. 그 후 영국의 마차 제작자들은 사륜마차의 바퀴에도 똑같은 폭을 적용했다. 그렇게 해야 깊게 파인 바퀴 자국 때문에 마차가 망가지지 않을 것이기 때문이다. 그래서 누군가가 로마 이륜마차의 설계를 근거로 미국의 표준 철로 치수를 정하자고 했을 것이다. 이것이 진실이다.

우리는 외부의 제한과 엄청나게 다양한 개념들을 탐구하기 위해 우리가 갖고 있는 상상력의 구조를 해체할 필요가 있다. 그렇게 해야 전형적인 것을 뛰어넘어 새로운 아이디어를 멋지게 엮어낼 수 있다. 주어진 문제와 상관없고 심지어는 정반대의 것처럼 보이는 주제와 개념들을 찾아가는 것도 이 과정에 포함될 것이다. 모든 발명과 발견은 생각할 수 없는 것을 생각하는 것으로 시작한다.

## 당신의 아이디어는 충분히 미쳤는가?

사람들은 완전히 새로운 생각을 하는 것에 두려움을 느낀다. 두려움은 새로운 생각을 찾는 탐험을 가로막는다. 하지만 창의적인 천재들은 누구도 생각하지 못한 것을 찾는 생각의 탐험을 기꺼이 즐긴다. 전자 스핀을 발견한 볼프강 파울리가 새로운 소립자 이론을 당대 석학들에게 발표하고 있었다. 그의 이론은 너무나 황당해서 말도 안 되는 소리처럼 들렸다. 그러나 닐스 보어는 파울리의 이론이 너무나 황당하기 때문에 오히려 가치가 있다고 평가했다. 말도 안 되게 황당한 파울리의 새로운 이론은 기존의 이론으로는 어떻게 고쳐볼 수 없다는 것이 닐스 보어가 높이 평가한 이유였다.

닐스 보어의 평가 역시 비논리적으로 들리지만, 사실은 그 안에 창의성의 논리가 숨어 있다. 천재들은 예측할 수 없는 생각의 과정을 참고 견디는 인내심이 있다. 예측할 수 없는 생각의 길을 참고 견디며 가는 것만이 맥락을 바꾸고 새로운 관점을 만들어낸다.

세제 제조회사는 새로운 마케팅 전략을 원했다. 한 에이전시가 특이한 아이디어를 생각해냈다. 고객이 50개의 세제 중 하나를 구매해 집으로 돌아갔을 때 어디선가 선물이 나타나는 것이다.

이 특이한 아이디어를 어떻게 실현할 수 있을지 상상해보라.

당신은 어떤 아이디어를 떠올렸는가? 여기 한 마케팅 에이전시가 제시한 방법이 있다. PSFK(PSFK.COM)에 보고된 바에 따르면 이렇다. "그 에이전시는 유니레버 사에 브라질의 오모 브랜드 세제 가운데 50개의 제품 상자에 GPS 장치를 달도록 했다. 덕분에 에이전시는 구매자들을 집 앞까지 따라가 깜짝 선물을 전해줄 수 있었다. GPS 장치를 단 50개의 세제 중 하나가 진열대에서 나가면 즉시 직원이 행동을 취해 몇 시간 안에 구매자의 집을 방문했다."[2]

처음에는 말도 안 되는 엉뚱한 아이디어였지만 불가능해 보이는 것을 늘어놓고 자유롭게 장난치듯 생각한 결과 재미있는 아이디어가 탄생한 것이다.

또 다른 예를 보자. 화학물질을 가지고 놀기를 좋아하는 3M의 화학자 스펜서 실버는 여러 화학물질을 섞어 어떤 결과가 나타나는지 지켜보곤 했다.[3] 그렇게 탄생한 제품 중 하나가 접착제 기능을 가진 포스트잇이다.

스펜서 실버는 이렇게 말했다. "내가 그것에 대해서만 생각했다면, 실험은 이루어지지 않았을 거예요. 논문들은 '이건, 도무지 불가능해요'라고 말하는 예들로 가득 차 있죠." 만일 그가 논문들 속에 파묻혀 연구했다면, 작업을 중단했을 것이다. 핵심은 전문가들이 믿는 것을 아는 것이 아니라, 실험을 통해 자신이 할 수 있는 것을 알아내는 것이다. '유레카!'의 순간에 실버는 자신이 일시적인 접착력을 가진 접착제를 개발했다는 것을 깨달았다.

하지만 문제는 그러한 발견을 어떻게 이용하는가였다. 실버는 해결책을 찾기 위해 계속 시도해보았지만 별 성과가 없었고, 다른 직원도 그것을 유용한 제품으로 발전시키지 못했다. 또 다른 3M 직원인 아서 프라이가 영감을 얻었을 때, 돌파구가 생겨났다. 교회 성가대원이었던 아서는 찬송가의 악보 책갈피로 종잇조각을 사용했다. 그런데 가끔 종잇조각이 날아가는 통에 악보를 찾지 못하는 일이 생겼다. 성가대에서 노래를 부르면서 실버는 더 좋은 책갈피를 만들기 위해 실버가 개발한 접착제를 사용해봐야겠다고 생각했다. 실버의 접착제를 사용하여 '붙였다 떼었다 할 수 있는 종이'라는 발상이 나오게 된 배경이다.

그런데 문제가 또 있었다. 3M에는 그것을 생산할 장비가 없었다. 경영진은 아서 프라이의 응용품에 별 반응을 보이지 않았다. 결국 아서 프라이는 지하실에서 직접 디자인하고 설계한 기계를 만들어 포스트잇의 초기 제품을 생산해냈다. 그 기계는 너무 커서 지하실 문을 통과할 수 없었다. 결국 벽에 구멍을 뚫어서 3M으로 기계를 옮겨야 했다. 그는 경영진과 기술자, 판매원 그리고 생산관리 책임자들이 지켜보는 가운데 기계를 시연했다. 그제야 경영진은 제품의 진가를 알아보고 열광했다.

## 예 상 밖 의 것 생 각 하 기

생각은 새로운 상황을 머릿속에 있는 기존의 홈과 칸 속에 맞춰나가는 과정이다. 하나의 물체를 한 번에 하나 이상의 칸에 넣을 수 없는 것처럼 생각의 과정도 하나의 생각을 한 번에 하나 이상의 정신적 범주에 넣을 수 없다. 왜냐하면 우리의 정신은 기본적으로 모호함을 참지 못하기 때문이다. 정신의 첫 번째 기능은 경험의 복잡성을 줄이는 것이다.

우스꽝스럽거나 터무니없는 아이디어를 떠올릴 때, 당신은 예상 가능한 생각의 영역 밖으로 발을 내딛는 것이다. 한 예로 포장 문제를 겪었던 접시 제조회사 경영자의 이야기를 들어보자. 접시들은 날짜가 지난 신문지에 싸여 상자 속에 담겼다. 그런데 직원들이 포장하면서 신문 내용을 읽느라 일하는 속도가 30퍼센트나 떨어졌다.

경영자는 신문지 대신 다른 재료로 포장해보았다. 하지만 공짜인 신문지에 비해 비용이 많이 발생했다. 다른 언어로 된 신문지도 사용해봤지만 구하기가 쉽지 않았다. 그는 심지어 포장 접시의 수를 늘리기 위해 직원들에게 장려금도 지급해보았다. 그러나 그것도 그다지 성공적이지 못했다. 결국 화가 난 경영자는 회의에서 아무것도 읽지 못하게 직원들의 눈을 테이프로 붙여버리겠다고 엄포를 놓았다. 이 우스꽝스러운 말 때문에 웃음이 쏟아졌고, 사람들은 그 말을 가지고 농담을 하기 시작했다.

하지만 그 순간이 경영자에게는 문제가 해결되는 순간이었다. 즉 앞을 못 보는 사람들을 고용해 포장 일을 시키면 되겠다는 아이디어를 떠올린 것이다. 그 회사는 그 아이디어를 실행해 포장의 효율성을 크게 높였을 뿐 아니라, 장애인들을 고용하여 세금 감면 혜택도 받았다.

다음 그림을 보자.

사각형들로 이루어진 그림이라는 것이 당신의 머릿속에 떠오른 첫인상일 것이다. 하지만 가운데 있는 X에 초점을 맞추면 이 이미지 속에 원이 나타날 것이다. 일정 시간 동안 한 대상에 집중할 때 우리의 뇌는 지루함을 느끼고, 전체를 부분으로 분리해 흥미로운 부분들을 찾음으로써 대상을 다르게 인식하려 한다. 이 그림에서 당신은 사각형을 인식했지만, 당신의 뇌는 곧 그것들을 재배열하여 원이라는 다른 패턴을 인식하게 된다.

## 말도 안 되는데 아이디어가 된다

같은 과정이 생각에서도 일어난다. 우리가 아무리 말도 안 되고 바보 같은 아이디어를 떠올렸다 해도 우리의 뇌는 그것을 해체하여 부분으로 만들고 그중 흥미로운 부분을 찾는다. 이 과정의 초기 단계에서는 이러한 변화의 효과들이 의식의 수준 밑에 머물러 있다가 얼마 후 새로운 아이디어와 통찰력이 되어 의식을 뚫고 나온다. 트라이시티 적십자(Try-City Red Cross)의 책임자가 생각해낸 아이디어가 바로 그런 예다.⁴ 그 단체가 하는 일 중 하나는 중동에 배치된 군인들의 가족들을 지원해주는 것이었다. 책임자는 군인들의 아이들을 아버지와 연결시켜줄 수 있는 활동을 모색하고 있었다.

어느 날 그녀의 아들이 아버지와 떨어져 있는 동안 아버지 역할을 해줄 연기자를 고용하는 것이 어떻겠냐고 말했다. 처음 들었을 때는 웃어 넘겼지만 '아버지의 대리인'에 대한 생각이 그녀의 머릿속을 떠나지 않았다. 그녀는 일주일 내내 군인들의 대역 배우로 무엇이 있을까 하고 생각했다. 어느 날 그녀는 주인공이 봉투를 타고 세계를 여행하는 동화책 〈납작이 스탠리*Flat stanley*〉를 바탕으로 한 방송 프로그램에 대해 들었다. 여기에서 그녀는 멋진 아이디어를 떠올렸다.

그녀는 군인 아내들에게서 남편의 사진과 재킷 치수를 받았다. 그러고는 지역 인쇄소에 의뢰해 상반신은 군인의 실제 크기의 사진을 만들고, 폼 보드로 그 뒤를 받쳤다. 그런 다음 파티를 열어 그것들을 '납작이 아빠' 또는 '납작이 군인'이라고 소개하며 아이들에게 나누어 주었다.

아이들은 무척 기뻐했고, 어디를 가나 납작이 아빠를 데리고 다녔다. 어떤 소년은 주말마다 납작이 아빠와 함께 축구를 보았다. 어떤 가족은 매일 밤 납작이 아빠와 저녁을 먹는다. 세 살짜리 딸에게 납작이 아빠를 준 한 엄마의 이야기에 따르면 1년 후 남편이 휴가를 받아 집에 돌아왔을 때, 어린 딸은 아빠를 알아보고 "아빠, 아빠!" 하고 외쳤다고 한다.

아들의 '우스꽝스러운' 아이디어에 관심을 기울인 덕분에 적십자의 책임자는 실제로 적용 가능한 새로운 아이디어를 발견한 것이다. 당신이 우스꽝스러운 것을 상상하기 시작할 때, 납작이 스탠리에 대한 책을 우연히 발견한 것처럼 뜻밖의 사건들을 만나게 된다. 논리적인 생각은 부정적인 감정을 작동시켜 생각의 흐름을 막고 제한된 방법으로 정보를 구성하게 만든다. 하지만 우스꽝스러운 아이디어들과 어울려 놀 때, 당신의 상상력이 무한한 방법으로 정보들을 재구성한다는 것을 알게 될 것이다.

당신에게 창의적인 아이디어를 발견하게 해줄 한 가지 기술은 문제와 아무 관련이 없는 것처럼 보이는 우스꽝스러운 아이디어의 목록을 만드는 것이다. 그것이 독특한 생각 패턴들을 일깨워줄 것이다. 다른 방법으로는 나란히 놓지 못했을 것들을 나란히 놓고, 다른 방법으로는 발생하지 않았을 일련의 사건들을 만들어나갈 수 있다.

생각을 바꾸는 실험 48

당신이 대학의 새로운 과학 건물을 디자인하기 위해 고용된 팀의 일원이라고 상상해보자. 대학은 과학적 의미를 가진 디자인을 원한다. 문제는 과학적 의미를 전달하면서도 독특한 뭔가를 디자인하는 것이다.

1. 먼저 터무니없고 비현실적인 아이디어를 가능한 한 많이 나열하라.
   몇 가지 예들:
   - 보이지 않는 건물
   - 날씨에 따라 외관이 변하는 건물
   - 살아 있고 디자인이 매일 바뀌는 건물
   - 접어서 캠퍼스 여기저기에 옮길 수 있는 건물
   - 말하는 건물

2. 이제 각 아이디어에 초점을 맞춰 디자인의 원리, 특성, 그리고 독특한 양상을 끌어내보자. 당신의 생각과 아이디어들을 나열해보라.

   팀 구성원들이 살아 있는 건물에 대한 아이디어에 호기심을 가진다고 가정해보자. 그들은 다음과 같이 '생명'의 원리와 생명의 특징 중 몇 가지를 정한다.

   - 호흡: 모든 동물은 숨을 쉰다.

- 관계: 인간과 동물은 다양한 종류의 관계를 발전시킨다.
- 유전자: 삶은 유전적으로 결정된다.
- 탄생과 죽음: 동물들은 태어나거나 부화되어 살다가 죽는다.
- 육체적·감정적·정신적 상태: 인간과 동물은 육체적·감정적·정신적 상태를 가진다.

3. 당신의 목록에서 원리로써 인식한 것들의 다양한 양상들을 가지고 놀아보자.

생명의 다양한 양상들과 놀다 보면 유전학에 대한 생각이 떠오를 것이다. 아마 이런 질문들이 팀원들 사이에 제기될 것이다. 건물 재료 중 무엇이 유전자와 비슷할까? 건물이 유전적으로 결정될 수 있을까? 우리가 최신식 건물을 만들어내야 하나? 건물에도 유전자 풀이 있을까? 건물이 DNA를 가질 수 있을까?

당신이 디자인한 새로운 건물은 어떤 모습인가?

건축가들로 이루어진 팀이 가장 흥미를 느낀 질문은 "건물이 DNA를 가질 수 있을까?" 였다. 아그네스 스콧의 이름을 딴 새로운 건물을 디자인하기 위해 건축가들이 고용되었다. 건축가들은 스콧 자손의 DNA 샘플을 얻어 화가에게 그것을 그림으로 표현하도록 했다. 그 화가의 그림은 건물의 4층 외관 벽에 새겨졌다. 마치 그 건물은 보이지 않는 아그네스 스콧을 눈에 보이게 표현하는 것 같았다. 그 벽을 지나갈 때마다 사람들은 아그네스 스콧을 생각하게 될 것이다.

당신은 달걀을 홍보하기 위해 어떤 우스꽝스러운 아이디어를 떠올릴 수 있겠는가? 식품과학자들과 마케팅 직원들이 우스꽝스러운 아이디어들을 주고받고 있었다. 그중 하나는 "달걀들이 말을 하면 어떨까?"였다. 독특한 특징은 '의사소통'이었다. 그들은 여기에서 힌트를 얻어 특별한 열을 감지하는 로고가 찍힌 달걀을 개발했다.[5] 그것을 요리하면 로고가 나타나도록 했다. 달걀을 덜 익힐 것인지, 반숙으로 익힐 것인지, 혹은 완숙으로 익힐 것인지 선택한 뒤 로고가 나타나는 것을 지켜보면 된다.

## 상상을 현실로 만든 월트 디즈니

월트 디즈니는 상상할 수 있는 모든 환상적인 아이디어들을 비판 없이 탐구하곤 했다.[6] 후에 그는 이러한 상상들을 실행 가능한 아이디어로 설계하고 그것들을 평가했다. 그는 자신의 시점을 공상가, 현실주의자, 비평가 이렇게 세 가지 시점으로 바꾸어 차례로 그 역할을 해보았다.

첫날 그는 공상가의 역할을 맡아 여러 상상들과 환상적인 일들을 떠올려보았다. 그는 자신의 생각을 어떻게 실행할 수 있을지는 걱정하지 않고 마음껏 상상을 펼쳤다. 다음 날 그는 상상을 현실 속으로 끌어와 현실주의자의 역할을 해보았다. 이번에 그는 현실주의자가 되어 자신의 생각을 실용적인 어떤 것으로 만드는 방법을 찾았다. 셋째 날에는 비평가의 역할을 맡아 '이게 가능해?' 하고 물으며 자신의 아이디어들이 가진 허점을 점검했다.

**생각을 바꾸는 실험 49**

**문제:** 나이트클럽을 개장하는데, 특별한 초대장을 만들고 싶다.

**공상가 되기:** 먼저 되도록 많은 환상적인 아이디어를 나열해보라. 몇 가지 예가 있다.
- 초대받는 사람의 책상 위에 초대장이 마법처럼 나타나게 한다.
- 의자에 센서를 부착해 단골손님이 될 것 같은 사람이 앉으면 의자가 그 사람을 초대한다.
- 오는 사람 모두에게 부와 행복을 보장한다.
- 초대장이 돋아나는 식물을 만든다.
- 방문하는 모든 사람들에게 그들의 삶을 바꿀 마법의 알약을 받을 것이라고 약속한다.

**현실주의자 되기:** 이제 당신의 상상을 현실로 끌어와 그 안에서 발견한 개념들을 연구해보자. 앞의 목록에 있는 개념 중에는 '마법처럼 나타난다', '보장한다', '돋아난다' 등이 있다. 당신의 아이디어를 나열해보자.

**비평가 되기:** 끝으로 당신의 아이디어들이 실행될 가능성을 평가해보라. 어떻게 했는가?

나이트클럽 사장은 알약 같은 초대장을 만드는 것에 영감을 받았다. 그는 까만색 벨벳으로 만든 반지 케이스의 쿠션 속에 파란색 알약을 끼워 보냈다. 케이스 위에는 이렇게 쓰여 있다. "이것은 당신의 행복을 보장해줄 마법의 알약입니다." 케이스 안에 있는 지침서에는 다음과 같이 적혀 있다. "따뜻한 물을 부어 휘젓고 녹을 때까지 기다리세요." 알약을 물에 담그면 캡슐이 녹아 거품이 일어났다. 잠시 후 개장 시간, 날짜, 장소가 적힌 셀로판지 조각이 물 위로 떠올랐다. 셀로판지 조각은 초대장으로, 이 초대장을 가져가는 사람은 나이트클럽 입장료 중 1.10달러를 할인받을 수 있었다. 아이디어는 대성공을 거두었다.

다음은 로저 셰퍼드 교수가 만든 테이블 착시다.[7] 아래에 있는 두 개의 테이블을 보라. 그 둘은 확실히 다르게 보인다. 하나는 폭이 좁고, 하나는 넓다. 믿을지 모르겠지만 똑같은 테이블이다.

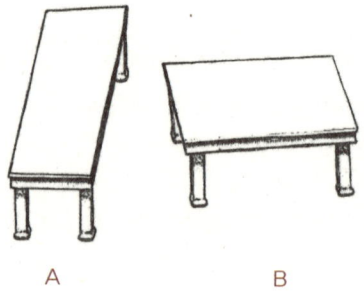

A      B

당신은 테이블 A의 윗면을 잘라 오른쪽으로 4분의 3만큼 돌리고 테이블 B의 윗면에 놓으면 둘이 같은 것임을 입증할 수 있다. 아니면 길이와 너비를 재어 비교해보아도 알 수 있다.

이제 당신은 불가능해 보이는 상황을 받아들이고 그것을 확인해

봄으로써 불가능하다고 생각한 것이 화가가 만든 착시임을 알게 된다. 이것은 터무니없는 아이디어들을 가지고 노는 것이 전혀 쓸데없는 일이 아니며 오히려 얼마나 가치 있는지를 알려준다. 그것들을 만지작거리다 보면 평소라면 놓쳤을 것들을 보게 된다.

다음의 실험은 물체들을 가지고 몇 가지 독특한 조합을 이룬 것이다. 이 실험은 참가자들이 작은 쪽지에 임의의 명사들을 써서 그것들을 무작위로 조합해 참가자들이 생각할 수 있는 독특한 물체를 제안하는 것이다. 명백히 모순되거나 불가능해 보이는 아이디어들을 뒤섞음으로써 참가자들은 자신들의 생각을 유연하게 움직여 과제의 세부 사항을 충족시킬 수 있다.

다음 목록에서 묘사된 각각의 대상을 상상하고 그것을 그림으로 그려보라. 각각의 목록을 실행 가능한 것으로 상상할 수 있겠는가. 예를 들어 '과일이기도 한 가구'는 파인애플 모양으로 디자인된 의자를 만들었다.

- 물고기이기도 한 탈것
- 변기이기도 한 수족관
- 사람이기도 한 주차 미터기
- 주방기구이기도 한 새
- 도구이기도 한 향신료
- 사람이기도 한 공원 벤치
- 찻잔이기도 한 컴퓨터
- 자전거이기도 한 요리용 레인지
- 책이기도 한 전등갓

이 실험으로 다음과 같은 아이디어들이 탄생했다.

- 물고기이기도 한 탈것: 돌고래가 끄는 보트
- 자전거이기도 한 요리용 레인지: 자전거 구조의 관들이 증기로 가득 채워져 요리를 할 수 있도록 내뿜는다. 페달을 밟는 것이 레인지의 에너지원이다.
- 사람이기도 한 주차 미터기: 주차 미터기가 적외선에 민감한 센서와 리튬을 동력으로 이용하는 컴퓨터 칩을 가지고 있어 마치 사람처럼 주차장을 살펴볼 수 있다. 차가 주차장을 빠져나가면 미터기에 기록된 시간이 지워진다.
- 변기이기도 한 수족관: 어떤 공학자가 실제로 수족관처럼 보이는 화장실을 디자인했다. 즉 유리 수족관 수조가 달린 변기다. 변기의 기계장치는 벽 뒤에 있다. 예를 들어 작은 물고기들이 헤엄치는 유리 수족관 수조가 변기 수조의 자리를 대신한 듯 보인다. 어떤 식당 주인은 홍보 전략의 일환으로 이 변기를 샀고, 고객들이 이 변기에 대한 이야기를 친구들에게 들려주면서 사업이 번창했다.

걷고 말하는 벤치는 어떨까? 영국 케임브리지의 공공광장을 방문하는 사람들은 여섯 개의 벤치와 여섯 개의 쓰레기통을 볼 수 있다. 하지만 이 거리의 시설들은 우리가 봐왔던 것과는 다르다. 이 벤치와 쓰레기통에는 기계장치와 센서가 장착되어 있어 광장 주변을 돌아다닐 수 있다. 벤치에 아무도 앉지 않으면 벤치는 사람들의 관심을 끌기 위해 새로운 장소로 이동한다. 비가 오면 벤치와 쓰레기통은 비를 피할 수 있는 장소로 이동한다.

　벤치와 쓰레기통은 산책하는 사람들보다 더 빠르지 않게 광장 주변을 천천히 움직인다. 다른 물체와 가까워지면 센서가 작동해 멈춰 선다. 때때로 벤치에 사람들이 앉아 있으면 벤치는 노래를 부르기 시작한다. 그때 쓰레기통은 소프라노 목소리로 함께 노래를 부른다.

## 불가능한 것도 가능하게 하는
## 뻔뻔한 상상력

걸어다니고 노래도 하는 벤치와 쓰레기통은 우리가 경험해본 적이 없는 것을 마음속에 떠올려 뒤섞으며 상상한 것의 결과물이다. 창의적으로 생각하는 사람들은 다른 이들의 마음속에서 상상하고 그들의 입장에서 바라보며, 심지어는 자연의 힘을 상상하기도 한다. 이것이 아인슈타인이 종종 상상력이 지식보다 더 중요하다고 말했던 이유다.

　다음 문단을 읽기 전에 먼저 문제를 풀어보자.

어느 날 아침 해 뜰 무렵 어떤 스님이 높은 산을 오르기 시작했다. 폭이 고작 30~60센티미터 정도 되는 좁은 길이 산 정상에 있는 절을 향해 구불구불 나 있었

다. 스님은 다양한 보폭으로 걸어 올라갔다. 가는 도중 여러 번 멈춰 서서 휴식을 취하기도 하고 말린 과일을 먹기도 했다. 그는 해가 뜨기 직전에 절에 도착했다. 며칠 동안 단식과 명상을 마친 스님은 같은 길을 따라 내려오기 시작했다. 해가 뜰 무렵에 시작해 다양한 보폭으로 자주 멈춰 서며 길을 따라 내려왔다. 물론 산을 내려오는 평균 속도가 오르는 속도보다 빨랐다. 스님이 산을 내려오며 지나온 곳들 중 산을 오를 때와 정확히 같은 시각에 지나간 곳이 있을까?

논리적으로 추론하거나 수학적으로 접근할 경우 스님이 하루 중 같은 시각에 같은 지점에 있는 자신을 발견하지 못할 것이라는 결론을 내릴지도 모른다. 하지만 스님이 언덕을 올라가는 것을 상상해보고, 동시에 스님이 언덕을 내려오는 것을 상상해보라. 두 사람이 어떤 보폭으로 걷든지 혹은 얼마나 자주 멈춰 쉬는지와 상관없이 언젠가는 한 지점에서 마주칠 것이다.

물론 스님이 자신을 복제해 동시에 산을 오르고 내리는 것은 불가능하다. 하지만 시각적으로 이미지화하면 가능한 일이다. 논리를 완전히 무시하고 한 이미지를 다른 이미지 위에 포개어 합성시킴으로써 문제를 해결할 수 있게 되는 것이다.

이 상상력 넘치는 구상은 산을 오르고 내리는 여정을 섞으면서 어떤 장소에서 스님이 자신과 마주치게 한다. 즉 두 스님을 만나게 하는 것이다. 고대 그리스인들은 이러한 생각을 '같음'이라는 뜻의 호모이오스(homoios)라고 불렀고, 꿈의 과정을 반영하는 이미지 같은 것이라고 생각했다. 이는 미술과 과학의 폭발적인 성장으로 이어졌다.

상상력은 우리에게 불가능한 것도 가능한 것처럼 생각하게 하는 뻔뻔함을 준다. 예를 들어 아인슈타인은 뉴턴의 절대적인 시간 개념에 대한 대안들을 상상하고, 시간은 운동 상태에 따라 상대적이라는 것을 발견했다. 아인슈타인과 비슷한 통찰력을 발휘했음에도 시간이 절대적이라는 통념 때문에 아인슈타인이 발견한 것을 발견하지 못했던 수많은 과학자들을 생각해보라.

당신의 사업에서 불가능해 보이지만 가능한, 사업의 특성을 영원히 바꿀 만한 일을 생각해보라.

불가능한 일에 대해 생각해보고 가능한 일에 가까워질 수 있는 아이디어를 떠올려보라. 예를 들어 자동차가 살아 숨 쉬는 생명체라고 상상해보자. 살아 있는 생명체들의 특징을 나열해보라. 예를 들어 그것들은 숨을 쉬고, 나이가 들고, 번식하고, 감정을 느낀다. 그런 다음 자동차를 디자인하면서 이러한 특징 중 되도록 많은 것을 사용해보라. 당신은 차의 일부에 감정을 이입할 수 있겠는가?

일본 도요타 자동차의 공학자들은 화난 감정부터 기쁨과 슬픔에 이르는 감정까지 여러 감정을 표현할 수 있는 차를 연구하고 있다.[8]

"이 차는 몸체를 높이거나 낮출 수 있고 안테나도 '흔들' 수 있습니다. 눈썹, 눈, 심지어는 눈물처럼 보이도록 의도된 색깔로 바꿀 수 있는 조명장치를 단 자동차 덮개가 장착되어 있습니다. 차 안에 탑재된 컴퓨터에 저장된 자료들에 의존해 운전자의 감정에 가까워지려고 노력할 것입니다. 예를 들어 만약 다른 차가 이 감정을 표현하는 차의 차선에 끼어들면 운전자의 입력에 맞춘 감속, 브레이크 밟기, 방어적 조종의 알맞은 조합이 화난 인상을 유발할 거예요."

화난 표정은 프런트앤드(앞 범퍼나 범퍼 아래 부분 - 옮긴이)의 조명이 켜져 U자 모양의 붉은빛을 내뿜을 때 헤드라이트가 45도 각도로 아래쪽을 비추고, 아래쪽 눈썹은 '진홍색'으로 빛나면서 만들어진다. 기분 좋은 표정을 나타낼 때는 주황색 빛이 프런트앤드를 비추고 한쪽 헤드라이트가 친절한 운전자를 향해 윙크하며 안테나를 흔든다. 슬픈 표정은 헤드라이트에서 떨어지는 파란색의 '눈물'이다.

구체적인 생각과 행동을 통해 불가능한 것을 가능하게 만들려고 함으로써 상상력을 펼치는 것은 꿈에 대한 거울 반전 현상과 같다. 꿈이 추상적인 아이디어를 구체적인 행동과 이미지로 표현하는 것에 반해 창의적인 과정은 반대 방향으로 작용한다. 구체적인 아이디어(살아 있는 차)를 이용해 의식적인 단계에서 통찰력을 얻고 창의적인 이미지로써 감추어진 생각(감정을 나타내는 차)을 드러내는 것이다.

CREATIVE
THINKERING

# 10

# 모든 것은 순리에 따라 이루어진다

우리는 말로 표현할 수 있는 것보다
더 많이 안다.

순무를 심은 정원사가 있었다. 정원사는 순무가 잘 자라지 않자 매우 실망했다. 그는 순무를 파내서 꼼꼼히 살펴보며 문제점을 찾았다. 파낸 순무를 손질하고 잔뿌리를 일부 잘라낸 후 다른 방법으로 옮겨 심었다. 자연을 통제하기 위한 노력으로, 그는 순무를 해쳤고 초라한 순무가 만들어졌다.

정원사는 결과가 아닌 통제에 초점을 맞추었다. 순무가 잘 자라지 않자 다시 파내고 다른 방법을 시도했다. 만약 정원사가 느긋하게 자연의 순리에 따랐다면 특별한 노력을 들이지 않고도 자연스럽게 순무가 잘 자라는 것을 보았을 것이다. 정원사가 종자를 심고 나서 해야 했던 일은 그 자리를 떠나 다른 일을 하는 것이었다.

통제하려는 욕구는 생각을 멈추게 하고 인식의 자유로운 활동을 막는다. 어떤 면에서 우리는 자연을 해치고 그것을 통제하려는 정원사와 같다.

다음의 그림을 보자. 점에 초점을 맞추고 집중해보라.

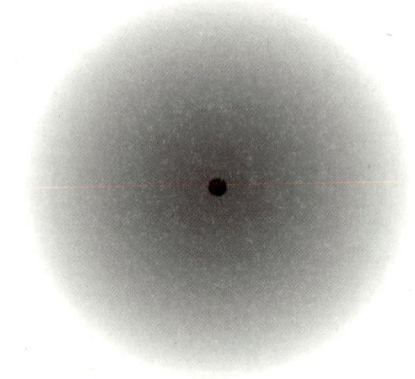

잠시 동안 저 까만 점을 집중해서 보다 보면 어두운 배경이 희미해지고 사라진다. 까만 점은 당신이 생각하고 있는 문제이고, 배경은 당신의 마음속에 떠다니는 문제와는 직접적인 관련이 없어 보이는 애매모호하고 불완전한 생각의 조각들이라고 비유해보자. 문제에만 너무 집중하다 보면 문제 해결에 단서가 될 수 있는 정보들이 보이지 않게 된다. 더 집중하면 할수록 유익한 연관성은 더 많이 사라진다.

휴식을 취하고 문제에 대한 생각을 멈추면 오히려 이러한 정보가 되돌아와 더 뚜렷해진다. 중국에 이것을 설명하는 표현이 있다. 무위(無爲), 즉 '하지 않는 것'이다. 이것은 아무것도 하지 말라는 뜻이 아니다. 강요하지 말라는 의미다. 모든 것은 순리에 따라 자연스럽게 이루어진다는 것이다. 사실이 그렇다.

인지과학자들은 사람들이 아이디어를 숙성시키는 시간을 가지면 연관성이 적은 아이디어들을 서로 연결시킬 가능성이 33퍼센트 더 높아진다는 것을 알아냈다.[1] 이는 고민하고 있던 아이디어를 머릿속에서 완전히 잊고, 아무 생각을 하지 않을 때 더욱 효과가 있다. 또한 잠시 문제를 잊고 있다가 다시 생각할 때 창의력을 더 발휘할 수 있는데, 사람들은 그 사실을 잘 모른다. 당신은 길을 걷거나 샤워를 하다가 문득 깨닫는다. '잠깐, 문제를 해결할 다른 방법이 있을 거야' 하고 말이다.

## 누군가 당신을 보고 있다

어떤 경찰서의 형사부 테이블 위에 커피 한 잔과 도넛이 있다. 그 앞에는 이렇게 적혀 있다. "마음껏 드세요. 그리고 이 서비스가 계속될 수 있도록 최소 1달러라도 기부해주세요." 기부를 하는 사람은 거의 없었다. 대부분 공짜 커피와 도넛을 들고 나가버렸다. 심리학자들은 사람들의 이런 행동을 오랫동안 보아왔다. 즉 사람들은 아무도 보고 있지 않으면 정직하지 않은 행동을 할 가능성이 높아진다는 것이다. 아무도 보지 않을 때는 자기 하고 싶은 대로 하기 쉽다. 적어도 한 잔의 공짜 커피를 가지고 도망갈 수 있다고 느끼는 것이다.

기부를 장려하기 위해서 담당자는 온갖 방법을 다 써보았다.[2] 하지만 효과가 전혀 없었다. 어느 날 담당자는 일을 하던 중 등이 너무나 간지러웠다. 조심스럽게 주위를 둘러보고 아무도 보는 사람이 없다는 것을 확인한 후 마음놓고 가려운 곳을 긁었다. 그리고 그날 밤 샤워를 하다가 놀라운 통찰을 얻었다. 누군가 보고 있다고 느끼게 하면 되지 않을까? 그녀는 커피와 도넛 위에 한 쌍의 눈이 그려진 포스터를 붙였다. 그러자 놀라운 일이 벌어졌다. 모금함이 가득 찬 것이다.

실제로 누군가 보고 있지 않아도 감시받고 있다는 느낌만으로도 사람들은 정직하게 행동했다. 이 사실은 경찰서장에게 보고되었다. 경찰서장 역시 흥미를 느껴 심리학자들과 상의했고, 심리학자들은 다른 종류의 포스터들을 가지고 몇 가지 실험을 했다. 한 쌍의 눈 때문에 사람들의 행동이 달라질 수 있다는 사실에 만족한 경찰서장은 눈 포스터를 마을 전역에 붙여 '우리가 범인을 지켜보고 있다'라고 불리는 캠페인에 활용했다.

심리학자들은 포스터들이 자동차 도난이나 공공기물 파손과 같은 행동에도 영향을 미치는지에 대해 연구를 계속하고 있다. 문제에 대한 생각에서 잠시 벗어남으로써 중요한 통찰을 얻은 경우다.

## 생각을 멈춰라

한 유명한 물리학자는 과학에서의 모든 위대한 발견은 그들이 특정한 문제에 대한 생각에서 잠시 벗어나 있을 때 이루어졌다고 말했다. 1970년대에 뉴저지 응용학문연구소의 프랑크 윌첵은 '신의 마음을 아는 것'처럼 희귀한 발견 중 하나인 원자의 핵들이 어떻게 모여 있는지를 추론했다.[3] 획기적인 새로운 발견은 그가 다른 자연의 힘을 검토하고 있을 때 떠올랐다. 그는 갑자기 '머릿속에 확 떠오르는' 것을 느꼈고, 한 분야에서 실패한 접근이 다른 곳에서 성공할 수 있다는 것을 깨달았다.

마찬가지로 버트런드 러셀은 《행복의 정복》이라는 책에서 이렇게 썼다. "나는 조금 어려운 주제를 가지고 글을 써야 할 때, 어떤 것이 가장 최선의 방법인가를 발견했다. 처음에는 최대한 집중력을 발휘하여 몇 시간이고 며칠이고 그 주제를 생각한다. 그리고 마지막 무렵에 가서 나 자신에게 그것에 대한 생각을 중단할 것을 단호하게 명령한다. 그러면 그다음 일은 내 안의 깊은 곳에서 알아서 처리한다. 몇 달 뒤에 다시 그 주제에 대해 의식적으로 생각해보면 모든 게 해결되어 있는 것을 발견한다."[4]

문제를 몇 시간, 며칠, 몇 주 동안 제쳐놓고 다른 프로젝트로 넘어가는 시간이 잠복기에 해당한다. 잠복기는 잠재의식이 원래의 문제를 계속해서 연구하도록 허락한다. 당신이 문제를 해결하는 데 더 관심을 가질수록 당신의 잠재의식은 더 많은 아이디어를 만들어낼 것이다. 창의적인 행동은 논리나 이성과는 거의 상관이 없다. 과학자들은 갑자기 획기적인 아이디어가 떠올랐던 순간을 설명하며 종종 그것은 그들이 해야 했던 일과 관련이 없는 곳에서 나왔다고 말한다. 여행을 하거나 면도 중이거나 또는 다른 문제에 대해 생각하고 있을 때 그런 아이디어가 떠올랐다고 한다. 창의적인 생각은 어떤 의지나 요구가 있다고 해서 나타나는 게 아닌 것 같다. 긴장을 풀고 상상력이 마음껏 돌아다닐 때 떠오른다.

착각을 일으키는 회색 점들이 까맣고 하얀 격자무늬를 따라 난 교차점에 신비롭게 나타난다. 하지만 당신이 집중해서 보면 특정 교차점에서는 회색 점이 나타나지 않는다.

회색 점처럼 아이디어도 당신이 집중하고 있을 때는 나타나지 않다가 집중하지 않을 때 신비롭게 모습을 드러낸다. 현대과학자들은

이 잠복기와 통찰의 현상을 인정하면서도 그것을 설명하지 못한다. 아이디어 발상이 무의식중에 이루어지는 것은 창의적인 행동이 신성한 영감과 관련이 있다는 것을 암시한다.

작곡가 파울 힌데미트는 그것을 이렇게 설명했다. "우리는 모두 밤하늘 번개가 강력하게 번쩍이는 모습이 어떤지 압니다. 눈 깜짝할 사이에 우리는 대강의 윤곽뿐 아니라 아주 세부적인 것까지 넓은 풍경을 보게 됩니다."[5] 비록 그 그림의 요소를 낱낱이 묘사할 수 없을지라도 풀밭의 작은 잎사귀조차 우리의 관심에서 벗어나지 못했다고 느낀다. "우리는 포괄적이지만 동시에 아주 세부적인 광경을 경험합니다." 일반적인 빛의 상태에서는 절대 볼 수 없는 광경이다. 우리의 신경과 감각은 그 현상의 갑작스러움에 긴장하게 된다.

프랑스의 천재 과학자 앙리 푸앵카레는 자신의 놀라운 아이디어와 통찰은 갑작스럽게 그리고 밤하늘에 번쩍이는 번개처럼 확실하게 떠올랐다고 말했다.[6] 아이디어가 번쩍 떠오르는 것은 너무나 극적이기 때문에 그 순간의 모든 상황이 세세하게 기억되기도 한다.

## 생각은 충돌하고 뒤섞이고 합쳐진다

생각이 당신 머릿속의 가장자리에 난 갈고리에 걸려 있는 입자들이라고 상상해보자. 어떤 문제를 생각할 때, 이 생각들 중 일부는 길을 잃고 당신의 잠재의식에서 떠돌기 시작한다. 그 문제에 대해 더 많은 노력을 기울일수록 더 많은 생각과 정보의 파편들은 불규칙한 운동을 하게 된다. 당신의 잠재의식은 쉬지 않는다. 문제에 대해 생각하는 것을 그만두고 잊어버리기로 결심할 때도 잠재의식은 작동을 멈추지 않는다. 생각들은 계속해서 충돌하고 뒤섞이고 연관성을 만든다.

수학에서 계승은 얼마나 많은 방법으로 사물들을 조합할 수 있는지 계산한다. 세 가지 물체를 가지고 있으면 여섯 가지(3×2×1=6) 조합이 남는다. 수학자들은 열 가지 정보 조각들이 머릿속에서 300만 가지의 방법들로 조합되고 재구성될 수 있다고 계산한다. 이것은 당신이 어떤 문제를 생각할 때, 수많은 조합과 연관성을 상상하는 것이 가능하다는 것을 의미한다.

다음의 실험을 해보자.

누군가에게 이 목록을 천천히 큰 소리로 읽어보라고 하라(가까운 곳에 사람이 없다면, 스스로 목록을 읽어보고 그다음에 책을 덮어라).

- 새콤한 맛있는 사탕
- 꿀 설탕 소다
- 쓴 파이 좋은
- 심장 맛 케이크
- 치아 시큼한 초콜릿

> 3분 후에 기억나는 단어를 모두 적어보라.
> 당신이 써내려간 단어들을 원래의 목록과 비교해보라.

대부분의 사람들은 '달콤한'이라는 단어가 목록에 있었던 것으로 잘못 기억한다. 목록에는 없는 단어지만 목록에 있는 단어들과 관련이 있기 때문이다. 생각은 조합하는 성질을 갖기 때문에 어떤 한 가지를 생각하다 보면 그와 관련된 것으로 생각이 옮겨간다.

나는 식물생리학에 관한 루퍼트 셸드레이크의 논평을 읽는 동안 우연히 이 과정에 대한 흥미로운 비교를 발견했다. "열매를 맺고 나면 죽는 한해살이 식물은 아무것도 비축해둘 필요가 없다. 자원이 고갈될 때까지 계속해서 열매를 맺으며 자신이 가진 모든 것을 준다. 그 결과 나중에 맺은 열매들은 점점 더 작아진다. 반대로 내년을 위해 뭔가를 비축할 필요가 있는 다년생식물은 첫 열매나 마지막 열매나 크기가 거의 비슷하다. 다년생식물은 다음 해에도 열매를 맺어야 하기 때문에 최대 능력보다 적게 산출한다."[7]

우리는 어떤 면에서 다년생식물을 닮았다. 즉 어떤 문제를 고민하다 보면 우리의 뇌가 멈추는 지점에 다다른다. 아마도 이것은 정보를 한동안 숙고한 후에, 미래의 생각을 위해 무언가를 비축하도록 돕는 자연스러운 방식이다.

다음은 잠재의식을 자극하는 데 매우 효과적인 과정이다.

문제와 관련된 세세한 정보들의 사소한 것까지 고려해보라. 다른 사람들과 그 문제에 대해 이야기해보고 질문을 던지고 당신이 할 수 있는 최대한의 생각을 총동원하여 문제를 고민하고 관련된 정보를 조사해보라.

그리고 무의식적인 단계로 넘어가보자. 문제에 대한 당신의 무의식적인 생각을 편지로 써보라. 되도록 상세하게 적어보라. 문제를 정의하고, 그 특징들을 설명하고, 당신이 어떤 단계를 밟아왔는지, 어려움, 차이점, 필요한 것, 그리고 당신이 원하는 것 등등. 글로 적어보는 것만으로도 문제를 정의하고, 논점을 분명히 하고, 정보가 더 필요한 곳을 지적하고, 당신의 무의식이 해결책을 찾아내도록 도울 것이다. 사람에게 쓰듯이 편지를 써야 한다. 당신의 무의식이 모든 것을 다 알아서 적절히 진술된 어떤 문제도 풀 수 있다고 상상하라.

당신의 무의식이 해결책을 찾도록 지시하라. "당신의 임무는 문제에 대한 해결책을 찾는 것이다. 나는 이틀 안에 해결책을 찾고 싶다." 편지를 봉하고 넣어두라. 실제로 그 편지를 자신에게 부쳐도 좋다.

문제를 내버려둬라. 그것에 대해 고민하지 마라. 잊어버려라. 뭔가 다른 일을 하라. 이것은 무의식을 통한 부화 단계다. 당신의 집중된 의식 밖에서 문제를 해결하는 것이다. 이틀 후에 편지를 열어보라. 문제가 여전히 풀리지 않았다면, 편지의 맨 끝에 "이 문제가 언제 풀릴지 알려줘"라고 쓴 뒤 다시 넣어두라. 조만간 당신이 긴장을 풀고 문제를 잊어버리고 있을 때 해결 방법이 머릿속에 마법처럼 떠오를 것이다.

당신의 잠재의식을 자극하기 위한 또 다른 실험이 있다.

1. 세 가지 추상적인 구조를 그려보라. 어떤 형태나 모양을 사용해도 상관없다. 당신의 직관을 이용해 빠르게 해보라.
2. 그중 하나를 선택하라. 그것의 핵심적인 특징을 잡아보라. 예를 들어 추상적인 도형이라도 어떤 것은 부드럽게 느껴지고 어떤 것은 빠르게 느껴진다. 또 어떤 것은 땅딸막하게 느껴지는 등 각기 다른 특징을 연상시킨다.
3. 또 다른 그림을 그려라. 이번 그림은 첫 번째 그림의 동작을 나타내는 필수적인 선과 도형을 그리는 것이다. 첫 번째 그림과 똑같이 그리면 안 된다. 아이디어는 본질을 포착하는 데 있다.
4. 그림을 연구하고 그것이 나타내는 것을 상상하라. 무엇을 나타낼 수 있을까? 구름, 바다, 고양이, 아기 얼굴, 병사, 차 등등이다.
5. 끝으로 당신이 그림에서 본 것과 당신의 문제를 개념적으로 뒤섞어라.

어떤 디자이너가 자신의 마지막 그림이 윙윙거리는 꿀벌을 나타낸다고 생각했다. 그러자 그는 디자인과 자연의 관계에 대해 생각해보게 되었다. 그는 벌들에 대해 생각해보았고 밀랍이나 벌집처럼 벌들이 만드는 제품들에 대해 생각해보았다. 그는 밀랍으로 꽃병을 만들기로 결심했다. 그는 생물학적 부패를 막는 항세균제인 밀랍이 함유된 밀랍꽃병에 꽃을 꽂아두면 꽃이 유리병에 있을 때보다 더 오래 간다는 것을 우연히 알게 되었다.

우리는 우리가 말로 표현할 수 있는 것보다 더 많은 것을 안다. 내가 100만 명의 다른 얼굴들 사이에 당신과 가장 친한 친구의 얼굴 사진을 둔다면 당신은 한눈에 알아본다. 하지만 그게 어떻게 가능했는지 말로 설명할 수는 없을 것이다.

다음의 실험은 모호한 생각과 예감, 그리고 당신의 잠재의식으로부터의 조합들을 찾아내는 데 매우 유용하다. 또한 작가들이 어려움에 부딪혔을 때 그것을 극복하기 위해 자주 써먹는 방법이기도 하다.

10분 정도 시간을 가져라. 단어, 구, 생각의 조각들 등등 머릿속에 떠오르는 것은 무엇이든 써보자. 당신은 잠재의식으로부터 생각과 감정을 끄집어내려 하고 있다. 다 썼을 때, 기록한 것을 검토하려고 하지 마라. 그대로 두고 5일 동안 매일 이런 활동을 10분간 하는 것이 중요하다.

6일째 되는 날 지금까지 기록한 글을 살펴보라. 흥미롭게 느껴지는 단어, 생각, 비유에 동그라미를 쳐라. 당신이 동그라미 친 항목들을 나열하라. 그런 다음 당신이 고민하는 문제와 관련된 패턴과 연관성과 통찰을 찾아보라.

당신은 의식 속에서는 서로 분리되었던 생각, 사실, 또는 경험 사이에서 연관성들을 조금씩 발견할 것이다. 당신의 잠재의식은 직관적인 연관성을 끌어낸다.

학교 선생님인 잭은 환경 문제에 대해 학생들과 함께 토론을 해오고 있다. 5일 동안 머릿속에 떠오르는 것은 무엇이든 목록에 적었다. 그다음에 생각의 조각과 패턴을 찾으며 자신의 목록을 검토했다. 그가 동그라미 친 생각에는 '아프리카의 빈민들', '비누와 물', '청결은 신성함만큼 중요하다', '적십자', '호텔에서 물을 재활용하는 방법' 등이 있었다.

그는 목록을 검토하며 '비누', '재활용', '호텔'을 하나의 아이디어로 조합했다. 그는 호텔에서 주는 작은 비누 조각에 대해 생각했다. 사람들은 그것을 한두 번 사용하고 버린다. 그는 봉사단체를 만들어 200여 개의 호텔과 그 도시의 숙박업소들로부터 남은 비누들을 모두 수거했다. 호텔은 쓰다 남은 비누를 기부하는 대가로 세금 감면 혜택을 받는다. 그의 단체는 비누를 살균 처리해 비누가 필요한 미국의 노숙자 보호시설과 엘살바도르, 온두라스, 니카라과에 기부함으로써 비누를 재활용한다.

## 우리의 잠재의식은 훌륭하다

"둥지에 있는 새의 알을 상상해보라"고 실비아 하트만은 썼다.[8] 알은 아무것도 안 하고 아무런 소리도 내지 않는다. 모양이 바뀌지도 않고, 색깔이 바뀌지도 않는다. 미동도 없다. 데굴데굴 구르지도 않는다. 당신은 며칠 동안 그것을 지켜보면서 그것이 움직이지 않는 물체이며 아무 일도 일어나지 않는다는 결론을 내릴 것이다.

하지만 알 속에서는 많은 세포들이 실체를 만들며 재구성, 음식물

섭취, 성장 등 변화의 소동이 분주하게 일어나고 있다. 이 자라나는 존재는 점점 윤곽이 뚜렷해지고 더 복잡해지고 더 성숙해지고 심장이 뛴다. 이것은 환상적인 일이다.

미동도 없이 오랫동안 놓여 있고 제 힘으로 움직일 수 없을 것처럼 보이던 알이 어느 날 흔들리기 시작할 것이고 그러다가 금이 가고 그 다음엔 새가 나오고 마침내 처음으로 날개를 펼치고 작은 발걸음을 내디딜 것이다.

나는 이 알이 우리의 잠재의식에 관한 매우 적절한 비유라고 생각한다. 잠재의식은 훌륭한 자원이다. 알에 금이 가고 껍데기가 터지는 소리를 듣는 법을 배우고 나면 점점 더 많은 새로운 생각이 알을 깨고 나오는 작은 새처럼 우리의 잠재의식으로부터 나올 것이다.

**CREATIVE THINKERING**

## 맺음말

# 빗속에서
# 춤을 추자

인생은 해가 뜨기만을 기다리는 것이 아니라
빗속에서도 춤추는 법을 배우는 것이다.

최근 난로에 불을 지핀 적이 있다. 통풍이 되는 홈통 속에 나무를 놓았다. 통풍이 되면서 노란 불길이 급속히 번져가기 시작했고 나무를 활활 태웠다. 각각의 나무는 강렬하게 타들어갔다. 태울 것이 더 이상 없어지자 불도 사그라졌다. 그곳에 남은 것은 잿더미뿐이었다.

나무를 태우고 있는 불과 사라진 불은 분명 다르다. 그 차이를 물으면 보통 하나는 살아 있는 불이고, 다른 하나는 죽은 불이라고 말할 것이다. 불은 생명체가 아니다. 하지만 우리는 타오르는 불을 살아 있다고 표현한다. 왜 그렇게 표현하는지 설명하라고 하면 나는 마땅한 설명을 찾지 못하겠다. 단지 그렇게 느낄 따름이다.

이와 같이 모차르트의 음악도 살아 있다. 에드워드 에슬린 커밍스의 시, 모나리자, 스티브 잡스의 애플 컴퓨터, 촛불도 마찬가지다. 노트북 안에 있는 다 빈치의 그림과 에디슨의 아이디어 역시 나름의 생명을 가진 것처럼 보인다. 노벨 물리학상을 받은 리처드 파인만은 무미건조하고 생명력이 없는 양자전기역학에 도식화 작업을 통하여 생명력을 불어넣었다.

　물론 이것은 은유적으로 말한 것이다. 어떤 사람들은 다른 사람들에 비해 더 생명력 있고 더 창의적으로 보인다. 모두 똑같이 말하고, 걷고, 일하고 있지만 어떤 이는 살아 있고 자기 창조적이고, 또 어떤 이는 생명력이 없고 시시하고 단조롭기만 하다. 우리 모두가 알고 있지만 절대 말하지 않는 것들이다.

　무엇 때문에 어떤 사람은 생명력이 넘치고 또 어떤 사람은 생명력 없이 보이는 것일까? 자연에서 답을 찾아보자. 산누에나방은 큰 날개를 가지고 있으며 모든 나방 중에 가장 웅장하다. 산누에나방의 날개는 날 때 더욱 웅장해진다. 하지만 완전히 자란 나방이 되기 전까지는 고치 속의 누에일 뿐이다.

　산누에나방의 고치를 관찰해보라. 어느 날 나방이 고치의 작은 구멍을 뚫고 나오기 위해 힘쓰는 모습을 보게 될 것이다. 노력의 시간은 길지만 나방은 머지않아 완전한 나방으로 나타날 것이다. 만약 당신이 칼이나 가위를 이용해 구멍을 넓혀준다면 나방은 쉽게 나올 것이다. 하지만 그 나방은 부어오른 몸과 작고 쭈그러진 날개를 가지고 있을 것이다. 어린 나방은 평생 기어다니기만 할 뿐 절대 날지 못한다.

자신을 가두고 있는 고치와 좁은 구멍을 뚫기 위한 나방의 노력은 몸의 유연성을 키워주어 고치를 벗어나 날개를 펴고 날아갈 수 있도록 해준다. 만약 우리가 나방 스스로 해낼 수 있는 기회를 나방에게서 빼앗는다면 그것은 나방의 정상적인 성장을 방해하는 일이 된다. 때로 노력은 진정으로 생명력 있게 살아가기 위한 필요충분조건이 된다. 생명력 있는 사람을 떠올릴 때면 나는 항상 리처드 코헨을 떠올린다.[1]

리처드 코헨은 《무방비 상태에서 공격당하다: 질병에 빠진 내 인생을 구해 올리다 Blindsided: Lifting a Life Above Illness》의 저자다. 그의 인생은 질병으로 정의된다. 그는 다발성경화증 때문에 앞을 볼 수도 없고 목소리도 거의 낼 수 없었다. 또한 그는 만성적인 척추 통증 때문에 잠도 못 자고 탈진 상태에 시달려야 했다. 과거 5년 동안 받은 두 차례의 대장암 수술로 그의 장은 손상된 상태였다. 암을 제거했다고는 하지만 그는 평생 동안 고통 속에서 살아갈 수밖에 없다.

리처드 코헨은 병에 걸리기 전에는 CBS방송국 프로듀서였다. 그는 만성적인 질병과 육체적 장애 때문에 일을 그만두어야 했고, 이러한 현실에 무력감을 느꼈다. 친구와 친척들은 정신과 의사에게 전문적인 도움을 받아보라고 권유했지만 그는 거절했다. 정신과 의사들은 항상 그가 무엇이 잘못됐으며 왜 무력감을 느끼는지만 설명한다고 느꼈기 때문이다. 리처드 코헨은 산누에나방과 같이 진실로 생명력 있는 삶을 살기 위한 '노력'을 하기로 결심했다.

리처드 코헨은 자신의 병이 가져다줄 필연적 결과를 알고 있었지만 다른 한편으로는 혼자 힘으로 병을 이겨낼 수 있음을 알고 있었다. 리처드 코헨은 다음과 같이 말했다. "내가 제어할 수 있는 것은 내 머릿속에 있는 것뿐이다. 내가 처음으로 생각한 것은 '내가 누구이며, 어떻게 이 고난을 극복할 수 있을까'였다. 나의 감정을 의식할 수 있는 높이까지 끌어올림으로써 나는 나 자신을 통제할 수 있었고, 대부분의 시간 동안 나 자신에 대해 기분 좋은 감정을 느낄 수 있었다."[2] 그는 자신의 모든 경험을 긍정적으로 해석함으로써 긍정적 태도를 만들어 나갔다.

코헨은 자신의 인생이 심하게 흔들리고 있는 배와 같다고 말한다.

당신은 곧 미끄러질 것이다. 당신은 무언가를 잡으려 할 것이다. 하지만 또다시 미끄러질 것이다. 그리고 반복되는 어려운 상황은 계속해서 당신을 노력하게 만들 것이다. 결국 가장 유쾌한 기분은 난관에 맞서 극복해나갈 때 생기게 된다.

리처드 코헨은 자기 삶의 주체가 되었고, 자신의 운명을 스스로 결정해나갔다. 삶의 주체로 살아가는 사람들은 언제나 생명력이 있다. 비가 오는 일요일 오후, 올드 몬트리올에 있는 한 카페에서 어떤 여자가 아무 이유 없이 노래 부르는 것을 보았다. 그녀는 미소를 머금고 있었고 편안해 보였다. 그녀는 챙이 넓은 하얀색 모자를 쓰고는 큰 소리로 아리아를 부르고 과장된 몸짓으로 춤을 추었다. 그녀는 폭풍우가 지나간 후에 즐겁게 노래 부르는 한 마리 새 같았다. 그 순간은 시간이 정지한 것만 같았다. 당신은 누가 생명력이 있고 또 누가 생명력이 없는지를 쉽게 알 수 있을 것이다.

그녀는 멋진 생명력을 가지고 있다. 리처드 코헨이나 몬트리올의 그 여자와 같은 사람을 만나게 된다면 당신도 분명 스스로 뭔가를 더 '해야 한다'는 알 수 없는 감정에 사로잡힐 것이다. 당신은 이미 이러한 감정을 알고 있다. 다른 사람들 안에서 생명력을 발견할 때 우리가 느끼는 감정이다. 이 감정은 인간이 가질 수 있는 가장 원초적인 감정이다.

이러한 감정을 글로 표현한다는 것은 어려운 일이다. 자신이 자기 인생의 주체라고 믿는 사람은 솔직하고, 개방적이고, 진실되며, 모든 상황에 여유를 느낀다. 이에 반해 자신의 인생을 객체라고 믿는 사람은 억압받고, 강요받으며, 수동적이면서 무기력하다. 그러한 사람은 하루하루를 고통 속에서 보낼 것이다.

몇 년 전 뉴욕에 간 적이 있었다. 아버지를 만나기 위해서였다. 그때 나는 가족을 부양할 의무와 남들의 기대 같은 여러 책임감에 속박된 것만 같았고, 이 때문에 몹시 괴로웠다. 나는 아버지에게 조언을 구했다. 아버지는 나에게 직접 답을 가르쳐주는 대신 근처 나무를 향해 달려갔다. 그러고는 나무에 매달리더니 나무로부터 자신을 구해달라고 소리쳤다. 나는 당황했고, 아버지가 미쳤다고 생각했다. 아버지의 비명을 듣고 사람들이 몰려왔다. "왜 이러시는 거예요?" 나는 물었다. "저는 아버지한테 조언을 구하러 왔는데 아버지는 분명 미쳤어요. 나무가 아버지를 잡은 게 아니라 아버지가 나무를 잡고 있으면서 도대체 왜 구해달라는 겁니까? 빨리 나무를 놓으세요!" 그러자 아버지는 나무를 놓고 내게 말씀하셨다. "아들아, 네가 지금 이 상황을 이해했다면 너는 답을 얻은 것이다. 책임감이 너를 구속하는 게 아니라 네가 책임감을 놓지 못하고 있는 거야. 그걸 놓아주렴."

생각을 바꾸는 실험 57

당신이 등반가라고 생각해보고 다음의 내용을 읽어보자.

당신은 세상에서 가장 높은 산 중의 하나를 오르고 있다. 당신은 현재 정상에 거의 다 왔다. 이것은 당신의 삶의 목표였기에 당신은 정신적으로, 육체적으로 준비해왔다. 이제 마지막으로 힘을 다해 정상에 오르려 한다. 그때 아래에서 당신을 향해 다가오는 또 다른 등반가가 보인다. 그는 바위 위에 서 있는 당신 곁에 선다. 그는 허리에 밧줄을 두르고 느슨한 끝을 손에 쥐고 있다. 그는 줄의 끝을 잡고 당신에게 말한다. "죄송하지만 이 줄을 잠시만 잡아주시겠어요?"
당신은 줄을 잡아준다. 그는 고맙다고 말하며 두 손으로 줄을 꽉 잡을 것을 당부한다. 그러더니 갑자기 바위에서 뛰어내리며 소리친다. "절대 줄을 놓지 마세요. 당신이 줄을 놓으면 저는 낭떠러지 아래로 떨어져 죽을 겁니다." 당황한 당신은 줄을 꽉 잡고 있다. 그는 낭떠러지에서 줄에 매달려 있으며 당신이 줄을 놓으면 그는 죽고 말 것이다. 당신은 그를 끌어올리려 하지만 역부족이다. 그는 소리친다. "줄을 꽉 잡고 있어요. 그렇지 않으면 저는 죽게 될 겁니다." 당신은 더욱 세게 줄을 잡아당기려 하지만 소용이 없다. 해는 저물어가고 날이 점점 추워진다. 이제 무언가 결단을 내리지 않으면 당신이 그토록 바라던 산 정상에는 도달하지 못할 것이다.
당신은 그가 혼자 위기에서 탈출할 수 있는 방법을 알려준다. 하지만 그는 절대 줄을 놓지 말라는 말만 되풀이할 뿐이다. 당신은 그를 달래기도 하고 화도 내보지만 그는 통 듣지 않는다. 시간이 별로 없음을 다시 한 번 확인한 당신은 그에게 소리친다. "잘 들어요. 나는 당신의 생명에 더 이상 책임지지 않을 겁니다. 난 내 삶에만 책임이 있어요. 내가 당신을 도와주는 동안 스스로 노력하지 않고 나에게 꼭 잡고 있으라는 말만 한다면 저는 줄을 놓아버릴 겁니다."

그 남자는 대답한다. "안 됩니다! 당신이 줄을 놓아버리면 저는 죽을 겁니다. 제발 줄을 놓지 마세요." 당신은 조금 더 줄을 잡고 기다려본다. 하지만 여전히 그는 줄에 매달린 채 아무것도 하지 않는다.

결국 당신은 줄을 놓아버리고 산 정상에 오른다.

이 이야기를 다시 한 번 생각해보자. 등반가로 상징되는 것은 당신의 인생에서 무엇에 해당할까? 당신이 원하는 것을 방해하는 요소는 무엇일까? 줄의 의미와 줄을 놓아버리는 것의 의미를 생각해보라. 그의 생명을 지키기 위해 줄을 계속 잡고 있는 것이 현명한 일일까? 실제로 줄을 놓아버렸을 때 어떤 일이 일어났는가?

위와 같은 상황에서 당신이 줄을 놓아버린다면 여러 감정을 겪게 될 것이다. 은유의 힘은 그것들이 무의식적인 마음을 말하려 한다는 데 있다. 은유는 정보의 무의식적인 진행을 촉진시킨다. 위의 이야기를 계속해서 상상해보는 것은 실제로 당신이 가진 두려움을 극복하는 데 도움이 될 것이다.

## 자신의 잠재력을 믿어라

당신은 인생에서 기회를 잡아야 하며 당신에게 해로운 것은 버려야 한다. 앞만 보고 가면 인생에서 여러 점을 연결시킬 수 없다. 뒤를 볼 때 연결이 가능하다. 당신은 당신 자신을 믿어야 하며 희망과 열정을 가지고 전진해야 한다. 어렸을 때 나는 고정된 위치와 미리 정해진 방법을 이용해 안전함을 찾도록 교육받았다.

어느 날 친구들과 개울가를 건너게 됐다. 나는 평상시와 같이 바위 하나를 건너고 다음 바위를 확인한 뒤 건너는 방법을 사용하기로 했다. 개울을 건너기 시작하자마자, 나는 잠시라도 걸음을 멈추면 물에 빠진다는 것을 깨달았다. 개울을 건너는 유일한 방법은 잠시도 멈추지 않고 계속해서 움직이며 돌을 밟아나가는 것이었다. 그 순간 나는 안전이라고 하는 것이 이미 고정된 위치 속에 있는 것이 아니라 연속적인 움직임이나 흐름 속에 있다는 것을 깨달았다.

회사에서 일하는 사람들은 대부분 회사의 관료주의적 특성 때문에 감금된 것처럼 느낀다. 만약 우리가 해고, 남들의 조롱, 강등의 두려움에서 벗어나 우리의 본능을 따른다면 어떤 일이 일어날까? 두려움을 과감히 벗어버린 사람들 중 하나가 3M의 전설적인 리처드 드류다. 그의 창의력과 추진력에 관한 이야기는 3M에서 신입 사원들을 감화시키기 위해 지금도 종종 회자된다. 3M의 설립자이자 CEO인 루이스 레어는 만약 3M에 리처드 드류가 없었다면 오늘날의 3M은 존재하지 않았을 것이며, 존재한다 하더라도 그 규모가 지금보다 훨씬 작았을 것이라고 말한다.

　리처드 드류는 진정으로 위험을 감수할 줄 아는 사람이었다. 그는 자신의 지위를 넘어선 행동이라도 필요하다고 판단하면 과감히 실행했다. 한번은 그의 상사가 그에게 마스킹테이프 연구 작업을 그만두고 샌드페이퍼 연구 작업으로 옮기라고 지시했다. 하지만 리처드 드류는 상사의 지시를 거절했다. 3M의 경영진은 그를 해고하지 않았다. 이 일은 리처드 드류와 3M의 경영 철학에 대해 많은 것을 알려준다. 리처드 드류는 어떠한 장애물에도 불구하고 자신을 믿었다. 3M의 경영진 역시 직원이 창의적인 재능을 발휘할 수 있도록 그들을 믿어주었음을 알 수 있다. 리처드 드류는 마스킹테이프의 초기 형태를 개발한 뒤, 회사 간부였던 에드갈 오버에게 3만 7000달러 상당의 종이 만드는 기계를 구매하자고 제안했다. 리처드 드류는 이 기계가 마스킹테이프의 질을 향상시킬 것이라고 말했다. 하지만 에드갈 오버는 회사의 재정 상태가 좋지 않은 데다 그 기계가 그만한 가치가 있는지 모르겠다며 그의 제안을 보류했다. 6개월 후 리처드 드류는 종이 만드는 기계가 있는 회사의 실험실에 에드갈 오버를 데려갔다. 그리고 그곳에서 그 기계의 엄청난 생산성과 그 기계가 마스킹테이프에 도움이 된다는 사실을 직접 눈으로 확인시켜주었다. 에드갈 오버는 무척 당황스러웠고 화도 났다. 그는 리처드 드류에게 그 기계를 어디서 구했냐고 물었다. 리처드 드류는 6개월에 걸쳐 100달러씩 자신의 직권으로 사용할 수 있는 공금이 생길 때마다 기계 값을 지불했다고 설명했다. 이 기계 덕분에 3M은 큰 성공을 거둘 수 있었다.

리처드 드류는 팀원들에게도 서로 아이디어를 공유하고 가차 없이 비판해볼 것을 장려했다. 어느 날 팀원 한 명이 리처드 드류에게 자신이 흥미롭게 여기는 아이디어를 말했다. 그는 매우 열정적으로 말한 뒤 리처드 드류의 의견을 기다렸다. 리처드 드류는 신중하게 생각한 뒤 대답했다. "당신의 아이디어는 엉망진창이에요. 하지만 당신은 누가 뭐라고 해도 당신의 아이디어를 밀고 나가세요. 그렇게 하지 않으면 당신을 해고할 겁니다."

애플의 창업자 스티브 잡스 또한 끊임없는 변화를 겪으며 살았던 인물이었다.[3] 미혼모였던 그의 생모는 스티브 잡스를 낳은 후 입양을 선택했다. 생모는 스티브 잡스를 입양할 부모는 대학을 졸업한 사람이어야 한다는 조건을 달았다. 그리고 실제로 변호사 부부가 잡스를 입양할 예정이었다. 하지만 변호사 부부는 마지막 순간에 스티브 잡스 대신 여자아이를 택했고, 스티브 잡스는 대기자 명단에 있던 다른 부부에게 입양되었다. 생모는 입양한 부부가 대학을 나오지 않았다는 사실을 알고 입양 서류에 서명하길 거부했다. 몇 달 후 그 부부가 스티브를 꼭 대학에 보내겠다는 약속을 하고서야 생모는 입양을 허락했다.

17년이 흘러 스티브 잡스는 대학에 입학했다. 하지만 그는 순진하게도 등록금이 비싼 대학을 선택했고, 그의 부모가 노동을 하며 힘들게 모아온 돈으로 학비를 충당했다. 6개월 후 그는 대학에서 비싼 등록금만큼의 가치를 발견하지 못했다. 자신이 도대체 뭘 하고 싶어하는지 그리고 대학이 과연 이 물음에 도움을 줄 수 있을지 의문을 품었다. 끝내 그는 자신의 더 나은 인생을 위해 대학을 자퇴한다. 잡스는 당시에는 자퇴라는 선택이 무척 두려웠지만 돌이켜보면 자신의 인생에서 가장 훌륭한 선택이었다고 말했다. 그는 자퇴하는 순간부터 재미없는 수업은 들을 필요가 없었으며, 대신 그가 진정으로 원하는 것을 할 수 있었다.

그는 친구의 집 바닥에서 잠을 자고 콜라병을 판 돈과 무료 급식으로 끼니를 해결하는 생활을 하면서도 청강을 통해 배움의 끈을 놓지 않았다. 그는 자신의 호기심과 직관을 따랐고, 고생했던 경험들은 후에 아주 커다란 자산이 되었다.

리드 대학은 당시 미국에서 캘리그래피를 가장 잘 가르치는 학교였다. 그는 학교를 자퇴했고, 평범한 과목을 들을 이유가 없었으므로 캘리그래피를 배우기로 결심했다. 그는 세리프 서체와 산세리프 서체를 배웠으며, 다른 글자 사이의 공간을 어떻게 활용할지를 배웠다. 그리고 멋진 타이포그래피를 위해 무엇이 필요한지를 배웠다.

그가 배운 캘리그래피가 그의 일상에서 실용적으로 쓰일 가능성은 거의 없어 보였다. 하지만 10년이 지나고 초기 매킨토시 컴퓨터를 만들었을 때, 그는 쓸모없을 것 같았던 이 학문을 적극적으로 활용했다. 매킨토시 컴퓨터에 쓰인 서체를 윈도 컴퓨터가 모방한 이후로 모든 컴퓨터 회사들이 매킨토시 컴퓨터에 쓰인 서체를 활용했다. 스티브 잡스가 대학을 자퇴하지 않았다면 절대 캘리그래피 수업을 듣지 못했을 것이고, 더 나아가 컴퓨터 회사들은 오늘날과 같은 훌륭한 서체를 가지지 못했을 것이다.

스티브 잡스는 생모와 양부모의 기대에 맞춰 사는 삶을 일찌감치 포기했다. 대신에 그는 자신의 호기심과 무언가 더 발견하고 싶은 끝없는 욕구를 따라 앞으로 나아갔다.

당신이 어떻게 인생을 살아가고 있는지 생각해보라. 과거에 살았던 방식과 또 현재 살고 있는 방식만으로 영원히 살아가야 한다고 가정해보자. 계속 반복되기 때문에 고통, 기쁨, 생각, 온갖 감정이 지금 이 글을 읽는 이 순간까지도 점점 더 무디게 다가올 것이다.

만일 우리의 인생이 모래가 다 떨어지면 자동으로 다시 뒤집히는 모래시계처럼 계속 반복된다면, 당신은 그런 상황에 절망하겠는가? 아니면 매 순간 삶의 의욕을 다시 찾겠는가?

매슈 크로퍼드는 자신이 인생을 어떻게 살아왔는지 떠올려보았다. 그는 시카고의 한 대학에서 정치철학 박사 과정을 마쳤다. 그리고 워싱턴에 있는 유명한 회사에 취직했다. 5개월이 지난 후 그는 자신이 한 일에 대해 돈을 받는 이유를 알 수가 없었다. 항상 피곤했으며 자신이 주목할 만한 제품이나 결과가 없는 일을 하고 있다는 생각에 자존감을 잃었다. 정보관리 부서에서 일하는 그의 가치는 다른 사람의 평가에 달려 있었다. 수입이나 주위의 시선은 좋았지만 그는 자신이 점원보다도 못하다고 느꼈다.

매슈 크로퍼드는 직장을 그만두고 버지니아 주에 있는 한 공장에서 오토바이 정비 일을 시작했다. 지적인 일을 하다 기계 수리공으로 변신한 그는 자신이 경험하고 느낀 것을 《영혼을 고치는 수리공 *Shopcraft as Soulcraft*》이라는 책으로 쓰기도 했다. 매슈 크로퍼드는 사무실은 기껏해야 "도덕 교육의 장소"밖에는 안 된다고 말한다.[4] 또한 사무실의 팀장은 직원들을 하나의 팀으로 통합시키는 데 집중하는 치료사 정도의 역할만 한다고 지적한다. 개개인의 직원들은 자신은 혼자이며 팀에 아무런 영향도 미치지 못한다고 생각한다. 그들은 수동적이며 무기력하게 변해가고 직장에 의존하는 사람이 된다.

'고학력을 강요함으로써 다양성을 무시하는 경향'은 황폐한 결과를 낳을 뿐이라고 매슈 크로퍼드는 말한다. 또한 모든 사람이 대학에 가야 하고, 대학에 가지 않으면 멍청하거나 무능력하게 비치는 사회를 비판한다. 학위를 받으면, '당신은 똑똑하고, 깨끗하고, 재미있고, 월급이 많은 일'을 해야 한다.[5] 하지만 이런 직업을 찾는 것은 매우 어렵다.

매슈 크로퍼드는 자신에게 의미 있는 일을 하기로 결정했고, 오토

바이 정비사가 되었다. 다른 사람들의 시선과 자신의 박사학위는 과감히 무시했다. 그가 행복해지기 위해 필요한 것은 손에 기름을 묻히는 일이었다.

우리 모두는 우리 안에 있는 잠재력의 아름다움에 대해 알고 있다. 우리는 그것을 리처드 코헨, 리처드 드류, 스티브 잡스, 매슈 크로퍼드 그리고 몬트리올의 멋진 오페라 가수의 삶 속에서 확인할 수 있었다.

인간의 잠재력에 관해 내가 가장 흥미롭게 들은 이야기는 슈퍼마켓에서 물건 값을 계산하고 봉투에 담아주는 일을 하는 어떤 남자에 관한 이야기다. 그의 이름은 조니였으며, 다운증후군을 앓고 있었다. 하루는 가게 주인이 직원들을 불러놓고 고객들에게 좋은 인상을 심어 주어 다시 가게를 찾게 하자면서 어떤 방법이 좋을지를 물었다. 주인과 직원들은 아이디어를 주고받았지만 조니가 의견을 내려고 하면 무시했다.

조니는 주인과 동료한테 일상적으로 무시를 당했기 때문에 특별히 괴로울 것도 없었다. 그럼에도 그는 자신이 고객들에게 무엇을 해줄 수 있는지 고민했고, 문득 아이디어를 하나 떠올렸다. 그는 퇴근하고 집에 돌아오면 좋은 글귀를 찾아보거나 마음에 드는 글이 없으면 직접 만들어보곤 했다. 그리고 다음 날 일하면서 그 글귀를 계속해서 중얼거리곤 했다. 조니는 자신의 경험을 고객들에게도 알려주면 그들도 자신처럼 행복해질 거라고 생각했다.

조니는 먼저 아버지에게 매일 좋은 문장을 하나씩 알려주었다. 아버지는 컴퓨터에 입력해서 여러 장을 출력해주었다. 조니는 문장을 하나씩 오린 다음 자신의 이름을 써넣고 가게에 가지고 갔다. 그는 물건을 포장하면서 자신이 준비한 좋은 글귀를 고객의 장바구니에 넣으며 말했다. "저희 가게를 이용해주셔서 감사합니다."

한 달이 지나자 가게 주인은 조니의 계산대 앞에만 사람이 많은 것을 알아차렸다. 주인이 고객들에게 다른 계산대를 안내해도 그들은 조니의 계산대를 고집했다. 고객들은 조니의 글귀를 받고 싶다고 했다. 3개월이 지난 후 가게 주인은 '조니의 정신'이 모든 직원들에게 스며들었다는 것을 알게 되었다. 직원들은 자기만의 특별한 방법으로 각자 고객들이 대우받고 있다고 느끼도록 노력하고 있었다.

나는 종종 인간의 잠재력에 대해 생각한다. 그리고 고난을 극복하는 용기와 의지가 어떻게 평범한 업무를 대단한 업적으로 바꾸어놓을 수 있었는지를 생각해본다. 그리고 내가 그러한 일을 하려 할 때 나는 항상 조니를 떠올린다.

당신이 가진 재능을 사용하라.
노래를 가장 잘 부르는 새들 말고
어떠한 새도 노래를 부르지 않는다면
숲은 조용할 것이다.

— 작자 미상

**옮긴이의 말**

# 긍정적인 사람이
# 창의적인 사람이다

이 책의 원제는 Creative Thinkering이다. 이 단어는 Creative Thinker와 Creative Thinking을 결합하여 저자가 만든 단어다. 창의력에 대한 일반적인 접근은 두 가지다. 한 가지 접근은 창의적인 사람의 특징에 관심을 갖는 것이다. '어떤 사람이 창의성을 발휘하고, 그 사람의 어떤 특징을 보고 배워야 우리도 창의성을 발휘할 수 있을까?'와 같은 접근이다. 또 다른 접근은 창의적인 사고의 기술을 배우는 것이다. '브레인스토밍이나 랜덤워드(무작위 단어)처럼, 새로운 생각을 만들고 문제해결을 위한 탁월한 아이디어를 만드는 기술적인 방법을 배우는 것'이다. 그런데 우리는 이 두 가지가 서로 독립적이지 않다는 것을 경험하게 된다. 둘은 매우 밀접한 연관이 있다.

　창의적인 사람의 특징, 즉 몰입하고 위험을 감수하며 애매모호함을 참는 등의 성향을 갖지 못한 사람은 새로운 생각을 만드는 기술적인 방법을 배워도 그것을 자신의 일에 적용하지 못한다. 또 반대로 열정이 있고 불확실함을 선택할 수 있는 창의적인 성향을 가진 사람이라도 아이디어를 만드는 효과적인 생각의 기술이 없다면 독창성을 발휘하며 창의적인 성과를 내는 데에는 한계가 있을 것이다. 창의성을 위해서는 창의적인 사람에 대한 관심과 창의적인 사고의 기술에 대한 관심이 같이 있어야 한다. 그런 의미에서 미칼코는 Creative Thinkering이라는 새로운 단어를 만든 것이다. 또한 이렇게 연결시키고 뒤섞는 것이 바로 이 책에서 제시하는 창의적인 사고의 핵심이다. 개념적인 연결, 조합과 융합이 바로 창의성을 만든다는 것이다.

스티브잡스는 연결하는 능력이 창의력이라고 말하곤 했다. 그가 아이폰이나 아이패드와 같은 상품으로 연결하는 능력인 창의력을 보여줬다면, 미칼코는 이 책을 통하여 다양한 이야기와 구체적인 실행 방법 등을 제시하면서, 연결하는 능력인 창의력을 보여주고 있다.

책을 번역하며 가장 공감했던 부분 몇 곳을 소개한다.

첫 번째로 내 눈에 들어온 것은 감사의 말에 있는 시(詩)다. 절벽으로 나를 불러서 절벽에서 나를 밀어버리는 것, 그래서 내가 날 수 있다는 사실을 발견하고 내가 원하는 곳으로 자유롭게 날아가는 것. 이것이 바로 신이 우리에게 기회를 주는 방법이다. 우리는 때때로 스스로를 절벽에서 밀어버리는 과감함도 가져야 한다. 그래야 내가 날 수 있다는 사실을 발견하고 더 크고 넓은 곳으로 갈 수 있기 때문이다. 창의적인 결과를 내는 사람들을 보면, 그런 결과를 내기까지 그들이 어떤 행동을 했는지를 관찰할 수 있다. 목표를 갖고 도전하고, 열정을 갖고 몰입하는 것 등이 그것이다. 그리고 그 중 가장 중요한 특징이 바로 긍정적이라는 것이다. 그런 창의적인 사람의 모습을 이 시는 잘 표현하고 있다. 이 책에는 우리의 삶에 영감을 주는 인상적인 표현들이 많다.

감사의 말에서 책을 시작하며 소개한 것이 시라면, 책을 마무리하는 결론에서는 이런 표현을 쓰고 있다. '인생은 해가 뜨기만을 기다리는 것이 아니라, 빗속에서도 춤추는 법을 배우는 것이다.' 너무 멋지지 않은가? 지금 어깨가 처져 있다면, 멍하니 주저앉아 있다면, 어떻게 할지 몰라 마음 졸이고 있다면, 툭툭 털고 자리에서 일어나 즐거운 마음으로 춤을 춰보자. 어려움 속에서도 즐거운 인생을 놓지 말자. 많은 사람들이 행복을 위해 불행을 선택한다. 현재의 불행이 미래의 행복을 가져올 것이라는 잘못된 믿음으로 불행한 삶을 이어간다. 그렇게 현재가 미래가 되는데도 말이다. 이것은 분명 이상한 것이다. 미칼코의 말처럼 빗속에서도 춤추는 인생이 진짜 행복한 인생이고 창의적인 삶인 것이다.

나는 개인적으로 10년 전쯤에 '창의력을 일반인에게 교육한다'는 일을 생각했다. 학교에서 무엇을 가르치는 것이 아닌, 사회에서 성인들에게 창의력을 가르친다는 것을 생각했다. 너무나 멋진 일이라는 생각이 들었다. 그래서 이미 그런 일을 하고 있는 사람들에게 창의력도 배우고 가르치는 일도 배웠다. 미칼코를 직접 만난 적은 없지만 당시 나는 미칼코의 책을 보고 창의력을 공부했고, 그와 같은 창의력 컨설턴트들의 활동을 보며 어떻게 일을 해야 할지를 배웠다. 그는 나에게는 스승과 같은 사람이며 선배이고 비슷한 일을 하는 친구인 셈이다. 그런 미칼코의 책을 번역할 수 있어서 매우 즐거웠다.

미칼코의 말처럼, 애벌레를 아무리 관찰해도 못생긴 애벌레가 멋진 나비가 될 것이라는 표시는 어디에도 없다. 우리의 모습도 마찬가지다. 아무리 찾아도 내가 멋지고 탁월한 창의성을 발휘할 것이라는 표시를 우리는 발견하지 못할 수도 있다. 하지만 애벌레가 어느 순간 나비가 되는 것처럼, 우리의 모습도 멋지고 대단함을 갖게 될 것이다. 우리 모두 멋지고 가치 있는 나비로 다시 태어나기를 희망한다.

박종하

# 참고문헌 및 각주 설명

## 머리말. 애벌레가 나비가 되는 순간처럼

1. A detailed explanation of this NASA mission can be found in Joseph N. Tatarewicz, "The Hubble Space Telescope Servicing Mission," in *From Engineering Science to Big Science*, ed. Pamela E. Mack, NASA History Series (Washington, DC: NASA History Office, 1998), chap. 16, http://history.nasa.gov/SP-4219/Chapter16.html.
2. Quoted in Douglas Birch, "Hang On, Hubble; Help Is on the Way," *Baltimore Sun Magazine* (March 14, 1993): 1718.
3. Quoted in T. O. Shaposhnikova, *Jacques Hadamard, A Universal Mathematician* (Providence, RI: American Mathematical Society, 1999), 490.

# Part 1. 생각을 바꾼 사람들

## 1. 소망은 창의적인 생각의 씨앗이다

1. A magnetized object consists of a multitude. Francis Heylighen, "The Science of Self-Organization and Adaptivity," http://vub.academia.edu/FrancisHeylighen/Papers/249586/The_science_of_self-organization_and_adaptivity.
2. This discussion is derived from Justin Berton, "Hashem Akbari's Cool Anti-global-warming Plan," February 20, 2009, SFGate.com, http://articles.sfgate.com/2009-02-20/entertainment/17190759_1_global-warming-Carbon-dioxide-climatic-change; and LBNL Heat Island Group, "White Roofs Cool the World, Directly Offset CO2 and Delay Global Warming," November 10, 2008, research highlights, p. 2, Lawrence Berkeley National Laboratory, see at www.scribd.com/doc/51049354/CEC-999-2008-031.
3. Scott Adams, *God's Debris: A Thought Experiment* (Kansas City, MO: Andrews-McMeel, 2001), 117.
4. David Hume, *Treatise on Human Nature* (New York: Oxford University Press, 1978), 162.
5. This version of the story came from anonymous English translation as quoted by Athol Gill, *The Fringes of Freedom* quoted in Robert Hirsh, "Existential Heroism," n.d., Willamette Stage Company, www.willamettestage.org/from_the_artistic_director/.

## 2. 말하는 방식을 바꾸면 생각하는 방식도 바뀐다

1. Marina Krakovsky, "The God Effect," *New York Times Magazine*, December 9, 2007.
2. Benjamin Lee Whorf, *Language, Thought, and Reality* (Cambridge, MA: MIT Press, 1956), 59.
3. Joseph Campbell, *Myths to Live By* (New York: Penguin, 1993), 122.
4. These examples are taken from Ralph Summy, "Nonviolent Speech," *Peace Review 10*, no. 4 (1998): 573~578,www.informaworld.com/smpp/ftinterface~content=a787821627~fulltext= 713240930~frm=content.
5. See Lubomir Dolezel, Heterocosmica: *Fiction and Possible Worlds* (Baltimore, MD: Johns Hopkins University Press, 1998).
6. This thought experiment from Jeffrey K. Zeig and Stephen R. Lankton, *Developing Ericksonian Therapy* (Bristol, PA: Brunner/Mazel, 1988), 169.
7. Diane Ravitch, *The Language Police: How Pressure Groups Restrict What Students Learn* (New York: Knopf, 2003), 3.
8. Ibid. These examples are summarized from throughout the book.

## 3. 당신은 당신이 연기하는 대로 된다

1. The full story can be found in Viktor Frankl, From Death-Camp to Existentialism (Boston: Beacon Press, 1961).
2. Giorgio Vasari (1511~1574) wrote Vite de' piu eccellenti architetti, pittori, et scultori Italiani [The Lives of the Artists], which was first published in 1549~1550.
3. Min-Sun Kim, Non-Western Perspectives on Human Communication: Implications for Theory and Practice (Thousand Oaks, CA: Sage, 2002), 71~72.
4. The list of mood-induction statements was introduced in E. Velten, "The Induction of Elation and Depression through the Reading of Structured Sets of Mood-Statements," PhD diss., University of Southern California, 1967.
5. You can find other versions of the Velten procedure with different mood statements that others have developed over the years for different purposes. One example is www.amareway.org/ holisticliving/08/velten-mood-induction-elation-positive-mood-statements/.
6. This discussion is derived from Harvard Medical School Office of Public Affairs, "Happiness Is a Collective . Not Just Individual. Phenomenon," press release, December 2008, http://web.med. harvard.edu/sites/RELEASES/html/christakis_happiness.html; and Nicholas A.Christakis and James H. Fowler, "Social Networks and Happiness," n.d., Edge: The Third Culture website, www.edge. org/3rd_culture/christakis_fowler08/christakis_fowler08_index.html.
7. J. L. Read, "The Power of Imagination," 1997, Enchanted Mind, www.enchantedmind.com/html/ creativity/techniques/power_of_imagination.html.
8. Ibid.

# Part 2. 생각을 바꾸는 생각

## 1. 나도 한때는 창의적이었는데

1. Martin Gardner, *The Colossal Book of Mathematics* (New York: Norton, 2001). For more information about Martin Gardner, see http://en.wikipedia.org/wiki/Martin_Gardner.
2. The experiment, devised in 1966, is usually referred to as the "Wason selection task." See http://en.wikipedia.org/wiki/Wason_selection_task.
3. From Mary Bellis, "Philo Farnsworth," n.d., About.com, http://inventors.about.com/library/inventors/blfarnsworth.htm.

## 2. 시도하지 않으면 바꿀 수 없다

1. For a discussion of this paragraph, the origin of which is unknown, see http://www.mrc-cbu.cam.ac.uk/people/matt.davis/Cmabrigde/ or www.ozzu.com/general-discussion/research-from-cambridge-university-reading-t1693.html.

## 3. 천재처럼 생각하기

1. The source of this example is M. Mitchell Waldrop, *Complexity: The Emerging Science at the Edge of Order and Chaos* (New York: Simon and Schuster, 1993).
2. This discussion comes from Thomas B. Ward, Ronald A. Fink, and Steven M. Smith, *Creativity and the Mind: Discovering the Genius Within* (New York: Perseus, 2002), 46.
3. In Arthur Koestler, *The Act of Creation* (1964; reprint, New York: Penguin Putnam, 1989), 123.
4. For a discussion of combinatory play, see Richard D. Smith, "The Effects of Combinatory Play on Problem Solving," 2005, Missouri Western State University, http://clearinghouse.missouriwestern.edu/manuscripts/544.php.
5. Webb B. Garrison and Ray Abel, *Why Didn't I Think of That?* (New York: Random House, 1979), 20.

## 4. 논리적으로 생각하면 안 보인다

1. For more information about Sigmund Freud and the Oedipus complex, see http://en.wikipedia.org/wiki/Oedipus_complex.
2. The primary source of this material is Helen Keller, *Story of My Life*, ed. Roger Shattuck and Dorothy Herrmann (New York: Norton, 2003).

3. Walter J. Freeman, "The Physiology of Perception," *Scientific American* 264, no. 2(February 1991): 78.85, http://sulcus.berkeley.edu/FLM/MS/Physio.Percept.html.
4. For an excellent biography of Jacques Hadamard, see J. J. O'Connor and E. F. Robertson, "Jacques Salomon Hadamard," 2003, School of Mathematics, University of St. Andrews, Scotland, www.gap-System.org/~history/Biographies/Hadamard.html.


## 5. 왜 그걸 생각하지 못했지?

1. For a discussion of the experiment with dogs, see Robert Dilts, "Figure and Ground," 1997, NLP Institute of California, www.nlpu.com/Articles/artic12.htm.
2. The source of this story is Michele Root-Bernstein and Robert Root-Bernstein, "Dance Your Experiment," *Psychology Today*, October 13, 2008, www.psychologytoday.com/blog/imagine/200810/dance-your-experiment.
3. For more information about Martin Skalski and his work, see http://mysite.pratt.edu/~mskalski/About%20Prof%20Skalaki.html.
4. For more information about Tamas Vicsek and his work, see http://hal.elte.hu/~vicsek/.
5. Bryn Nelson, "Swarm Intelligence Inspired by Animals," April 14, 2008, MSNBC.com, www.msnbc.msn.com/id/23888902/.
6. For photos, a video clip, and a description of the Move-it kit, see "Move-it When Shopping!" August 9, 2010, Yanko Design, www.yankodesign.com/2010/08/09/move-it-when-shopping/.
7. The source for this story is MIT's *Technology Review*. See www.edkeyes.org/blog/050419.html/.


## 6. 레오나르도 다 빈치의 비밀

1. Leonardo Da Vinci, *The Notebooks of Leonardo Da Vinci* (New York: Oxford University Press, 1980), 37.
2. This story was reported by William C. Taylor, "Here's an Idea: Let Everyone Have Ideas," *New York Times*, March 26, 2003, www.nytimes.com/2006/03/26/business/yourmoney/26mgmt.html. The article is a description of how Rite-Solutions built an "architecture of participation" using the stock exchange model for employee suggestions.
3. Clive Thompson writes that Mark Martinez found a new use for the Ambient Orb, and, within weeks, orb users reduced their energy usage by 40 percent. "Clive Thompson Thinks: Desktop Orb Could Reform Energy Hogs," Wired, July 27, 2007, www.wired.com/techbiz/people/magazine/15-08/st_thompson.
4. Ibid.
5. This discussion of a multitude of states of probability is drawn from John McCrone, *Going Inside: A Tour Round a Single Moment of Consciousness* (New York: Fromm, 2001), www.dichotomistic.com/mind_readings_quantum%20mind.html.

6. Article by Daniel Edmundson on PSFK, http://www.psfk.com/2010/04/rain-drum-umbrella-makes-music-out-of-rain-drops.html.
7. For a description of Thomas Edison's laboratories, see "The Invention Factory: Thomas Edison's Laboratories," n.d., National Park Service,www.nps.gov/nr/twhp/curriculumkit/lessons/edison/4edison.htm.

## 7. 다른 방법으로 보라, 그러면 다른 것이 보인다

1. https://www.cia.gov/library/center-for-the-study-of-intelligence/csi-publications/books-and-monographs/psychology-of-intelligence-analysis/art5.html.
2. This story about Joshua Bell's performance is derived from Gene Weingarten, "Pearls before Breakfast," *Washington Post*, April 8, 2007, www.washingtonpost.com/wp-dyn/content/article/2007/04/04/AR2007040401721.html.
3. "Prof. dr. A. Dijksterhuis," n.d., Radboud University Nijmegen website, www.ru.nl/socialpsychology/faculty/prof_dr_ap/; "Applied Quirkology," *The Situationist*, May 12, 2007, http://thesituationist.wordpress.com/2007/05/12/.
4. From "Applied Quirkology," The Situationist, May 12, 2007, http://thesituationist.wordpress.com/2007/05/12/.
5. http://www.nytimes.com/2009/12/24/books/24book.html?_r=1.
6. The story about Dr. Peter Pronovost's experiment is derived from Robin Marantz Henig, "A Hospital How-To Guide That Mother Would Love," *New York Times*, December 23, 2009, http://www.nytimes.com/2009/12/24/books/24book.html?_r=1. For more information about Dr. Pronovost see www.hopkinsmedicine.org/anesthesiology/Headlines/news_20080502_pronovost.cfm.
7. See "Ripon College Bike Program Entices New Students to 'Just Say No'. to Cars," February 12, 2008, Ripon College website, press release, www.ripon.edu/news/2007-08/velorution_021208.html.
8. http://www.newscientist.com/article/dn13592-intelligent-paint-turns-roads-pink-in-icy-conditions.html?feedId=online-news_rss20varnish%20made%20of%20a%20polymer%20containing%20a%20thermochromic.

## 8. 존재하면서 동시에 존재하지 않는

1. This discussion is derived from Robert A. Nowlan, "Nicholas of Cusa," n.d., from the series A Chronicle of Mathematical People, www.robertnowlan.com/pdfs/Cusa,%20Nicholas%20of.pdf.
2. Kenneth Chang, "Cinnamon Is Key Ingredient in Anti-Mold Wrapper," *New York Times*, September 2, 2008, http://www.nytimes.com/2008/09/02/science/02obsbread.html?scp=1&sq=%22anti-mold%20wrapper%22&st=cse.
3. Keith Hammon, "A Lever Long Enough to Move the World," Fast Company, January 1, 2005, http://www.fastcompany.com/magazine/90/open_ashoka.html.
4. This discussion of crowd organization comes from Dirk Helbing, Lubos Buzna, Anders Johansson,

and Torsten Werner, "Self-Organized Pedestrian Crowd Dynamics: Experiments, Simulations, and Design Solutions," *Journal of Transportation Science 39*, no. 1 (February 2005), http://portal.acm.org/citation.cfm?id=1247227.
5. Dr. Batista's work was reported in Derek Gordon, "Too Big a Heart," Time, October 1, 1997, www.time.com/time/magazine/article/0,9171,987098,00.html.
6. As reported by George B. Dyson on The Edge Reality Club, http://www.edge.org/discourse/self.html.
7. Kenneth R. Thompson, "Confronting the Paradoxes in a Total Quality Environment," *Organizational Dynamics 26* (Winter 1998).

## 9. 생각할 수 없는 것 생각하기

1. There are many versions of this story about the railroad gauge. Following are two credible references: "Roman Chariots, Railroad Tracks, Milspecs, and Urban Legends," n.d., National Aeronautics and Space Administration, https://standards.nasa.gov/documents/Roman Chariots.pdf; and Cecil Adams, "Was Standard Railroad Gauge (4' 8½") Determined by Roman Chariot Ruts?" February 18, 2000, The Straight Dope, www.straightdope.com/columns/read/2538/was-standard-railroad -gauge-48-determined-by-roman-chariot-ruts.
2. Naresh Kumar, "Unilever's Brazilian Detergent to Stalk Its Customers," PSFK.com, August 4, 2010, http://www.psfk.com/2010/08/unilevers-brazilian-detergent-to-stalk-its -customers.html.
3. This comment and story are widely quoted, though no source could be found where a print version of the quotation from Mr. Silver existed.
4. Jacques Von Lunen, "Cutouts Help Kids Connect to Parents Overseas," *Bellingham Herald*, March 13, 2001, www.bellinghamherald.com/2011/03/13/1914426/cutouts -help-kids-connect-to-parents.html.
5. "Hi-tech ink perfects egg boiling," BBC News, July 31, 2006, http://news.bbc.co.uk/2/hi/5226338.stm.
6. Robert Dilts discusses Disney in "Walt Disney: Strategies of Genius," 1996, NLP Institute of California, www.nlpu.com/Articles/article7.htm.
7. Roger N. Shepard, "Psychophysical Complementarity," in *Perceptual Organization*, ed. Michael Kubovy and James R. Pomerantz (Hillsdale, NJ: Lawrence Erlbaum Associates, 1981), 279~342.
8. Chris Ballard, "The Car That Emotes," *New York Times*, December 12, 2004, http://www.nytimes.com/2004/12/12/magazine/12CAR.html.

## 10. 모든 것은 순리에 따라 이루어진다

1. Leslie Berlin, "We'll Fill This Space, but First a Nap," *New York Times*, September 27, 2008, http://www.nytimes.com/2008/09/28/technology/28proto.html.

2. Clive Thompson, "The Eyes of Honesty," *New York Times*, December 10, 2006,http://www.nytimes.com/2006/12/10/magazine/10section1C.t-3.html.
3. Sharon Begley, "The Puzzle of Genius," Newsweek, June 28, 1993,http://www.newsweek.com/1993/06/27/the-puzzle-of-genius.html.
4. Bertrand Russell, *The Conquest of Happiness* (New York: Liveright, 1996), 63.
5. Paul Hindemith, *A Composer's World* (Gloucester, MA: Peter Smith Pub., 1969), 70~72.
6. For more information about Poincare, see "Jules Henri Poincare," 2003, School of Mathematics, University of St. Andrews, Scotland, www-groups.dcs.st-and.ac.uk/~history/Biographies/Poincare.html.
7. Rupert Sheldrake on Edge.org, http://www.edge.org/discourse/self.html.
8. Silvia Hartmann, "Metaphor Story about Change: The Egg," http://silviahartmann.com/metaphor-teaching-story-egg.php.


## 맺음말. 빗속에서 춤을 추자

1. Richard Cohen, Blindsided: Lifting a Life Above Illness (New York: HarperCollins, 2004).
2. Ibid.
3. Paraphrased from Steve Jobs's commencement speech at Stanford University, June 14, 2005, http://news.stanford.edu/news/2005/june15/jobs-061505.html.
4. Matthew Crawford, Shopcraft as Soulcraft (New York: Penguin, 2009).
5. Ibid.